KB014679

THE EPIC OF
GILGAMESH

최초의 신화 길가메쉬 서사시

국내 최초 수메르어 · 악카드어 원전 통합 번역

김산해 지음

차례

2 최초의 신화, 길가메쉬 서사시

신화·문명·역사의 발상지 수메르. 지금의 위치로 보면 북으로
는 터키, 남으로는 사우디아라비아와 쿠웨이트, 동으로는 이란, 서
로는 시리아와 요르단이 접하고 있는 유프라테스강과 티그리스강
사이에 수메르의 도시국가들이 늘어서 있었다. 이라크의 수도 바그
다드 남쪽에 시원(始原)의 수메르가 존재하고 있었다. 대홍수 이전
에도 그랬고, 대홍수 이후에도 그랬다.

수메르는 인간이 이룩한 '최초의 성숙한 문명'이었다. 인류가 추
구해온 모든 가치와 규범, 신화, 종교, 역사, 언어, 문자, 철학, 윤리
학, 법률, 정치, 행정, 경제, 국방, 의학, 과학, 천문학, 수학, 농업, 공
업, 상업, 교육, 출판, 문학, 예술, 음악, 건축, 스포츠 등이 총망라된
위대한 문명의 기원이 그곳에 있었다.

고고학자들이 수백 년 동안 메소포타미아에서 찾고 있었던 것은

그리스와 히브리의 사료를 근거로 고대 페르시아 이전 시대에 존재했던 앗씨리아와 바빌로니아의 흔적이었다. 그러나 앗씨리아와 바빌로니아 이전에는 고(古)바빌로니아와 고(古)앗씨리아가 있었다. 또한 그곳에는 인간의 뇌리에서 깨끗이 사라졌던 고바빌로니아와 고앗씨리아 이전의 악카드와 수메르가 기다리고 있었다. 최초의 셈족 국가였던 악카드 이전에는 수메르가 있었다. 학자들이 인류 '최초의 역사'라고 주장하는 헤로도토스의 '역사'는 약 2500년 전에 벌어졌던 페르시아와 그리스의 전쟁사였다. '서양의 시작'이라는 그리스가 오리엔트, 즉 태양이 떠오르는 동쪽의 마지막 제국 페르시아와 대립했던 것이다. 그리고 2350년 전쯤(B.C.E. 331년) 마케도니아의 알렉산드로스 대왕이 이끄는 그리스 군대에 의해 페르시아가 멸망하면서 오리엔트 문명의 불빛은 완전히 꺼져버렸다.

페르시아와 그리스가 전쟁을 벌였던 시기보다 약 2300년 전, 그렇게 오랜 옛날에 수메르의 거대한 도시국가 우루크에서 전쟁이 일어났다. 또 다른 도시국가였던 키쉬의 아가 왕이 군대를 이끌고 쳐들어왔던 것이다. 우루크 왕은 서둘러 도시의 연장자들을 불러 상의했고, 젊은이들을 불러 의견을 물었다. 오늘날의 양원제와 같은 제도가 시행되고 있었던 것이다. 이 시절 지상에서 가장 거대했고 위대했던 우루크를 통치한 왕은 영웅 길가메쉬였다. 그는 '최초의 국가'로, '최초의 신화'와 '최초의 문명'과 '최초의 역사'를 인류에게 안겨주었던 수메르 왕들 중 한 명이었다. 지금으로부터 무려 4800년 전쯤부터 126년 동안 우루크를 통치한 왕이었다. 신화와 역사 양쪽 모두에 속해 있었던 왕이었다. 사람들이 전설상의 존재로만 여겼던 왕이었다.

. 길가메쉬의 아버지는 루갈반다라는 인간이었고, 그의 어머니는 들소의 여신인 닌순이었다. 신화 속의 그는 3분의 2는 신이었고, 3분의 1은 인간이었다. 왕은 완전한 신이 아니었기에 죽음이라는 운명에서 벗어날 수 없었다. 영웅은 신들이 누렸던 영생에 목말랐다.

'왕은 과연 실존 인물이었을까?'라는 의문은 사라지지 않고 있었다. 그러나 길가메쉬에 관한 기록물, 말하자면 수메르인들과 그 후손들이 만들어놓은 점토서판이 그를 역사의 수레바퀴 속으로 끌어들였다. 이 전설적인 수메르의 왕이 실존 인물로 환생했다. 이 세상 최고의 학자들은 그를 역사상 최고의 영웅으로 꼽았다. 실존했던 가장(最) 오래전(古)의 영웅으로!

약 2700~2800년 전 그리스의 신화 작가 호메로스(Homeros)가 썼다는, 가장 오래된 서사시로 인정받던 〈오디세우스(Odysseus)의 노래, 오디세이아(Odysseia)〉가 모든 서사시의 시작이었을까? 호메로스에 의해 탄생한 영웅 오디세우스 이야기가 세상에 등장하기 약 2000년 전, 영웅 길가메쉬가 메소포타미아 남쪽 수메르의 우루크에 살고 있었다. 현 시점에서 호메로스 시절은 생각만 해도 까마득하다. 다시 그때로부터 2000년 전이라면, 우리가 호메로스의 그때를 '기억하기에도 벅찬 과거'라고 호들갑을 떠는 것은 몹시 쑥스러운 일이니 길가메쉬의 그때는 도대체 얼마나 돌이킬 수 없는 길고 긴 세월이란 말인가. 그런 그때의 길가메쉬가 전설 속에서 뛰쳐나와 역사 속으로 당당히 발걸음을 내딛었다. 서사시의 연대기로 보면 당연히 길가메쉬 서사시가 모든 서사시의 시작이었다. 따라서 길가메쉬 서사시 앞에 나선 오디세이아의 위상은 급격히 초라해지고 만다. 한때 영웅 문학의 최정상이었던 오디세이아를 쓴 호메로스의 출생지나 성장지에 대한 의견은 분분하다. 일곱 곳이나 되는 그 후보지들 중 가장 유력한 곳은 고대 소아시아의 스미르나이다. 이곳은 지중해 유역에서 가장 아름다운 도시로 인정받는 곳으로, 지금은 터키의 이즈미르라고 불리는 도시다. 3면이 산으로 둘러싸여 있고 에게해가 육지 쪽으로 휘어들어온 천연의 항구 스미르나는 '동방과 서방을 연결하는 통로'였으며, '수메르에서 그리스로 가는 길목'이었다. 말하자면 신화의 실크로드였던 셈이다! 그런 통로이자 길목에서 살았던 호메로스는 그가 생존할 당시에도 벌써 고대 세계 곳곳에서 널리 회자되고 있던, 그보다 2000년 전에 생존했던 수메르의 영웅 길가메쉬의 이야기를 접하지 않았을 리 만무하다. 메소포타미아 외부로 나간 길가메쉬 서사시는 지역마다 자신들의 전통에 따라 각각 개작되었다. 길가메쉬 서사시는 오디세이아보다 판본에 따라서 길게는 1700년 이상 전에, 짧게는 수백 년 이전에 쓰였던 것이다.

수메르가 그리스에 미친 영향은 실로 막대하다. 특히 길가메쉬 서사시는 호메로스의 '교과서' 중 하나였을 것이다. 오디세이아뿐만 아니라 고대 영국의 영웅 서사시이며, 게르만족 최고의 서사시인 〈베어울프(Beowulf)〉에서부터 북유럽의 신화 연대기 〈잃어버린 이야기들

(*The Book of Lost Tales*)〉의 집필자인 톨킨(John Ronald Reuel Tolkien)의 장편소설 〈반지의 제왕(*The Lord of The Rings*)〉에 이르기까지 영웅 문학의 출발점이요, 최고(最古) 정점에 길가메쉬 서사시가 우뚝 서 있다!

시인 호메로스의 작품 활동 시기와 거의 같은 때 혹은 약간 후대에 쓰인 히브리족의 창세기 〈베레쉬트〉는 수메르 신화의 축약본이자 개작본이다. 야훼를 민족의 신으로 숭배했던 약소민족의 지식인들에게 수천 년 동안 이어져 내려온 수메르의 전승을 간직하고 있던 바빌론의 힘은 감당하기 어려운 것이었다. '이때'를 돌이켜보자. 세상 최초의 국가 수메르는 '이때'보다 약 1700년 전에 셈족인 악카드에 의해 이미 국운이 기울기 시작했다. 그러나 수메르의 전승은 바빌로니아와 앗씨리아에 의해 약 1500여 년간 대물림되고 있었다. 〈베레쉬트〉가 제작된 이때, 세상의 중심은 바빌론이었다.

길가메쉬는 수메르의 도시국가 우루크 제1왕조의 다섯 번째 왕이었다. 대홍수 이후 약 4700년 전까지 키쉬에서 우루크로 이어진 수메르의 도시국가에서는 길가메쉬를 포함하여 벌써 28명이나 되는 왕이 왔다가 사라졌다! 길가메쉬만 하더라도 히브리족의 조상이며, 최초의 족장이라는 아브람의 출생 연대(4100년 전쯤)보다 약 700년 전에 왕위에 올랐다. 성장한 아브람이 수메르의 도시국가 우르에서 하란으로 떠난 시기는 우르 제3왕조의 위대한 문화 애호가 슐기 왕이 수메르인들의 전승을 '다시' 수메르어로 활발하게 기록하기 시작하던 때였다. 이때에도 영웅 길가메쉬에 대한 신화는 널리 퍼져 있었다! 그 뒤로 약 1500년의 세월이 더 흐른 뒤에야 〈베레쉬트〉가 만들어졌다. 그때에도 물론 최초의 영웅 길가메쉬에 대한 전설이 세상 곳곳에 알려져 있었다. 히브리족의 작가가 길가메쉬 서사시의 오랜 전승을 참고하여 〈베레쉬트〉를 썼을 것이라는 추측은 당연한 일이라 할 수 있다.

길가메쉬의 전승과 〈베레쉬트〉의 연결 고리는 서사시의 처음부터 끝까지 계속된다. 신의 모습을 닮은 인간의 창조, 여자의 유혹과 성(性), 그리고 신들만이 갖고 있던 지혜의 습득, 신들의 정원 딜문, 젊음을 유지할 수 있는 불로초를 강탈한 뱀, 대홍수로 인간을 절멸시키려는 신들의 계획, 인간의 창조주 엔키의 구원, 대홍수에서 유일하게 살아남은 사람 우트나피쉬팀. 길가메쉬 서사시를 읽어가노라면 잠시 〈베레쉬트〉의 행간에 빠져 있는 듯한 착각마저 들게 한다. 그리고 영생을 찾아 나선 길가메쉬의 방황은 모세나 예수가 광야를 헤맨 이유를 돌이키게 하고, 죽음 앞에 선 그의 절규는 욥의 그것을 듣는 듯하다.

길가메쉬 서사시의 마지막 장면을 덮고 나면 한평생을 다 살아버린 사람처럼 된다. 사나이들의 우정, 사랑의 희비, 미지로의 모험, 괴물과의 싸움, 죽음보다 깊은 잠과 꿈, 영생을 향한 끝없는 욕망, 그리고 죽을 수밖에 없는 인간의 비애. 왕의 신분에서 졸지에 대초원을 방황하는 거지 신세가 되어 죽음을 초월하는 길을 찾고자 했던 길가메쉬는, 왕자였으나 모든 것을 다 버리고 생사의 괴로움으로부터 해탈의 경지를 찾아 길을 떠난 석가족의 고타마 싯다르타를 떠올리게 한다. 그러나 영웅은 아무것도 얻지 못한 채 빈손으로 돌아온다. 그를 기다리고 있는 것은 오직 죽음뿐이다. 죽음의 바다를 건너 영생자 우트나피쉬팀을 만나고도 끝내 영생할 수 있는 기회를 얻지 못한 영웅은 결국 죽음을 맞이한다. 그 어떤 고독도 죽음 앞에서 '힘겹다'는 말을 할 수 없다. 그것은 한낱 사치일 뿐이다. 죽음은 절대고독이며 고독의 극치이며 고독의 끝이다.

智異山人 山海

1. 이 책에서 악카드어인 셈어 판본들, 말하자면 약 4000~3600년 전의 고(古)바빌로니아 시기에 기록된 여러 판본(고바빌로니아 판본)과 바빌로니아 카시트 왕조 때 기록된 씬-리키-운니니의 판본(표준 바빌로니아 판본)을 참고하여 쓴 소제목은 다음과 같다.

영웅 길가메쉬 왕/엔키두의 창조/엔키두의 개화/길가메쉬의 꿈/길가메쉬와 엔키두의 만남/훔바바 살해 음모/닌순의 기도/삼목산 여행/훔바바와의 싸움/이쉬타르의 청혼/길가메쉬와 하늘의 황소(수메르어 판본도 읽어보았으나 이 책의 흐름에 도움이 되지 않아 음역해보는 정도로만 만족했다)/엔키두의 악몽/엔키두의 죽음/길가메쉬의 방황과 전갈 부부/씨두리의 충고/뱃사공 우르샤나비의 도움/우트나피쉬팀과의 조우/우트나피쉬팀의 홍수 이야기/왕의 귀환

수메르어 판본(고바빌로니아 이전)을 참고하여 쓴 소제목은 다음과 같다.

후와와의 죽음(원제목은 길가메쉬와 후와와A)/길가메쉬와 아가의 전쟁(원제목은 길가메쉬와 아가)/길가메쉬와 엔키두의 저승 여행(원제목은 길가메쉬, 엔키두 그리고 저승 세계)/길가메쉬의 죽음(원제목과 동일)

2. 본문에 나오는 물음표(?)가 붙은 단어는 토판이 깨졌거나 부서져서 해독이 불가능한 부분을 필자가 문장을 매끄럽게 하기 위해 삽입한 것이다. 해독이 불가능하면서 유추에 의해 적절한 단어로 대체할 수도 없는 경우 일일이 빠짐표(□)를 사용하는 대신 줄임표(……)를 삽입했으며, 그보다 여러 행이 깨져 있는 경우에는 '…………'를 삽입했다.

3. 고유명사의 표기법은 되도록 수메르어나 악카드어의 음가에 가깝게 표기하려고 노력했다. 한국의 외래어 표기법을 포기했다기보다는 조금 더 정확한 용어를 쓰기 위해서다. '길가메쉬'의 경우를 보자. '길가메쉬'의 영문 표기는 'Gilgamesh'다. 일반적으로 한국 작가들이 즐겨 쓰는 표기는 '길가메시' 혹은 '길가메슈'이다. 그러나 실제로 길가메쉬 서사시 판본을 보면 "Gilgameš", 말하자면 '길가메쉬'에 가깝다. 태양의 신 샤마쉬(Shamash/Šamaš)의 경우도 마찬가지다. 그를 만일 샤마시(Samasi)나 샤마시(Shamasi), 더군다나 샤마슈(Shamashu)로 표기한다면 전혀 다른 신명(神名)을 만들어내는 셈이 된다. 히브리족의 신 야웨/야훼는 야훼로 통일했다. 그러나 히브리 성서의 인명이나 지명은 혼란을 피하기 위해 일반적인 외래어 표기법에 따랐다.

4. 이 책에 나오는 연도 표기는 라틴어에서 나온 AD(Anno Domini, 그리스도의 해)와 BC(Before Christ, 그리스도 탄생 전)를 붙이지 않았다. 그럴만한 이유가 전혀 없기 때문이다. 특히 BC 또는 기원전/서기전은 약 1530년 전 디오니시우스 엑시구스가 로마 교황의 명을 받고 《부활제의 서(書)》라는 책을 쓰면서 비롯되었으나 그로부터 300년이 더 지나서야 일반화되기 시작했고, 현대의 학자들 중에는 예수가 탄생한 해가 그보다 4년이 빠르다고 주장하는 이들도 있다. 하여, 수메르와 관련된 연도 표기는 'ㅇㅇㅇㅇ년 전' 혹은 'ㅇㅇㅇㅇ년 전쯤'으로 썼고, 경우에 따라 B.C.E.(Before Common Era)를 추가했다. 이 책의 주인공 길가메쉬가 출현한 4800년 전쯤을 생각해보면, 수메르의 도시국가 우루크와 그 왕 길가메쉬가 얼마나 오래전에 존재했는지를 더욱 실감할 수 있을 것이다.

OBVERSE
Col. 1

it-bi-e-ma ᶦˡᵘGilgamiš tu-na-tarm i-pa-aš-šar
iz-za-kar-am a-na urn-mi-Xu
um-mi i-nu ia-a-at mu-ši-ti-ja
ša-am-ba-ku-ma at-ta-na-al-la-ak
i-mu bi-ri-it id-da-tim
ib-ba-lu-nim-ma ka-ka-'a ša-ma-i
ki-?-?-rum ia a-nim im-ku-ut a-mu ṣi
aš-ši-šu-ma ik-ta-bi-if e-li-ja   -ri-ja
ilam iš-šu-ma mu-uš-ša-šu u-ul el-ti-j̊
ad-ki ma-tum pa-ḫi-ir e-il-iu
id-lu-turn ú-na-ša-ku ši-pi-šu
ú-um-mi-id-ma   pu-ti
i-mi- du   ja-ti
aš-ši-a-iu-ma at-ba-la-aš-šu a-nuṣi-
urn-mi ᶦˡᵘGilgamiš mu-u-da-a-at ka-la-ma   -ri-ki
iz-za-kar-am   a-na ᶦˡᵘGilgamiš
mi-im-di ᶦˡᵘGilgamiš ša ki-ma ka-ti
i-ma ṣi-ri   i-wa-li-id-ma
zi-ra-ab-bi-šu   ṣa-du-ú
fa-mar-s 'u-ma (ṣa!)-ap-ḫa-ta at-ta
id-lu-tum ú-ma-ša-ku ši-pi-šu
te-it-ti-na-šu?........šu-ú-zu
ta-tar-na-('a)-šu a-ma ṣi-(ri-j̊)a
(iš-?) ti-lam-ma i-ta-mar ša-mi-tam
(šu-ma-)ta i-ta-wa-a-am a-ma um-
(um-m)i a-tu-mar   ša-mi-tam mi-šu
(šu-ma-ta a-fulmar e-mi-a ia zu-ki-
ci-mu!) Umuk-ckis ri-bi-tim   im
ha-as-si-mu   ma-di-i-ma
e-li-šu   pa-ah- nu
ba-aš-ṣi-nu-um-ma ša-ni bu-mu-šu
a-mur-šu-ma ah-fa-fa a-na-ku
a-ra-am-Xu-ma ki-ma áš-ša-tim
a-ha-ap-pu-up   el-šu
el-ki-šu-ma- áš-ta-ka-an-šu
a-ma   a-ḫi-ja
urn-mi ᶦˡᵘGilgamiš mu-da-ai ka-la-ma
(iz-za-kar-am a-na ᶦˡᵘGilgamiš)

1910년대 빈슬러의 악카드어음역 @ZMSANHAE

2부 〈최초의 신화, 길가메쉬 서사시〉의 '3. 길가메쉬의 꿈'의 도입 부분에 해당하는 설형문자와 필자의 1910년대 방식 악카드어 음역(제1~2행은 '길가메쉬가 일어나 그의 어머니에게 꿈 이야기를 말했다'로 시작해서 마지막 37~38행은 '모든 것을 알고 있는 그의 어머니가 길가메쉬에게 대답했다'로 끝난다)이다.

길가메쉬가 잠에서 깨어나 자신이 꾼 꿈을 어머니 닌순에게 말하고, 닌순은 아들에게 해몽해주는 바로 그 장면이다. 음역 자체는 1910년대의 학자들이 했던 방식 그대로 해보려고 노력했다. 당시 학자들은 길가메쉬를 '길가미쉬(ᵈⁱᵘGilgamiš)' 또는 '기쉬-투-바르(ᵈGIŠ-TU-BAR)'라고 음역하곤 했다. 길가메쉬 서사시의 대홍수 이야기를 해독하여 유명해진 조지 스미스도 길가메쉬를 '이즈두바르(izdubar)'로 간신히 읽어내는 정도였다. 모두 수메르어가 완전히 해독되지 못한 이유에서였다. Gilgamiš 앞에 붙인 위첨자 'ilu'는 '신'에 해당하는 악카드어며, 'd'는 'din.gir'로 '신'에 해당하는 수메르어다.

필자가 사용한 이 악카드어 판본은 세로로 6칸 총 260행으로, 내용은 길가메쉬 서사시 열두 토판의 첫 번째 토판 마지막 부분과 두 번째 토판에 해당한다. 여기에 소개한 점토판은 그중 맨 앞부분, 즉 제1칸의 한 면에 해당하는 38행이다. 이 유물은 1914년 미국 필라델피아 대학박물관이 구입한 것으로, 우루크 근처에 있던 고대 도시 라르싸(Larsa, LA.AR.SA, 현재의 산카라)—이 도시의 수호신은 태양의 신 우투/샤마쉬였다—에서 발굴된 길가메쉬 서사시의 고(古)바빌로니아 판본이다.

길가메쉬 서사시는 가장 오래된 수메르어 판본과 그 후대의 악카드어 판본으로 구별되며, 악카드어 판본은 다시 고바빌로니아 판본과 표준 바빌로니아 판본으로 크게 나눌 수 있다. 이 책의 악카드어 판본은 필자가 일일이 두 판본의 내용을 대조하여 음역해보고 합친, 말하자면 통합 판본이라고 할 수 있으며, 수메르어 판본 역시 여러 단편을 모두 모아 음역해보고 소개했다. 그리고 산문 형식의 서사시를 좀더 읽기 편하게 서술하는 방식을 택했다. 이런 과정을 거쳐 이 책의 2부가 완성되었다.

THE EPIC OF GILGAMESH

최초의 신화, 그 탄생의 비밀

이곳은 문명의 요람이며
예술과 과학의 산실입니다.

1

THE EPIC OF
GILGAMESH

1

오직 수메르어뿐이었다

그러나 인간의 말은 진실로 하나였다.

바벨탑의 신화가 쓰이기 전에, 그보다 '최소한' 1000년 이상 전에,
약 4000년 전에 최초의 나라 수메르에는 우르라는 도시국가가 있었
다. 그곳에는 어느 필경사가 수메르어로 쓴 〈엔메르카르와 아랏타
의 주(主)〉라는 점토서판이 있었다. 636행이나 되는 그 책을 읽다 보
면 바벨탑의 신화 속에 감춰진 진실을 알 수 있다. 이 무렵 수천 년
동안 지속되던 수메르의 운명은 이미 기울고 있었고, 최초의 셈족
국가인 악카드가 잠시 왔다가 사라진 뒤였다.

　　누딤무드의 주문(呪文):
　　그때에, 뱀도 없었고 전갈도 없었고,
　　하이에나도 없었고 사자도 없었고,
　　개나 늑대도 없었고,
　　그래서 두려움도 없었고, 공포도 없었고,
　　인간은 서로에게 적도 없었다!

　　그때에, 슈부르와 하-마-지,
　　비교되는 말을 쓰는 키-엔-기(르), 고귀한 왕권을 가진 위대
한 산,
　　키-우리, 적절한 모든 것을 소유한 땅,
　　마르-투, 안전하게 쉴 수 있는 곳,
　　하늘과 땅 모든 곳, 만족스럽게 보호받는 사람들,
　　그들은 모두 엔릴에게 한 언어로 말했다!

1 바벨탑

피터 브뤼겔, 1563년(114×155cm). 빈 미술사박물관 소장. 사진 크리에이티브 코먼스.

그때에, 주님들의 외침, 왕자들의 외침, 왕들의 외침,

엔키는, 주님들의 외침, 왕자들의 외침, 왕들의 외침,

주님들의 외침, 왕자들의 외침, 왕들의 외침에

엔키, 풍요의 신, 확고한 결정을 내리는 신,

나라의 지혜와 혜안의 신,

신들의 명수(名手).

지혜를 위해 선택된 에리두의 신 엔키는,

그들의 입에서 나오는 말을 바꾸리라!

그가 그렇게 했다.

그렇게 되었지만 인간의 말은 진실로 하나였다.

(《엔메르카르와 아랏타의 주》 135~155행)

단 21행 속에 '세 역사'가 숨겨져 있다. 첫 번째 '그때에'는 뱀, 전
갈, 하이에나, 사자, 개, 늑대 같은 동물조차 없었던 시절이었고, 인
간에게 싸움조차 없었던 시절이 있었다. 두 번째 '그때에'는 국가들
이 생겨났다. 애초에는 수메르의 도시들만이 존재했지만 세월이 지
나면서 북(北)의 슈부르, 동(東)의 하마지, 남(南)의 키엔기(수메르),
중심에는 키우리(악카드), 서(西)의 마르-투(아모리) 등의 나라들이
생겨났다. 그리고 사람들은 평화로웠다. 수메르는 비교되는 말(eme
ha-mun), 즉 두 가지 언어를 쓰고 있었다. 그들은 모두 두 가지 말로
생활했지만 신들의 제왕 엔릴에게는 오직 하나의 언어로만 기도를
드렸다. 한 언어! 오직 한 언어! 수메르어만이 신성한 언어였다! 수
메르어와 비교되는 말은 수메르어보다 나중에 탄생한 악카드어였다.

세 번째 '그때에' 가서 문제가 발생했다. 충돌이었다! 외침과 싸움과 생존 경쟁이 치열해지기 시작했다. 이때 위대한 지혜의 신왕으로 '누딤무드'라고도 불리던 엔키가 나섰다. "그들의 입에서 나오는 말을 바꾸리라!" 그대로 되었다. 그대로 되었지만 인간의 진실된 언어는 오직 수메르어였다!

수메르 신화의 가장 위대한 두 신은 엔릴과 엔키였다. 엔릴은 신들의 지배자였고, 엔키는 인간의 창조주였다. 둘의 대립과 화해는 곧 수메르 신화의 진수였다. 바벨탑의 신화로 야기된 진짜 혼동은 엔키와 엔릴을 모두 야뷔로 기록하면서부터였다. 〈엔메르카르와 아랏타의 주〉가 쓰인 뒤로 무려 1000여 년의 세월이 흘러서 고대 이스라엘 신학자(들)로 추정되는 J(Jehovist, Yahwist)─그(들)는 항상 신을 야뷔(Yahweh)라고 불렀다─가 바벨탑의 신화를 기록했다. J의 작품인 〈베레쉬트〉의 제11장 1~7행을 들춰보자.

모든 땅에 한 언어와 두세 말이 있었노라.
사람들은 동쪽에서 옮겨와 쉰아르 땅에서 들판을 찾았고 그곳에 살았다.
그들은 서로에게 말했다. "어서, 흙으로 벽돌을 만들어 불에 굽자." 흙벽돌이 돌처럼 단단하게 되었고 토역청이 교니(膠泥)처럼 되었다.
또 그들은 의논했다. "어서 우리가 스스로 도시를 세우고 꼭대기가 하늘에 닿는 탑을 쌓도록 하자. 우리 자신을 위해 이름을 날리자. 그렇지 않으면 우리는 모든 땅 위로 흩어지게 될 것이다."

야웨가 사람의 자식들이 지은 도시와 탑을 보려고 내려왔다.

그가 말했다. "참으로 나라도 하나며, 사람들 모두가 쓰는 언어도 하나로구나. 이것은 사람들이 꾸미고 있는 무언가의 시작에 불과하겠지. 그들이 앞으로 하려고만 한다면 못 할 일이 없을 것이다.

지금 당장 땅으로 내려가자. 내려가서 사람들이 서로 말을 알아듣지 못하게 그들의 언어를 뒤섞어놓자!"

이렇게 기록한 뒤에 J는 그의 신 야웨가 온 땅 위에서 사람들을 흩어지게 했고, 인간이 도시를 건설하려고 시도했으나 신의 의지에 의해 멈추었다고 강조했다. 게다가 야웨가 인간의 언어를 뒤섞어놓고 그들을 뿔뿔이 흩어지게 했기 때문에 그 도시는 바벨로 불렸다고도 적어두었다.

수메르가 멸망한 지 1000여 년이 지난 후, 고대 근동의 메트로폴리탄으로 불리던 바빌론에서 수메르어는 여전히 글쓰기에 사용되었고, 악카드어는 공식어로 맹위를 떨쳤다. 그리고 사람들은 아람어로 말하고 있었다. 이 시기의 고대 이스라엘 지식인들은 먼 옛날에 존재했던 수메르라는 '최초의 국가'의 '최초의 신화'를 접하면서 그 종교적인 전승을 섭렵했다. 그 전까지 이스라엘 조상들은 하나의 국가 단위로 존재하기는커녕 이리저리 떠돌다가 이집트에 몸을 의탁하고 사는 형편이었다. 그들은 광야에서 헤매다 가나안 땅에 정착하고도 상당한 세월이 흐른, 약 3000년 전에 비로소 다비드가 여러 지파를 통합하여 처음으로 이스라엘왕국을 예루살렘에 세웠다. J 같은 이스라엘 신학자나 사제 들은 바빌론에서 북서쪽으로 800여 킬로미터나 떨어진 변방의 신생국이며 약소국인 그들의 조국 이스라엘이 기사회생하기를 간절히 기도하면서 엔릴과 엔키 같은 위대한 수메르 신들 대신 야훼를 유일신으로 옹립하는 작업에 착수했다. 그리하여 탄생한 〈베레쉬트〉는 수메르 신화를 개작한 최후대의 신화가 되었다. 수메르 문명의 빛이 흐려지고 있을 즈음에 기록된 〈엔메르카르와 아랏타의 주〉라는 점토서판은 바벨탑 신화의 원형이었다.

야훼에게 충실했던 J가 기록한 '한 언어'는 수메르어였다. 그리고 두세 말은 당시 통용되던 악카드어와 아람어를 포함하여 일컫는 표현이었다. 하지만 야훼가 존재하지 않던 시절, 사람들이 신들의 실권자였던 엔릴에게 기도하거나 말한 언어는 오직 수메르어뿐이었다. J가 히브리어로 '바벨'을 운운하기 전에, 히브리어가 존재하지 않던 시절에 바벨은 악카드어로 '신들(ili)의 문(Bāb)'이라는 뜻의 밥-일리(Bāb-ili)였다. 수메르어로 '신들의 문'은 카딘기라(ka₄.dingir.ra, 신들=dingir/의=ra/문=ka₄)이다. 그곳은 다름 아닌 바빌론이었다. 바빌론은 악카드어의 '바빌'에서 출발했고, J에 의해 바벨로 혼동되었다. 인간의 언어를 혼동시킨(바랄) 존재는 야훼가 아니라 J였고, 실제로는 엔키였을 것이다.

이 지역 최초의 언어는 히브리어도 악카드어도 아니었다. 세상에는 수메르어만이 존재하던 때가 있었다. 5100년 전 이집트인들은 수메르로부터 문자에 대한 관념을 들여와서 독창적인 그림문자를 발전시켰다. 4600년 전에는 동부 셈어이며, 최초의 셈어로 알려진 악카드어가 나타나기 시작했고, 200~300년 뒤에는 시리아의 에블라에서 악카드어와 같은 계열의 에블라어가 선을 보였다. 그리고 약 3000년 전부터 고대 히브리어가 돌판에 기록되기 시작했다.

수메르의 도시국가 우루크에는 엔메르카르 왕이 있었다. 수메르 왕명록에 의하면, 그는 4800여 년 전 우루크 제1왕조 2대 왕으로 등극했던 전설적인 통치자였다. 우루크의 대제사장이자 왕이었던 엔메르카르와 저 멀리 수메르 동쪽 어딘가에 있었던 아랏타(Aratta)의 주(主) 사이에 다툼이 있었다. 위에서 본 〈엔메르카르와 아랏타의 주〉의 내용은 엔메르카르 시절로부터 800년 정도 지난 후에 기록된 것이다. 그리고 다시 1000여 년이 지난 후에 J의 〈베레쉬트〉가 기록되었다. 그러니까 엔메르카르가 우루크를 지배하던 때와 히브리족의 〈베레쉬트〉가 쓰인 때를 돌이켜보면 둘 사이에는 무려 2000여 년의 세월의 차이가 난다. 그리고 작금에서야 비로소 그 '진실'을 알게 되었다. 언어가 무섭고 말이 무섭다! 엔키 신이 인간의 입에서 나오는 말을 바꾸어놓았을 만도 했으리라. 바벨탑의 신화, 그리고 언어의 혼란, 그 원형은 여기에 있었다. 불과 약 150년 전만 하더라도 이 세상 어느 학자도 수메르어의 존재에 대해 알지 못했다. 아니, 상상도 하지 못했다. 어떤 학자들은 '처음에는 오직 히브리어만이 있었다'고 고집스럽게 주장했다. 그런데 정체불명의 언어가 나타났다. 최초의 언어, 수메르어였다! 수메르어는 지금까지 알려진 그 어떤 언어와도 관련이 없는 고립어였다. 그리고 인류 최초로 문자로 표현한 언어였다.

엔메르카르를 이어 루갈반다가 왕위에 올랐다. 그 뒤로 두무지가 나타나 통치했다. 4800년 전쯤, 루갈반다의 아들 길가메쉬가 우루크 5대 왕에 등극했다. 엔메르카르 · 루갈반다 · 두무지 · 길가메쉬로 이어지는 영웅시대였다. 그리고 세상 천지에 단 하나뿐인 언어, 수메르어만을 사용했던 시절의 진정한 영웅은 이 책의 주인공인 길가메쉬였다!

THE EPIC OF
GILGAMESH

2

조지 스미스와 길가메쉬 서사시

인간이 2000여 년간이나 믿어온 '진실의 혼돈'이었다.

1621년경 고대 페르시아의 설형문자가 유럽 사람들에게 알려졌다. 달랑 기호 5개뿐이었다. 목숨을 건 탐험가들의 모험이 있었다. 학자들의 문자 해독 전쟁이 있었다. 230여 년의 세월이 흘렀다. 1857년경 천신만고 끝에 간신히 고대 페르시아어 · 엘람어 · 악카드어가 해독되었다.

1872년 12월 3일 런던 성서 고고학회에서 충격적인 일이 벌어졌다. 영국박물관 연구원 조지 스미스(George Smith)가 앗씨리아 토판 2 들 중에 들어 있는 대홍수의 내용을 발견했다고 발표했다.

그해 가을 스미스가 박물관 수장고에 산더미처럼 쌓여 있던 점토판을 하나씩 들추다가 성서의 대홍수 이야기와 유사한 대목을 보고 흥미진진하게 읽게 된 것이었다. 영국의 수상 글래드스턴(Mr Gladstone)을 비롯한 모든 청중은 깜짝 놀랐다. 그때까지 사람들은 대홍수라면 당연히 성서에만 나오는 것으로 착각하고 있었다. 1852년 길가메쉬 서사시가 기록된 점토서판은 앗씨리아의 수도 니느웨에 있던 앗슈르바니팔(Assur-bani-pal) 도서관에서 호르무즈 라쌈(Hormuz Rassam)에 의해 발굴되었다. 그것은 당시 라쌈에 의해 수집된 2만 4,000여 개나 되는 점토판들 중 일부였다. 그로부터 20년이 지나서야 스미스의 '충격적인 해독'이 이루어졌던 것이다. 그러나 스미스가 발표한 토판은 불완전한 것이었다.

1840년 영국 런던의 첼시에서 태어난 스미스는 젊은 시절부터 선배들이 발굴한 영국박물관의 설형문자 비문들을 연구하고 있었다. 위대한 비문 발굴자이자 설형문자 해독자인 헨리 롤린슨 경(Sir

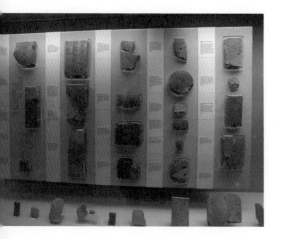

2
영국박물관에 소장된 메소포타미아의 보물들

왼쪽 맨 위에 길가메쉬 서사시 열한 번째 토판이 보인다. 영국박물관 소장. 사진 크리에이티브 코먼스, ©Mujtaba Chohan.

3
니느웨의 흔적

앗씨리아의 수도 니느웨는 신바빌로니아와 이란계의 메디아 연합군의 공격으로 2630여 년 전(B.C.E. 612년)에 파괴되었다. 사진 크리에이티브 코먼스, ©Fredarch.

Henry Rawlinson)은 스미스의 남다른 열정이 마음에 들어 박물관에 있던 자신의 방에 출입할 수 있는 특혜를 주었으며, 좀더 깊이 공부할 수 있도록 여러모로 도움을 주었다. 1867년 연구 생활을 계속하던 27세의 스미스는 앗씨리아 담당 부서에서 일하게 되면서 본격적으로 능력을 발휘하기 시작하였다. 1871년 그는 약 2600여 년 전 앗씨리아의 통치자였던 앗슈르바니팔의 사료를 음역, 번역하여 발표했고, 새로 조직된 성서 고고학회에 〈바빌로니아의 초기 역사(The Early History of Babylonia)〉라는 논문 등을 기고했다. 다음 해에는 그에게 세계적인 명성을 가져다준 〈칼데아의 홍수 설화(Chaldean account of the Deluge)〉가 기다리고 있었다.

1873년 1월, 런던의 《데일리 텔레그래프(The Daily Telegraph)》지의 편집장 에드윈 아널드 경(Sir Edwin Arnold)은 자신이 소속된 회사가 지원하는 비용으로 스미스가 니느웨에 가서 대홍수가 기록된 토판의 나머지를 발굴해야 한다고 생각했다. 이어 스미스는 발굴 여행을 떠났다. 가장 큰 목적은 대홍수 이야기에서 누락되어 있던 17행을 찾아내는 것이었다. 그는 기나긴 여행 끝에 티그리스 강변에 있는 모술에 도착했다. 발굴이 시작된 지 불과 5일 만에 대홍수 이야기의 나머지 부분이 세상 밖으로 나왔다. 온 영국인이 기대하고 있던 일이었다. 1873년 5월 21일 《데일리 텔레그래프》지 1면은 스미스의 기적적인 발견 소식으로 장식되었다. 그는 불과 한 달 동안 384개나 되는 점토판 문서를 찾아냈다. 젊은 영국인은 대홍수의 '잃어버린 토판'뿐만 아니라 바빌로니아 왕조들의 존속 여부가 기록된 파편들을 발굴하는 성과를 이루었다. 그는 1874년에 이어 1876년에 다시 영국박물관의 후원으로 발굴지로 향했다. 그러나 그것이 마지막이었다. 그는 같은 해 8월 19일 북시리아 알레포(Aleppo)에서 북동쪽으로 60마일 떨어진 한 작은 마을에서 생을 마감했다. 그의 나이 불과 36세였다.

스미스가 발견한 악카드어의 기록은 길가메쉬 서사시의 여러 판본으로 치자면 최후대에, 달리 말하면 마지막 개작(改作)에 해당되는 것이었지만 성서의 기록보다 적어도 수백 년이나 앞서 있었다. 이것만으로도 학자들은 혼란에 빠졌다. 인간이 2000여 년간이나 믿어온 '진실의 혼돈'이었다.

사실 스미스는 '길가메쉬'를 말할 수 없었다! "나는 음성학적으로 읽을 수 없다"라는 그의 고백처럼 당시 학자들은 '최초의 셈어'인 악카드어를 해독하여 고대 문서들을 간신히 읽어내는 일만으로도 자부심과 보람을 느꼈다. 악카드어를 읽어내기까지 그들이 겪은 인고의 세월은 '피와 눈물' 그 자체였다. 그런데도 그들 앞에는 성서에서 단 한 번도 언급되지 않은, 4350여 년 전쯤(B.C.E. 2334년)보다 오래된 나라들과 수많은 명칭이 쏟아져 나왔다. 셈족과 셈어에 집착한 학자들과 '새로운 언어, 미지의 나라'에 마음의 문을 연 학자들의 대립이 있었다. 이른바 셈족파와 이방인파의 결투였다. 승리의 여신은 이방인파의 손을 들어주었다. 1869년 처음으로 수메르인 · 수메르어라는 용어가 등장했다. 등장만 했을 뿐이지 읽어낼 수 없었고, 알 수도 없었다! 스미스의 선택은 그의 말을 빌리자면 '그를 잠정적으로 이즈두바르(Izdubar)'로 호칭하는 것이었다. 스미스만이 길가메쉬를 그런 식으로 부른 것은 아니었다. 그러나 그는 정열적인 사람이었다.

'대홍수 이전 이야기의 기원은 어디에 있는가', '최초의 인간이 살았다는 파라다이스는 어디인가', '대홍수니 방주니 새 들이니 하는 이야기는 언제부터 나온 것인가'라는 의문의 해답을 스미스는 설형문자 비문에서 찾고자 했다. 신화의 시작을 찾아내야만 한다고 생각했다. 성서뿐만 아니라 여러 나라 속에 숨어 있는 유사한 전설들과 비교해보아야 한다고 절실히 느꼈다. 그는 '칼데아의 평원'에 신화의 배꼽이 존재하리라는 것을 확신하고 있었다.

이곳은 문명의 요람이며 예술과 과학의 산실입니다만, 2000년 동안 폐허로 있었습니다. 가장 중요한 고대 기록을 포함한 그곳 문학은 우리에게 거의 알려져 있지 않습니다. 앗씨리아인들이 베낀 문헌들을 제외하곤 말입니다. 하지만 그 흙무더기와 폐허가 된 도시들 아래에서, 더 오래된 대홍수 문서들과 세상에서 가장 오래된 문명의 전설과 역사가 누워, 시방 탐험을 기다리고 있는 것입니다.

스미스의 유명한 논문은 이렇게 끝을 맺고 있었다.

'칼데아/칼데/갈데아의 우르'는 성서 기록자들의 오류였다. 길가메쉬가 수메르의 거대한 도시국가 우루크의 5대 왕위에 오른 해보다 대략 700년 정도 지난 4100년 전쯤, 이스라엘의 조상이며 최초의 족장 아브람이 출생했다. 그 당시 '수메르의 우르'는 있었지만 '칼데아의 우르'는 없었다. 칼데아는 남쪽 메소포타미아의 유프라테스강과 티그리스강 주변에 있던 늪지대나 호수지대에 살고 있던 유목민족 이다. 이들은 약 2900~2800년 전 바빌론을 침입했고, 2700년 전에 는 패권 경쟁에 뛰어들기도 했다. 그들은 서부 셈족 계열인 아람 민족의 한 분파였다. 바빌론은 칼데아의 족장이 10년이라는 짧은 기간 동안 통치하기도 했지만 오랫동안 앗씨리아의 지배에서 벗어나지 못하고 있었다. 그로부터 100년이 지난 2640여 년 전쯤 나보폴아싸르(Nabopolassar)가 신바빌로니아(칼데아 왕조)를 세웠다. 2600년 전쯤, 그의 아들 네부카드네자르 2세(Nebuchadrezzar II)는 근동 세계의 가장 강력한 제국을 건설했다. 예루살렘과 유대를 정복하여 이스라엘 사람들을 바빌론으로 끌고 갔다. 그리고 히브리족의 창세기 〈베레쉬트〉가 쓰였다. 따라서 성서 기록자들에게 수메르보다 '칼데아'라는 고유명사가 가까이 있었다. 아브람의 고향은 '칼데아의 우르'가 아니라 '수메르의 우르'였다. '칼데아의 평원'이 아니라 '수메르의 평원'이었다. 그렇지만 성서 기록자들은 수메르를, 아브람 이전에도 이미 수천 년 동안 존재했던 지상 최초의 국가를 알 길이 없었다. 그것은 스미스도 마찬가지였다.

결국 길가메쉬 서사시의 수메르어 판본들은 발견되었다. 1891년부터 1930년까지 학자들은 길가메쉬 서사시에 관한 설형문자 판본연구서들을 연속적으로 세상에 내놓았다. 그리고 1923년 수메르어의 문법적인 기초가 다져지면서 길가메쉬 서사시의 수메르어 판본의 판독 작업은 1930년대에 이르러서야 서서히 진행되기 시작했다.

4 바빌론의 이쉬타르 여신의 성문

바빌론은 바그다드 남쪽 유프라테스강 근처에 있는 고(古)바빌로니아 왕국의 수도다. 바빌론은 그리스인들이 붙인 이름으로, 원래의 명칭은 바빌(Babil)이며, 성서의 명칭은 바벨(babel)이다. 바빌은 길가메쉬 시절에는 약 6,000명(추정)의 인구가 50에이커 정도의 땅에 살았던 작은 거주지였으나, 그보다 약 1000년 뒤인 함무라비 때에 이르러 융성했다. 바빌론의 수호신은 엔키의 아들 마르둑이었다. 사진 서터스톡, ⓒJukka Palm.

THE EPIC OF
GILGAMESH

3

길가메쉬 서사시의 연대기

인류가 최초로 한 영웅의 이야기를 기록한 책들이 있었다.

길가메쉬 서사시의 원형은 약 4600여 년 전부터 쓰이기 시작했다. 당시 설형문자는 상형문자에서 음절문자로 옮겨가는 과정에 있었기 때문에 현재까지 알려진 길가메쉬 서사시처럼 방대한 내용을 표현하는 데는 다소 무리가 있었을 것이다. 그러나 4500년 이전에도 이미 수메르 전역에 학교가 있었고, 공식적으로 문자 교육이 행 5 해졌으므로 길가메쉬의 전승은 계속되고 있었다.

4350여 년 전쯤(B.C.E. 2334년), 수메르는 악카드의 건설자 싸르곤 1세의 수중으로 들어갔다. 권력의 이동은 언어의 이동으로 이어졌다. 힘을 잃은 수메르어는 다만 문어(文語)의 기능에만 충실한 듯했다. 그러나 수메르어는 가장 우수한 두뇌 집단에게 '선택'이 아닌 '필수'였다. 몇몇 왕조를 거치면서 왕권은 우르 남무(Ur-Nammu)가 6 개국한 우르 3왕조로 넘어갔다. 4100년 전쯤(B.C.E. 2094년), 문화적 향기를 듬뿍 지닌 통치자가 왕위에 올랐다. 바로 그 유명한 슐기(Shulgi) 왕이었다. 왕은 우르와 니푸르에 학교를 세웠고, 당시까지 구전으로 전해오던 수메르어 찬미가들이 기록되기 시작했다. 슐기 왕은 에둡바(é-dub-ba-a/Edubba, 점토서판의 집)라고 불리던 학교에서 필경사들을 훈련했다. 학교 교육이 더욱 번창했으므로 수메르어는 여전히 살아 있었다. '슐기 O'라고 명명된 수메르어 찬미가(38~42행)를 읽어보면, 필경사들이 길가메쉬라는 조상을 영웅시하여 슐기와 연결하려는 시도를 엿볼 수 있다.

그때에, 나라의 운명이 정해졌을 때에
모든 생명의 씨가 처음으로 생겨났을 때에

5
수메르 서사학교 문서

약 5000여 년 전 41개의 직위와 직업이
상형문자로 기록된 사전식 목록으로, 필
경사 가르-아마(GAR.AMA)의 서명도 있
다. 수메르가 세상에서 최초로 학교를 열
고 교육을 실시했다는 가장 오래된 증거
물이기도 하다. 사진 쇼엔 컬렉션.

6
우르-이씬 왕명록

4130여 년 전쯤(B.C.E. 2112년) 개창한 우르 제3왕조의 다섯 통치자와 그 후에 건설된 이씬 제1왕조의 열다섯 통치자의 목록을 기록한 점토판. 사진 쇼엔 컬렉션.

왕이 그의 동료에게 찬란하게 나타났을 때에

그때에, 길가메쉬, 쿨아바의 주님은

슐기, 수메르의 선한 목자와 그의 빛나는 발치에서 대화를 했다.

약 4020년 전(B.C.E. 2004년), 수메르의 우르 3왕조는 108년 만에 쓰러졌다. 5대 왕 입비-씬(Ibbi-Sîn/Ibbi-Suen)은 가뭄, 경제 파탄, 신하 이쉬비-에라(Ishbi-Erra)의 배신으로 흔들렸다. '배신자'는 주군의 명으로 거금을 들고 나가 우르 왕실과 백성이 15년간 먹을 보리를 구했다. 그러나 그는 돌아오지 않았다. 이쉬비-에라는 이씬(Isin)에서 왕조를 세웠다. 결국 우르는 엘람 연합국의 침공으로 멸망했다. 수메르의 마지막 왕 입비-씬은 동쪽의 안샨(Anshan)으로 끌려가 죽었다. 수메르의 종말이었다. 이로써 '최초의 문명국'은 사라졌다. 엘람군은 6년 만에 수메르에서 쫓겨났다(B.C.E. 1998년). 수메르 땅의 새 주인은 '배신자' 이씬 왕조의 건설자 이쉬비-에라였다. 그는 수메르인이 아니라 메소포타미아 북서부 도시 마리 출신의 악카드인이었다. 이씬 필경사들은 자신의 왕조가 우르 3왕조를 물려받았다는 억지 주장을 남기는 작업을 했다. 하지만 이씬은 이방인의 국가일 뿐이었다. 우르 3왕조의 수메르 르네상스 시대에 이미 수많은 문학작품이 쏟아졌다. 수메르가 멸망한 후, 이씬 필경사들은 이씬 왕조가 수메르의 후예라는 정통성과 정당성을 확보하고자 화려한 수메르 문화유산을 복사하고 개작했다.

얼마 후(B. C. E. 1794년), 아무르인의 라르싸(Larsa) 왕조를 통

7
3800여 년 전 학교 생활과 관련된 점토판

그 내용은 이렇다. "학창 시절: 서사학교 졸업
생, 옛날에 어디에 다녔어? 난 학교에 갔지. 학
교에서 뭘 했는데? 내 서판을 읽고 그걸 베꼈
지⋯⋯." 그러나 이 시절보다 1200~1300년 전
수메르에는 이미 학교가 있었다. 사진 쇼엔 컬
렉션.

치하던 림-씬(Rim-Sîn)이 이씬 왕조를 쓰러트렸다. 라르싸 필경사들도 수메르 문학작품을 베끼기 바빴다. 약 30년 뒤(B.C.E. 1763년), 고바빌로니아 왕조의 6대 왕 함무라비가 림-씬의 라르싸를 무너트렸다. 바빌론 1왕조의 필경사들도 이씬, 라르싸 필경사들과 똑같은 길을 걸었다. 수메르 문화유산은 끝없이 반복해서 기록되었다. 그럴 때마다 수메르 원본은 역사의 편향성에 실려 개작되었다. 함무라비가 메소포타미아를 통일하자, 그들의 언어와 문자는 국제어가 되었고, 공용어가 되었다. 바빌론 필경사들은 악카드어의 한 갈래인 바빌로니아어를 배웠다. 그러나 그들은 수메르어로 쓰인 옛 문서들을 읽어야 했다. 당시에도 수메르어는 문어(文語)의 최고봉이었다. 필경사들은 수메르어를 배우고 쓰도록 강요받았다. 그들이 남긴 기록물은 수메르의 옛 영토 곳곳에서 대량 발굴되었다.

인류가 최초로 한 영웅의 이야기를 기록한 책들이 있었다. 길가메쉬 사후, 약 500년 동안 구전되거나 기록된 그의 영웅담을 재차 기록한 4100년 전쯤의 '길가메쉬 서사시의 수메르어 판본들'이 있었다. 〈길가메쉬의 죽음〉, 〈길가메쉬와 아가(이 책의 길가메쉬와 아가의 전쟁)〉, 〈길가메쉬와 하늘의 황소〉 같은 서판이었다. 〈길가메쉬와 후와와 A·B(이 책의 후와와의 죽음)〉, 〈길가메쉬, 엔키두 그리고 저승 세계(이 책의 길가메쉬와 엔키두의 저승 여행)〉 등도 수메르어로 쓰였다. 이후 수메르어 판본들은 개작과 표절이 반복되었다. 길가메쉬의 영웅적인 모험담은 우르 제3왕조 때에 궁정 시인들에 의해 활발한 문서화 작업을 거친 후, 메소포타미아의 한 사제에게 집중되었다.

조지 스미스가 니느웨의 앗슈르바니팔 도서관에서 찾아낸 '길가메쉬 서사시 열두 토판'은 수메르어 판본들이 오랜 세월을 거치면서 개작된 작품이었다.

제1토판에서 제11토판까지 개작한 사람은 씬-리키-운니니(Sin-liqi-unnini/Sin-leqe-uninni/Sin-leqi-unninni)였다. 약 4000년 전 동방의 산악지대에서 일어나 바빌로니아 평원으로 침입하여, 약 3600년 전 바빌로니아 왕조를 무너트린 카시트(Kassite) 왕조가 있었다. 신-리키-운니니는 그 왕조의 대서기관이었고, 구마사제(驅魔司祭)인 아쉬푸(ašipu)였다. 그는 오랫동안 구전되어 온 민담들을 모았고, 수메르의 신화적 전승들을 참고했다. 그러나 스미스가 발굴한 열두 번째 토판은 수메르어 판본인 〈길가메쉬, 엔키두 그리고 저승 세계〉의 일부분을 다시 악카드어로 개작하여 붙여진 것으로 판단된다. 수메르어로 시작된 메소포타미아의 종교적·신화적 전승은 악카드어를 비롯한 후대의 셈어로 옮겨졌고, 약 2500여 년 전까지 국제 공용어로 위세를 떨쳤던 악카드어 저작물들은 히브리 신화와 그리스 신화에 결정적인 영향을 끼쳤다.

히브리 신화와 그리스 신화에 앞서 악카드어로 기록된 원본들이 있었다! 악카드어로 기록되기 전에 수메르어로 기록된 진짜 원본들이 있었다! 이 시대를 살아가는 우리는 이제 최초의 신화, 최초의 서사시를 접할 수 있는 시기에 태어난 행운을 잡은 것이다. 이것은 4000여 년 전 수메르가 지구상에서 사라진 뒤부터 부활하기까지 인류 역사상 그 누구도 누리지 못한 특혜인 셈이다!

THE EPIC OF GILGAMESH

최초의 신화, 길가메쉬 서사시

광활한 땅 위에 있는 모든 지혜의
정수(精髓)를 본 자가 있었다.

2

The Epic of Gilgamesh 주요 등장인물과 배경

▪ 때

4800년 전쯤 수메르 도시국가 우루크의
5대 왕이 된 길가메쉬 통치 시절.

길가메쉬상

프랑스 루브르박물관 소장.
사진 크리에이티브 코먼스,
ⓒDarafsh.

▪ 사람들(중요도순)

길가메쉬(Gilgamesh)
우루크 제1왕조 5대 왕, 3분의 2는 신
이며 3분의 1은 인간

엔키두(Enkidu)
원시인에서 문명인으로 개화된 길가
메쉬의 친구이자 형제

샴하트(Shamhat)
엔키두를 성(性)과 문명에 눈뜨게 해준
우루크의 신전 여인이자 매춘부

우트나피쉬팀(Utnapishtim)/
지우쑤드라(Ziusudra)/
아트라하시(Atrahasis) 부부

대홍수에서 유일하게 살아남은 영생자
와 그의 아내

아가(Aga)
키쉬 제1왕조 23대 왕. 길가메쉬와 전
쟁을 벌인 엔메바라게씨의 아들

우르샤나비(Ur-shanabi)
우트나피쉬팀의 뱃사공

루갈반다(Lugalbanda)
우루크 제1왕조 3대 왕으로 길가메쉬
의 아버지

가르(Gar)-12큐빗, 약 6미터

구르(Gur)-300리터

닌단(nindan)/닌다(ninda)-길이를 나타내는 수메르어로 6미터

달란트(talent)-고대 세계에서 무게의 단위로 1달란트는 60파운드,
　　수메르어로는 구(gu)

리그(league)-1리그는 4,827미터

미나(mina)-고대 바빌로니아·그리스에서 사용된 무게의 단위.
　　1미나는 60분의 1달란트. 즉 1미나는 1파운드와 동일하다.
　　미나는 수메르어로는 마나(ma-na)이다. 더 작은 단위로 자주
　　쓰이는 것은 쉐켈(shekel). 1미나는 60쉐켈이다.

완척(腕尺)-큐빗(cubit). 고대 바빌로니아나 이집트에서 사용된
　　단위. 팔꿈치에서 가운뎃손가락 끝까지의 길이로 대략 17~21인
　　치(43~53센티미터) 정도로 조금씩 다른 몇 가지 종류가 있으며,
　　현재의 야드(yard)나 피트(feet)의 기준이 됨.

이쿠(Iku)-1이쿠는 가로세로 각각 60미터씩

샤르(shar)-수메르인들이 가장 크고 중요하게 생각했던 숫자,
3600

엔메바라게씨(Enmebaragesi)
키쉬 제1왕조 22대 왕

우바르투투(Ubartutu)
우트나피쉬팀의 아버지

비르후르-투라(Birhur-tura)
길가메쉬의 궁정 장교

자바르-다브(zabar-dabₛ)
우루크의 무관

푸주르-아무리(Puzur-
Ammuri/Puzur-Amuru)

우트나피쉬팀이 대홍수를 피하기 위해
만든 배의 항해사

에타나(Etana)
키쉬 제1왕조 13대 왕

이슐라누(Ishullanu)
대추야자나무의 정원사

페쉬투르(peš-tur)/마투르(Ma-tur)
길가메쉬의 여동생

사냥꾼과 그의 아버지

우루크 사람들

구갈안나(Gugalanna)
이쉬타르의 간청으로 아누가 우루크로
보낸 신이며, 저승의 여왕인 에레쉬키
갈의 남편이었던 하늘의 큰 황소

난나(Nanna)/씬(Sin)
달의 신으로 엔릴의 아들

남타르(Namtar)
운명의 신이며, 저승사자

네르갈(Nergal)/에라(Erra)/에라갈
(Erragal, Errakal)
저승의 신이며, 인정사정없는 악마의
신으로 에레쉬키갈의 애정 공세에 의
해 저승의 주인이 된 역신(疫神)

눈갈(Nungal)
저승의 여왕 에레쉬키갈의 딸이자 감
옥의 여신

니싸바(Nisaba)
엔키의 딸로 곡물의 여신이며, 서사(書
寫)와 계리(計理)의 신

닌갈(Ningal)
난나의 부인

닌기쉬지다(Ningishzida)
닌아주(Ninazu)의 아들이며, 에레쉬키
갈의 손자

닌순(Ninsun)
들소의 여신이며, 길가메쉬의 어머니

닌아주(Ninazu)
에레쉬키갈의 아들이며, 땅속으로 깊
게 스며드는 봄비의 신.

닌우르타(Ninurta)
엔릴의 아들로 용감무쌍한 전쟁의 신
으로 아눈나키의 의전관

두무지(Dumuzi)/탐무즈(Tammuz)
인안나/이쉬타르의 젊은 시절 남편이
었던 양치기

맘메툼(Mammetum)
운명의 여신

벨레트세리(Belet-Seri)
저승의 필경사

슈무칸
(Sumukan/Sumuqan/Samuqan)/
샤칸(Shakkan)
동물의 수호신

슐라트(Shullat)
폭풍이나 기상 악화 등을 미리 알려주
는 전령으로 태양의 신 우투/샤마쉬의
하인

씨두리(Siduri)
여인숙의 주인이며, 포도주의 여신

씨리리(Silili)
신성한 암말의 상징으로 모든 말들의
어머니

씨시그(Sisig)
우투의 아들이며, 꿈의 신

아눈나키(Anunnaki)/아눈나
(Anunna)
신들의 아버지 안/아누의 자식들

수메르의 운명을 결정하는 일곱 큰 신

▪ 특징

신들의 아버지 안/아누의 적통자인 엔릴계가 주류를 이루고 있다. 안의 서자인 엔키계에서는 엔키 혼자만 큰 신 반열에 올라 있다. 일곱 큰 신은 안(아누), 엔릴(엘릴), 엔키(에아), 난나(씬), 우투(샤마쉬), 아다드(이쉬쿠르), 인안나(이쉬타르)의 순이다. 아다드가 있던 자리의 원주인은 엔릴과 엔키의 손위 누이 닌투(아루루)였다. 그러나 그녀의 세력이 약화되면서 엔릴의 어린 아들 아다드에게 그 지위가 돌아갔다. 제2세대는 모두 안의 자식들이며, 제3세대는 모두 엔릴의 자식들이고, 제4대는 모두 난나의 자식들이다.

▪ 일곱 큰 신의 세대별 구분

제1세대	제2세대	제3세대	제4세대
안(아누)	닌투 (닌마흐/닌후르쌍/마미/아루루), 엔키(에아), 엔릴(엘릴)	난나(씬), 아다드(이쉬쿠르)	우투(샤마쉬), 인안나(이쉬타르)

▪ 기타

훌루푸(huluppu) 나무
수메르어의 할루우브(ha-lu-ub$_2$),
수메르 신화에 자주 등장하는 생명의 나무로 신목(神木)

에샤(eša)
엠메르 밀로 만든 밀가루로 에쉐(eše$_1$)라고도 함.

니르(nir)석
나니르(na$_4$nir)라고 하며, 얼룩점이 박힌 진귀한 돌

우루크(Uruk)/우누그(Unug)

길가메쉬가 통치하는 수메르 도시국가. 우루크는 이라크 수도 바그다드에서 남쪽으로 250킬로미터 지점인 지금의 텔 와르카(Tell Warka)로 히브리족의 창세기 〈베레쉬트〉에는 에렉(Erech)으로 기록되어 있다. 우루크는 길가메쉬 생존 당시 세상에서 가장 큰 문명의 도시였으며, 끝없이 연결된 도시 성벽 안에서 약 8만 명이 살고 있었던 것으로 추정된다. 처음에는 신들의 아버지인 안/아누의 지성소, 쿨아바(Kulaba)와 전쟁과 사랑의 여신인 인안나의 지성소, 에안나(Eanna)라는 두 곳의 거대한 신전 복합체에서 시작되었다. 우루크는 수메르 무역의 중심지였으며, '온 땅의 장터' 혹은 '무지개의 도시'로도 불릴 정도로 지상 최대의 도시였다.

삼목산

후와와/훔바바가 지키는 산. 수메르어 판본에서는 수메르 북동쪽의 자그로스 산맥이며, 악카드어(셈어) 판본에서는 수메르 서쪽 끝의 레바논산맥

마슈(Mashu)산

전갈 부부가 지키는 신산. 이 산에 대해 학자들의 여러 가지 견해가 있으나 구체적으로 어느 곳인지는 불분명하다.

니무쉬(Nimush)산

대홍수 시절 우트나피쉬팀의 배가 멈추었던 신령스러운 산. 니시르(Nisir)산 또는 니수르(Nisur)산 등으로도 쓰인다. 이 산에 대해 학자들의 여러 가지 견해가 있으나 구체적으로 어느 곳인지는 불분명하다.

슈루파크(Shurrupak)

대홍수 이전에 신들이 세운 우트나피쉬팀의 도시

딜문(Dilmun)

영생자 우트나피쉬팀 부부가 살고 있는 신들의 파라다이스

압주(abzu)/압수(absu)

1. 저승 또는 하계 2. 엔키의 도시인 에리두에 있는 성소로 인간이 창조된 곳

간지르(Ganzir)

저승 입구

니푸르(Nippur)

엔릴의 도시

기파르(Gipar)

여자 사제들의 집

마간(Magan)과 마기룸(Magilum)

지금의 오만(Oman)으로 수메르와 해상 무역을 한 지역

기르수(Girsu)

지금은 텔로(Telloh)라고 불리는 고대 수메르의 도시

아라리(Arali)

저승으로 가는 길목에 위치한 신당(神堂)

THE EPIC OF
GILGAMESH

1

영웅 길가메쉬 왕

세상 최고의 남아(男兒)였다.

광활한 땅 위에 있는 모든 지혜의 정수(精髓)[1]를 본 자가 있었다.

모든 것을 알고 있었고

모든 것을 경험했으므로

모든 것에 능통했던 자가 있었다.

지혜는 망토처럼 그에게 붙어 다녔기에

그의 삶은 지극히 조화로웠다.

그는 신들만의 숨겨진 비밀을 알았고

그 신비로운 베일을 벗겨냈으며

홍수 이전에 있었던 사연을 일러주었다.

그는 머나먼 여행길을 다녀와 매우 지쳐 있었으나

평온이 찾아들었다.

자신이 겪은 고난을 돌기둥에 새긴 그는

우루크에 한껏 뻗은 성벽을 세웠는데

그것은 에안나라고 불리는 신령스러운 신전의 성채로   1

---

[1] 길가메쉬는 '모든 것을 본 사람(ša naqba īmuru)' 이었다. 한 인간이 세상에 태어나서 경험할 수 있는 일들 중에서 가장 가치 있는 일은 무엇이란 말인가. '돈도 명예도 사랑도, 다 싫다!' 그래도 말이다. 그래도 욕망하는 인간에게 남겨진 최상의 지혜는 대체 무엇이란 말인가. 영생불사! 신들이나 향유하는 생의 진수! 죽음을 맞이하는 인간을 기다리고 있는 마지막 희망! '모든 지혜의 정수' 라고 풀어본 'nagbu' 는 옛날 옛적 사제들이 지녔다는 매우 특별한 지혜나 비밀 지식 같은 게 아닐까. 범인으로서는 알 길 없고 닿을 수 없는 그런 무엇! 아니면 안타깝게도 최초의 영웅이 뱀에게 강탈당한 심연(深淵)에 숨겨져 있던 불로초? 신들이나 따먹을 수 있는 생명의 나무에 달려 있는 바로 그것? 불멸은 신들의 길이다. 영생은 그들의 운명이다. 대홍수에서 유일하게 살아남은 수메르인 우트나피쉬팀이 깨닫게 된 심오한 인생의 지혜. 수메르의 왕 길가메쉬가 이 세상 끝까지 추적하여 찾아낸, 고생고생 끝에 깨달은 모든 지혜의 정수는 도대체 무엇이란 말인가.

1
우루크에서 수메르인들이 건설한 신전의 일부 유적지와 에안나 구역.
사진 시카고 대학 근동연구소.

2
에안나 지구라트의 벽돌 공사 흔적. 사진 시카고 대학 근동연구소.

하늘의 최고신 아누의 거처였고
동시에 사랑과 전쟁의 여신 이쉬타르의 거처이기도 했다.

자, 지금이라도 어서 그곳을 보라.
구릿빛 광채로 번쩍거리는 바깥벽을 보라.
그 무엇도 모방할 수 없는 안벽을 보라.
장구한 세월의 돌계단에 올라 보라.
에안나라고 불렸던 궁전으로 다가서 보라.
하늘과 땅의 여왕 이쉬타르[2]가 살던 곳으로.

---

[2] 여신 이쉬타르가 누구인가. 그리스 신화의 아프로디테, 로마 신화의 베누스, 아름다운 여성의 상징으로 불리는 비너스의 원형이 바로 그녀였다. 셈어인 이쉬타르의 수메르어 이름은 인안나이다. '비너스의 원조' 인안나! 이쉬타르가 아니 원래의 이름인 인안나가 우루크에 있던 18층 높이의 에안나 신전을 차지하게 된 사연을 알게 되면 웃음이 절로 나올 것이다. 신들도 미인계를 쓰고 미인계에 넘어간다. 수메르 신들의 아버지이며 천상의 지배자였던 '안(셈어로는 아누)'이라는 신이 있었다. 애초 우루크는 '안'이 간혹 지상으로 내려올 때 유숙하는 신성한 구역인 쿨아바 위주로 운영되고 있었다. 신들의 왕이 부인과 함께 우루크를 방문하던 날, 부부는 각방을 썼다! 신들의 지배자 '안'은 '황금 침대가 있는 집, 에니르(E.NIR)'로 안내되었고, '선택받은 처녀 엔투(Entu)'가 기다리고 있는 기파르(Gipar)로 들어갔다. 그곳에 있던 최초의 처녀는 놀랍게도 이르닌니(Irninni)였다. 둘은 기파르의 문이 잠긴 침실이며, '밤의 쾌락을 위한 방'인 기구누(Gigunu)에서 긴 밤을 지새웠다. 이르닌니는 인안나였으며, 바로 이쉬타르였다! 한데 더욱 기막힌 것은 '사랑의 옷을 입고, 유혹의 날개를 달고서, 기쁨을 안기는 여신'이었던 인안나가 '몸을 내던지는 일'을 자청했다는 점이며, 다른 신들이 이런 일을 신들의 제왕 '안'에게 건의하여 그를 설득해 동의를 얻어낸 결과라는 것이다. 그녀가 이렇게 몸을 던져 얻어낸 권리, 그것이 바로 '에안나 신전의 사용권'이었다. 이 사건은 후대로 내려오면 왕의 딸들이 '인안나의 영광스러운 역할'을 대신하는 관습으로 굳어졌다. 신에게 처녀를 바치는—아, 그 아비는 어떤 심정이었을까—그 몹쓸 의식은 욕심쟁이 여신 인안나, 즉 이쉬타르의 미인계에서 시작된 운명이었다.

훗날 어떤 왕도 그런 업적을 이룰 수 없었다.

성벽에 올라, 우루크로 들어가서, 거닐어보라, 진정, 그곳을 거닐어보라.

토대를 살펴보고 석공술을 눈여겨보라.

가마로 구워낸 벽돌이 아니던가?

정말 훌륭하지 않은가?

일곱 현인[3]들이 그 기초를 세웠노라.

1평방 마일은 도시며

1평방 마일은 대추야자나무 숲 우거진 정원이며

1평방 마일은 점토 채석지며

0.5평방 마일은 이쉬타르 신전이 점하고 있으니

우루크의 규모는 3.5평방 마일이로다.

백향목(栢香木)으로 만들어진 토판 상자를 찾아라.

그리고 열어보라.

---

[3] 수메르의 일곱 현인은 우안아다파(U-AN ADAPA), 우안두가(U-AN DUGA), 엔메두가(EN-ME-DUGA), 엔메갈라마(EN-ME-GALAMA), 엔메불라가(EN-ME-BULAGA), 안엔일다(AN-ENILDA), 우투압주(UTU-ABZU) 등이다. 이들은 히브리족의 일곱 조상인 아담, 세트, 에노쉬, 케이난, 마할랄엘, 야레드, 에녹의 진짜 이름이다. 히브리족만의 창세기인 〈베레쉬트〉는 수메르 신화를 돌려 베낀 후, 그들의 씨족신 야뻬를 유일신으로 격상시키는 과정에서 탄생된 '최후의 믿음 방식'이었다. 일곱 현인들의 이름 앞쪽에 붙은 우안·엔·안·우투는 인명이 아니라 직위명이나 신명이다. 그렇다면 '우안아다파'가 누구인지는 금방 알 수 있다. 아다파! 이는 아담의 원조인 수메르의 현자! 인간의 창조주인 엔키 신의 충실한 사제! 바로 '그' 다! '아다파'는 수메르어의 '우투아바'의 변형으로 보기도 한다. 우투아바-아두아파-아다파-아다무-아담과 같은 식으로 '말놀이'를 진행해도 될 일이다.

그 비밀스런 청동 잠금 장치를 열어보라.

그리고 청금석(靑金石) 토판을 꺼내서

크게 읽어보라.

길가메쉬가 가혹한 운명을 어떻게 헤쳐나갔는지 읽어보라.

모든 왕을 압도할 정도로 거대한 풍모를 지닌 그는

우루크의 영웅이며

사납게 머리 뿔로 받아버리는 황소로

앞쪽에서는 선봉장이며   3

3 사자를 뿔로 받아버리는 황소

약 5200~5000년 전 수메르의 도시국가 우루크에서 제작된 작품으로, 황소가 사자를 뿔로 들이
받고 있는 장면이다. 고대 메소포타미아인들은 낮과 밤의 길이가 같은 춘분이나 추분을 매우
중요시했다. 그들은 춘분 때 동쪽에서 떠오르는 별자리를 황소자리로 정하여 신년 행사를 열
었다. 이것은 수메르 신화에서 황소가 자주 등장하는 이유이기도 했다. 사진 시카고 대학 근동
연구소. 이라크 바그다드박물관 소장.

뒤쪽에서는 동료들을 도와주며 행군한 자다.

강력한 방패막이로 병사들의 보호자다.

홍수가 몰고 오는 격렬한 파도여서

바위로 된 벽조차도 파괴한 존재다.

루갈반다의 자손인 길가메쉬는 최고의 힘을 지니고 있으며

존경받는 야생 암소의 여신 닌순의 아들로 참으로 경이롭다.

그는 산길을 연 자며

산비탈에 우물을 파낸 자다.

바다를 건너 넓디넓은 대양을 횡단하여

태양이 뜨는 곳으로 여행한 자다.

영생을 찾기 위해 세상 끄트머리를 탐험한 자다.

오로지 그의 힘 하나만으로, '멀리 있는 자' 우트나피쉬팀을 만난
자다.

홍수가 휩쓸어버린 신성한 곳들을 되돌려놓은 자다.

우글거리는 수많은 사람 중에

어느 누구를 그의 당당한 왕권과 비교할 것인가?

어느 누가 길가메쉬처럼

'짐이야말로 진정한 왕이다!'라고 말할 것인가?

이 세상에 태어난 바로 그날부터

4   그의 이름은 길가메쉬였다.

3분의 2는 신이었고, 3분의 1은 인간이었다.

그를 고안해낸 건 위대한 여신 아루루였고

그를 완성한 건 창조자 누딤무드였다.

4
'길가메쉬'라는 의미의 설형문자

수메르인들은 길가메쉬를 빌가메쉬(Bilgamesh)로 부른 듯하다. 그의 이름은 '빌가(bil₅-ga)'와 '메쉬(meš₃)'로 구성되어 있다. '빌가', 즉 '늙은이, 조상'이라는 뜻과 '메쉬', 즉 '젊은이, 영웅'이라는 뜻이 합쳐진 이름이다. 이것은 인간으로 태어난 길가메쉬가 영생을 갈구했음에도 '늙은이에서 젊은이로' 되지 못하고 '젊은이에서 늙은이로' 되어 결국은 죽어야만 했던 한 수메르 영웅의 한(恨)을 잘 표현한 느낌이 든다. 학자들은 1930년대 이후에야 본격적으로 수메르어 판본을 판독하기 시작했다. 그렇지만 필자가 접한 1917년판 미국 필라델피아 대학 박물관 출판물 〈길가메쉬 서사시(The Epic of Gilgamish)〉 208쪽을 보면 그의 이름에 대한 흥미로운 주석이 있다. 거기에는 '길가메쉬'를 '길가미쉬(Gilgamish)'로 표현했는데, '길가미쉬'는 본래 '기-빌-아가-미쉬(ᵈGi-bil-aga-miš)'라고 한다. 여기에 나오는 '기빌(Gibil)'은 불의 신이다. '기발아가미쉬'가 다시 '기빌가미쉬(ᵈGi-bil-ga-miš/ᵈGi(š)-bil-ga-miš)'로 바뀌고, 여기에서 최종적으로 b가 u로 바뀌는 과정을 거쳐 길가미쉬(ᵈGil-ga-miš/ᵈGilgamiš)가 되었다고 적고 있다. 이름 앞에 붙인 위첨자 d는 '신(神), 딘기(르)/딩기(DIN.GIR)'를 뜻하는데, 이는 1910년대 당시 학자들은 길가메쉬를 역사적인 실존 인물로 보기보다는 신 쪽에 비중을 둔 것으로 판단된다. 현재는 비록 반대로 실존 인물에 훨씬 무게가 실려서 3분의 2가 신이라는 그의 유전적 특성은 다분히 신화적이다. 사진 조지프 페이건.

신들은 길가메쉬에게 완벽한 신체를 주었다.

태양의 신 샤마쉬는 아름다움을 주었고

폭풍의 신 아다드는 용맹스러움을 주었기에

그는 모든 다른 이를 능가했다.

3분의 2는 신이었고 3분의 1은 인간이어서

그의 형체는 어느 누구와도 같을 수 없었다.

그의 키는 11완척(腕尺)[4]이며,

그의 가슴은 9완척이며,

그의 발은 3완척이며,

그의 다리는 7완척이며,

보폭만도 6완척이나 되었다.

---

[4] 완척(腕尺)은 큐빗(cubit)을 말하며, 고대 바빌로니아나 이집트에서 사용된 단위다. 팔꿈치에서 가운뎃손가락 끝까지의 길이로 대략 17~21인치(43~53센티미터) 정도로 조금씩 다른 몇 가지 종류가 있으며, 현재의 야드나 피트의 기준이 되었다. 그렇다면 길가메쉬의 체구를 상상해보라. 단순하게 키만 측정해보자. 완척의 최소 기준인 43센티미터로만 잡아도 그의 키는 4미터 73센티미터나 된다. 아찔하다. 거인 때문에 아찔한 건 우리만이 아니었다. 3460년 전쯤, 모세가 이스라엘 백성을 이끌고 이집트를 탈출했다. 4800년 전쯤 길가메쉬가 우루크 왕이 된 후로 1300여 년이 지난 시절에도 거인들이 있었다! 모세가 가나안 땅을 정찰하기 위해 파견한 사람들의 보고에 의하면, 자신들은 '메뚜기' 정도로 보일 만큼 키가 장대 같은 거대한 사람들이 살고 있다고 했다. "우리는 스스로 보기에도 메뚜기 같았지만, 그들의 눈에도 그렇게 보였을 것이다." 인간 대 메뚜기라니. 그들은 '네필림의 후손'이라고 했다. 네필림은 또 누구인가? 하늘에서 내려온 불멸의 존재들, 신들의 전쟁에서 밀려난 추락한 천사. 어찌 되었건 '땅으로 던져진 이들'과 인간 사이에 태어난 사람들이 있었다. 신들과 인간 사이에서 태어난 자들! 길가메쉬 역시 그랬다! 3분의 2는 신이며, 3분의 1은 인간인 길가메쉬는 키가 5미터가량 되었다. 우리가 그 앞에 서면 메뚜기처럼 보일 만큼 그가 거대한 존재라는 걸 부인할 만한 증거는 하나도 없다!

성난 이마,

들소의 눈,

청금석 수염,

보리 같은 머리털,

멋진 손가락의 소유자였다.

어른이 되었을 때 그의 남성미는 완벽했으며

세상 최고의 남아였다.

그는 세상 모든 곳을 둘러보았으나

우루크성(城)으로 돌아왔다.

긴 여정이었고, 피로에 쌓여 몹시 지쳐 있었다.

그가 돌아오자 곧장 이 이야기를 돌에 새겼다.

THE EPIC OF
GILGAMESH

2

엔키두의 창조

그의 짝을 만들어내시오. 그와 똑같은 모습을 지닌 자를 만들어내시오.

세상 밖으로 나가보면 길가메쉬보다 더 대단한 사람은 없었다. 감히 그를 당해낼 자는 없었다. 그는 무장을 한 채 우루크 이곳저곳을 휘젓고 다녔다. 야생 황소마냥 힘을 과시하며 다른 사람들을 향해 머리를 치켜들었다. 그에게 대항하기 위해 무기를 잡을 만한 적대자는 없었다. 길가메쉬의 동무들은 경계심을 늦추지 않고 서 있었으며, 그를 주시하고 있었고, 우루크 사람들은 이런 사태를 걱정하고 있었다.

"길가메쉬, 소란스런 길가메쉬! 거만한 길가메쉬!"

모든 젊은이는 길가메쉬에게 당하고 있었다. 아버지의 품으로 자유롭게 갈 수 있는 아들은 아무도 없었다. 길가메쉬 때문이었다. 그의 횡포는 밤낮을 가리지 않고 격해졌다.

"길가메쉬는 분명 우루크의 목자(牧者)인데도! 용감하고, 고귀하고, 멋지고, 현명한데도! 그의 욕망이 워낙 크기 때문에 어머니의 품으로 자유롭게 갈 수 있는 딸은 아무도 없다. 전투 경험이 많은 군인의 딸이건, 젊은 사람의 신부이건 상관없이!"

천계의 신들이 사람들의 한탄을 듣고 있었다. 그래서 천신들은 가장 위대한 신이며 우루크의 주님인 아누에게 호소했다.

"당신은 길가메쉬를 야생 황소처럼 길렀습니다. 아루루 여신에 의

5 우루크에 있는 아누 지구라트의 내부 모습. 벽돌 공사를 한 흔적이 역력하다. 사진 시카고 대학 근동연구소.

해 그렇게 만들어졌습니다. 그에게 무기를 들고 대항할 만한 맞상대는 아무도 없습니다. 아무런 이유 없이 우루크 젊은이들이 그에게 시달리고 있습니다. 그의 동무들은 경계심을 늦추지 않고 그를 주시하고 있습니다. 그 때문에 아버지의 품으로 자유롭게 갈 수 있는 아들은 아무도 없습니다. 그는 밤낮없이 포악합니다. 우루크의 목자로, 용감하고 고귀하며, 멋지고 현명함에도 불구하고 그렇습니다. 그의 큰 욕망 때문에 모든 딸은 어머니의 품으로 마음 편히 가지 못할 뿐만 아니라, 장군의 딸이건, 새신랑의 각시이건 모두 그렇습니다."

위대한 신 아누가 이런 탄식을 듣고 있을 때, 모든 신이 창조의 여신 아루루를 불러 외쳤다.

"당신은 인간을 창조했소. 그리고 다시 길가메쉬를 창조한 이도 바로 당신이오! 그랬으니 이제 그의 짝을 만들어내시오. 그와 똑같은 모습을 지닌 자를 만들어내시오. 폭풍이 일렁이는 가슴은 폭풍이 일렁이는 가슴으로 상대해야 하는 법! 그런 가슴을 맞대고서 서로 싸워 경쟁한다면 우루크에 평화가 찾아들 것입니다!"

아루루 여신은 신들의 말을 듣고 있다가 위대한 천계의 신 아누가 생각해낸 형상을 마음속으로 만들고 있었다.

아루루는 손을 물에 넣어 씻고서 찰흙[5]을 떼어낸 후 그것을 대초원에 뿌렸다. 거기에서 용감무쌍한 엔키두가 창조되었다. 그는 침묵

6
7

---

[5] 찰흙은 필시 '검붉은' 흙일 것이다. 인간은 수메르 신들의 피, 그들의 유전자로 태어났다. 작은 신들은 땅을 개척하는 노동에 지쳐 있었다. 큰 신들은 팔짱이나 끼고 지시하는 역할을 했을 뿐 노동의 고통은 작은 신들의 몫이었다. 화가 치밀어 오른 작은 신들은 흙 운반용 삼태기를 내던지고, 꼭두새벽부터 연장을 부수고는 신들의 통치자며 '안'의 후계자인 엔릴의 집으로 쳐들어갔다. 신들의 비상대책회의가 열렸고, 큰 신들은 작은 신들 대신 노동을 감당할 원시 노동자로 인간을 창조하기로 결정했다. 작전은 신들 중 가장 지혜로운 엔키의 주도하에 결행되었다. 산파의 여신 아루루가 투입되었다. 폭동을 주동한 신의 피가 제공되었고, '그것'은 흙과 섞여졌으며, 엔키의 손에 의해 정화되었다. 정화된 신의 유전자는 '출산의 여신들' 자궁 속으로 안착되었다. '운명을 정하는 집'인 비트 쉼티(Bit Shimti)에서, '숨(SHI)을 불어넣어(IM) 생명(TI)을 만들어내는 집'에서 일어난 일이었다! 아담(A.DAM)은 '검붉은 흙으로 만든 존재'다. '검붉은 흙'인 아다마(adama)로 창조된 인간은 신들의 영혼을, 그들의 유전자를 간직한 위대한 생명체인 셈이다.

6 '엔키두(en-ki-du₈(10))'를 의미하는 설형문자. 사진 조지프 페이건.

7
약 4500년 전 제작된 엔키두로 추정되는 상.
이라크 바그다드박물관 소장.

하는 전쟁의 신 닌우르타처럼 매우 강했다. 몸통은 온통 털로 덮여 있었고, 여인처럼 머리칼은 길었는데, 마치 곡물의 여신 니싸바의 머리칼처럼 흘러내려 소의 몸 같은 그의 신체 위를 덮고 있었다. 그는 문명화된 땅에 대해서는 아무것도 모르고 있었다.

엔키두는 동물의 수호신 슈무칸[6]처럼 털로 덮여 있었고, 영양(羚羊)들과 함께 언덕에서 풀을 뜯고 있었고, 다른 야생동물들과 물웅덩이 옆에 있었다. 그는 물웅덩이를 정말 좋아했다. 그의 동물친구들처럼 그곳에 가면 갈증을 해소할 수 있었으니까.

---

[6] 동물의 수호신 슈무칸(Sumukan/Sumuqan/Samuqan)의 수메르 이름은 샤칸(Shakkan)이다. 슈무칸은 '목축의 신' 이나 '목동의 신' 으로 언급되기도 한다. 그런데 수메르 평원에는 사자, 늑대, 치타, 스라소니, 큰 영양, 가젤영양, 야생의 개 자칼, 하이에나, 독사의 천적인 몽구스 같은 동물들이 있었고, 산지에는 곰, 표범, 사슴, 야생 염소 아이벡스, 염소 등이 있었다. 평원이나 산지에 사는 모든 동물의 수호자가 바로 샤칸이었다. 히브리족의 성서 〈베레쉬트〉에 의하면, 그들의 신 야훼는 벌거벗고 나무 열매나 따 먹으며 '동물들 이름을 일일이' 부르면서 그들과 뒹굴며 사는 수준의 '미개인' 아담을 에덴동산에 투입했다. 동물들의 수호자 샤칸과 엔키두, 그리고 아담은 이런 점에서 닮아 있다.

The Epic of
GILGAMESH

3

엔키두의 개화

당신은 지혜로워졌어요, 엔키두. 이제 당신은 신처럼 되었어요.

어느 날, 엔키두는 물웅덩이 옆에서 한 사냥꾼을 만났다. 첫째 날부터 정면으로 마주치더니 둘째 날도 셋째 날도 그랬다. 사냥꾼이 엔키두를 보았을 때, 그는 공포에 휩싸여 아무런 말 없이 꼼짝도 못하고 서 있을 뿐이었다.

엔키두가 짐승들과 같이 집으로 돌아갔다. 사냥꾼은 너무 겁을 먹어 벙어리가 되었다. 그의 심장은 떨렸고, 얼굴은 창백했다. 고통스러운 얼굴은 먼 여행을 한 사람처럼 보였다. 사냥꾼은 아버지에게 자신의 심정을 털어놓았다.

"아버지, 어떤 자가 산지(山地)에서 왔습니다. 그는 땅에서 가장 세고 진짜 대단합니다. 천상의 지배자 아누의 힘처럼 강력합니다. 그는 쉴 새 없이 야수들과 함께 높은 언덕을 배회하면서 풀을 뜯어 먹고, 계속해서 물웅덩이 근처로 옵니다. 저는 두려워서 그에게 다가서지 못했습니다. 그는 제가 파놓은 구덩이를 메워버렸고, 제가 설치한 덫을 잡아떼서 다 잡아놓은 야생동물들이 도망치도록 도와주었습니다. 그는 제가 숲에서 사냥하는 걸 막아버릴 것입니다!"

"아들아, 우루크에 길가메쉬라는 사람이 살고 있단다. 아무도 그의 힘을 견디어내거나 넘어서지 못하지. 천상의 지배자 아누의 힘만큼이나 강하단다. 자, 그러니 우루크로 길을 떠나거라. 그곳으로 가서 길가메쉬에게 그 엄청난 야만인에 대해 말해주거라. 그러면 그는 네게 신전의 음탕한 여자 샴하트[7]를 내어줄 것이다. 그녀를 데리고 야만인에게 가서 '여자의 힘'으로 그를 정복하게 하라. 야생동물들이

8
2003년 말부터 2004년 초에 걸쳐 촬영한 우루크의 유적지 일부. 사진 ⓒURUK-WARKA.

물웅덩이 주변에서 물을 마시고 있을 때 여자의 옷을 벗겨 보여주거라. 그가 그녀를 보는 순간 다가가서 껴안을 것이다. 그때, 야수들은 숲속에서 성장했지만 야성이 사라진 그를 받아들이지 않을 것이다."

사냥꾼은 아버지의 충고를 마음 깊이 새기며 우루크를 향해 길을 떠났다. 우루크로 들어서자 그는 길가메쉬 왕에게 이렇게 고했다.

"어떤 자가 산지에서 왔습니다. 그는 땅에서 가장 세고 진짜 대단합니다. 천상의 지배자 아누의 힘처럼 강력합니다. 그는 쉴 새 없이 야수들과 함께 높은 언덕을 배회하면서 풀을 뜯어먹고, 계속해서 물웅덩이 근처로 옵니다. 저는 두려워서 그에게 다가서지 못했습니다. 그는 제가 파놓은 구덩이를 메워버렸고, 제가 설치한 덫을 잡아떼서다 잡아놓은 야수들이 도망치도록 도와주었습니다. 그는 제가 숲에서 사냥하는 걸 막아버릴 것입니다!"

"사냥꾼, 그대는 신전의 음탕한 여자 샴하트를 데리고 가거라. 그녀를 데리고 야만인에게 가서 '여자의 힘'으로 그를 정복하게 하라. 야생동물들이 물웅덩이 주변에서 물을 마시고 있을 때 여자의 옷을 벗겨 보여주거라. 그가 그녀를 보는 순간 다가가서 껴안을 것이다. 그때, 야수들은 숲속에서 자랐지만 야성이 사라진 그를 받아들이지 않을 것이다."

[7] 샴하트는 누구일까? 야만스러운 엔키두를, '무지몽매'한 미개인에게 몸을 던져 품어 안은 그녀는 누구일까? 우루크 신전에 소속된 여자. 그런 여자라면 당연히 사랑과 전쟁의 여신이며, 하늘과 땅의 여제인 인안나의 사제 정도이어야 되지 않을까. 인안나는 몸을 던져 수메르 곳곳에 막강한 권력을 움켜쥐었고, 신들의 아버지 '안'이며, 지혜의 신이며 인간의 창조주인 엔키 같은 큰 신들을 미색으로 희롱하여 신전이란 신전은 모두 차지했으련만, 그녀의 종으로 여겨지는 샴하트는 미개한 원시인이 철없이 뿌려대던 '미완의 성(性)적 지혜'를 '참된 지혜'로 돌려놓았다! 그런 그녀에게 단순히 창부나 더러운 여자라며 돌팔매를 던진다면, 그건 대단한 착각일 것이다! 인간의 무지를 일깨워준 위대한 여인! 그녀에게 감히 누가 침을 뱉을 것인가. 그러나 선악과를 먼저 따 먹고 아담에게 그 '꿀맛'으로 유혹하던 이브의 원형으로 샴하트를 대입하면 상황은 역전된다. 아담과 이브를 에덴동산에서 내쫓은 일은 신들의 '잔혹한 돌팔매'였다!

사냥꾼은 신전의 음탕한 여자 샴하트를 데리고 곧바로 길을 나섰다. 3일이 지난 후 그들은 물웅덩이에 다다랐다. 사냥꾼과 창녀는 서로 마주보고 앉아 기다리고 있었다. 둘은 그렇게 야수들을 기다리고 있었다.

첫째 날은 아무도 오지 않았다. 둘째 날도 그랬다. 꼬박 3일을 기다렸을 때, 야수들이 물을 마시기 위해 물웅덩이로 왔다. 몸집이 작은 야수들은 물을 만나자 무척 즐거워했다. 높은 숲지대에서 태어난 엔키두 역시 그랬다. 그는 영양들과 함께 풀을 뜯어먹고 있었다. 그역시 물을 만나 즐거워하고 있었다.

바로 그때, 음탕한 여자가 숲속에서 내려온 원시인 엔키두를 발견했다. 사냥꾼이 속삭이듯 부추겼다.

"샴하트, 저기 그가 있다! 팔짱을 풀고 당신의 성적 매력을 발산하여 그가 빠져들게 하라. 바로 저자이니까, 수줍어하지 말고 어서 그의 사랑을 흔쾌히 받아들여라! 알몸을 그에게 보여주어 그가 당신을 갖게 하라. 그가 가까이 오면 옷을 벗고 그와 함께 누워 야성만을 지닌 그에게 당신의 솜씨를 가르쳐주어라. 그가 당신을 사랑하게 된다면 그의 야성이 사라져서 그의 동료인 야수들이 그를 가까이 하지 않을 것이며, 그는 욕망에 이끌려 당신 위에서 신음할 것이다."

샴하트는 주저하지 않고 옷을 벗었다. 엔키두는 그녀가 '적나라하게 보여줄 것'을 다 보이자, 넋을 잃고 육욕에 빠져들었다. 창녀는 수줍음 없이 그의 정력을 빨아들였다. 그녀는 옷을 벗어 던졌고, 그가 자신 위에 누웠을 때, 여자의 임무를 수행했다. 그는 그녀 위에서 신음했다. 6일 낮, 7일 밤 동안 엔키두는 샴하트의 매력에 빠져 동침했다.

엔키두는 자신의 집과 숲속을 잊고 있었다. 그는 한껏 만족감을 느낀 뒤 다시 야수들에게 돌아갔다. 하지만 영양들은 그를 보자 달아났고, 야수들도 달아났다. 엔키두는 그들을 따라갔으나 여자에게 정력을 모두 쏟았기 때문에 힘이 없었다. 야수들이 달아나는 동안 그의 무릎이 말을 듣지 않아 뛸 수 없었다. 그의 몸은 예전처럼 빠를 수는 없었으나 '이해력'은 사람처럼 넓어졌다.

다시 돌아온 엔키두는 창녀의 발꿈치에 앉아서 그녀의 얼굴을 뚫어지게 바라보았고, 그녀가 하는 말을 귀담아 들었다.

"당신은 지혜로워졌어요, 엔키두. 이제 당신은 신처럼 되었어요.[8] 왜 야수들과 그렇게 거친 숲속에서 뛰어다니는 거죠? 자, 이리 오세요, 내가 견고한 성벽으로 둘러싸인 우루크로 당신을 모시고 갈게요. 아누와 이쉬타르의 신성한 신전으로, 길가메쉬가 사는 곳으로 모시고 갈게요. 왕은 워낙 강해 야생 황소마냥 젊은이들에게 자기 힘을 과시한답니다."

엔키두는 자신의 현재 심정을 알아줄 수 있는 친구를 찾고 있었다. 그런 그가 이런 호의적인 말을 듣자, 우루크 신전의 음탕한 여자에게 자신감 넘치는 말을 건넸다.

"자, 갑시다, 샴하트. 나를 신성한 신전으로 데려다주오. 아누와

9
수메르인들의 축제

약 4600년 전 석회암을 이용해 축제 장면을 표현한 유물.
술잔을 든 사람, 건배하는 사람, 악기를 든 사람, 커다란 술
단지를 어깨에 메고 어디론가 나르고 있는 두 사람, 무언가
를 머리에 이고 한 손에 물건을 들고서 동물의 뒤를 따르고
있는 사람, 네 마리의 말이 끄는 전차 등이 보인다. 이라크
바그다드박물관 소장.

10
수금

영국의 고고학자 레너드 울리 (Charles Leonard Woolley)는 1922~1934년에 걸쳐 수메르의 도시국가 우르를 발굴하여 유명해졌다. 그는 지구라트를 비롯하여 많은 신전과 무덤을 조사했고, 우르의 왕실 묘지에서 몇몇 수금을 발굴했다. 사진은 푸-아비(Pu-abi) 여왕의 무덤에서 발견된 것으로, 약 4600~4400년 전의 유물이다. 영국 박물관 소장.

이쉬타르의 거처로 데려다주오. 길가메쉬가 있는 곳으로 말이오. 그가 그렇게 강해서 야생 황소마냥 젊은이들에게 자기 힘을 과시하는 곳으로. 내가 그와 겨루어보겠소. 우루크에서 내가 소리치겠소. '내가 제일 강한 자다!' 나를 안내해주시오. 그러면 그곳에서 현재 벌어지고 있는 질서를 바꾸어놓겠소. 나는 거친 숲속에서 태어난 제일 강력한 사람이오!"

"그렇다면 왕이 당신의 얼굴을 볼 수 있도록 같이 가세요. 길가메쉬에게 안내해드릴게요. 그가 어디에 있는지 내가 잘 아니까, 어서 가요, 엔키두. 우루크성으로. 그곳에서는 모든 사람이 호화로운 나

---

[8] 인간이 지혜를 습득하고 신처럼 된 것은 감격스러운 '대사건'이었다. 사람으로 태어나 이 땅에 발을 붙이고 산 이래 이처럼 기쁘고, 이처럼 가슴 두근거리게 만드는 일은 결코 없었다. 두 발로 걷게 된 것, 그리고 수간이라는 '추저분한 섹스'에서 벗어나 '슬기로운 인간'이 된 것. 감동적이지 않은가! 이런 것이 바로 '선과 악을 구별할 줄 아는 인간'이 된 너와 나의 모습이다. 원시인 엔키두는 '직립으로 보행하는 인간'이 되었다. 야만적인 생활을 접고, 인간끼리 정상적인 성행위를 하며 문명 속으로 들어오게 된 계기가 마련된 것이다. 인간이 참말로 진화를 통해 지금껏 이런 식으로 살고 있다면 이보다 더 완벽한 증거 문서가 또 어디 있으랴. 제대로 된 섹스를 통해 미개인 엔키두는 '참된 인간'이 되었고, 신들을 닮은 진짜배기 생명체가 된 것이다! 히브리족의 신 야훼는 최초의 인간 아담과 이브가 선악과를 따 먹고 지혜를 습득하자 정신없이 분노했다. '보아라. 이들이 선과 악을 아는 우리들 중 하나처럼 지혜롭게 되었다.' 그리고 그 잔인한 신은 지혜로워진 인간이 생명의 나무에 달린 과일을 따 먹고 신들처럼 영생을 누릴까 봐 노심초사한 끝에 낙원에서 인간을 내쫓았다. '이제 그가 손을 내밀어, 생명나무의 열매까지 따서 먹고, 끝없이 살게 해서는 절대로 안 된다!' 사실 이것은 수메르 신화에서 인간의 창조주로 등장하는 엔키의 속뜻이기도 했다. 인간에게 끝없는 애정을 쏟았던 엔키는 인간이 지혜로운 삶을 살도록 기회를 제공하기는 했지만 영생을 획득하는 것은 원하지 않았다. 신들의 원시 노동자로 태어난 인간의 비애였다.

들이옷을 입고 있고, 매일같이 축제가 열리고, 수금(竪琴)과 북이 끊임없이 연주된답니다. 몸을 파는 여자들은 귀엽게 편히 서서 관능미를 자랑하고, 만면에 미소를 띠며, 위대한 신들마저 밤잠을 자지 못하고 안달하게 만듭니다! 엔키두, 당신은 사람이 사는 법을 알지 못합니다. 내가 당신에게 인생의 기쁨과 슬픔을 한껏 지닌 길가메쉬를 보여드리겠습니다. 그를 보세요. 그의 얼굴을 자세히 들여다보세요. 그는 잘생긴 청년으로 활기가 넘칩니다. 그의 몸은 어느 한구석도 매력적이지 않은 곳이 없습니다. 그리고 당신보다 힘도 훨씬 셉니다. 낮이든 밤이든 자지 않습니다! 엔키두, 당신이 우루크의 운명을 바꾸겠다는 배짱은 정말 잘못된 생각입니다! 길가메쉬는 태양의 신 샤마쉬가 사랑하는 사람입니다. 그뿐만 아니라 하늘의 신이신 아누와 그의 아들인 엔릴, 그리고 에아가 그의 지혜를 넓혀주었습니다. 이제 곧 당신이 산에서 내려오고, 길가메쉬는 당신 꿈을 꾸게 될 것입니다."

THE EPIC OF GILGAMESH

4

길가메쉬의 꿈

어머니, 간밤에 꿈을 꾸었습니다. 하늘의 별들이 나타났습니다.

길가메쉬는 침대에서 일어나 자신의 어머니에게 꿈 이야기를 하러 갔다.

"어머니, 간밤에 꿈을 꾸었습니다. 하늘의 별들이 나타났습니다. 별 하나가 제 위로 떨어졌는데, 그건 하늘의 신이신 아누의 기운과도 같았습니다! 저는 그걸 들어보려고 했으나 너무 무거웠습니다. 그걸 움직여보려고도 했지만 꿈쩍도 하지 않았습니다. 우루크 사람들이 모두 나와 그 근처에 서 있었고, 사람들이 그 옆으로 모여들었습니다. 수많은 인파가 그곳으로 몰려들었고, 젊은이들이 떼거리로 달려들었고, 어린아이들처럼 그 발에 입을 맞추었습니다! 저는 사랑에 빠져 여인을 대하듯 그것을 포옹했습니다. 제가 가까스로 그것을 안아 당신 발 앞에 놓았고, 당신은 그것을 내 형제로 만들어주셨습니다."

현자며 지혜의 관리자인 길가메쉬의 어머니 닌순이 말했다. 모든 것을 알고 있는 그녀가 말했다. 해몽이었다.

"네 형제는 하늘의 별들 중 하나다. 그것은 네 위로 떨어졌고, 아누의 기운과도 같았다. 네가 그걸 들어보려고 했으나 그러기엔 너무 무거웠다. 네가 그걸 움직여보려 했으나 꿈쩍도 하지 않았다. 너는 그걸 가까스로 안아 내 발 앞에 놓았고, 나는 그걸 네 동료로 삼았다. 네가 사랑에 빠져 여인을 대하듯 그것을 포옹한 것은 앞으로 네게 강력한 힘을 지닌 자가 온다는 말이다. 이것은 동료를 구하는 강

11

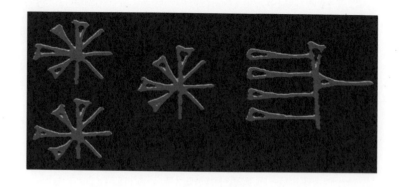

11
'엔키두'를 '하늘에서 떨어지는 별'로 표현한 설형문자

운석이나 유성체라고도 할 수 있다. 세 가지 동일한 모양의 설형문자(보통 '별'을 말하기도 하고, 하늘의 신 '안, An'을 나타내기도 하는 설형문자 셋이 모였다. 수메르의 신들을 가리키는 '딘기(르), din-gir' 역시 같은 모양이다)는 '별'이라는 뜻을 가진 수메르어 '물(mul)'이다. 악카드어로는 칵카부(kakkabu)다. 나머지 하나는 '큰'이라는 뜻의 '갈(gal)'이다. 두 음절을 합치면 '물갈(mul.gal)'이며, 악카드어로는 칵카부 라부(kakkabu rabû)라고 한다. 사진 조지프 페이건.

한 친구를 의미한다. 그는 땅에서 가
장 강한 자로 엄청난 힘을 소유한 자
다. 하늘의 별처럼, 천계의 지배자인
아누의 힘처럼 대단할 것이다. 너는
사랑에 빠져 여인을 대하듯 그를 포
옹할 것이다. 그는 너를 계속해서 구
해줄 것이다! 네 꿈은 길몽이며, 길
조로다!"

길가메쉬는 두 번째 꿈을 꾸었고,
꿈에서 깨자 다시 어머니 닌순에게
로 갔다.

12
수메르인의 전투용 도끼
영국박물관 소장.

"어머니, 또 꿈을 꾸었습니다. 도끼 하나가 우루크성의 거리에 등 12
장했습니다. 사람들이 그 주위로 몰려들었고, 우루크의 모든 이가
그 옆에 섰고, 수많은 인파가 그곳으로 몰려들었고, 저는 그것을 당
신의 발 앞에 놓고, 사랑에 취해 여인을 대하듯 그것을 사랑하고 껴
안았습니다. 당신은 그것을 제 형제로 만들어주셨습니다."

현자며 지혜의 관리자인 길가메쉬의 어머니 닌순이 말했다. 모든
것을 알고 있는 그녀가 말했다. 역시 해몽이었다.

"네가 본 도끼는 사람이다. 네가 사랑에 빠져 여인을 대하듯 그것

을 포옹하고, 내가 그것을 네 형제로 삼은 것은 앞으로 네게 강력한 힘을 지닌 자가 온다는 말이다. 이것은 동료를 구하는 강한 친구를 의미한다. 그는 땅에서 가장 강한 자로 엄청난 힘을 소유한 자다. 하늘의 별처럼, 천계의 지배자인 아누의 힘처럼 대단할 것이다."

"그렇다면 이번 일이 위대한 고문관 엔릴 신의 명령[9]에 따라 발생하기를 기원합니다! 제게 친구인 동시에 조언자인 사람을 얻게 되기를 기원합니다! 저는 동료가 필요합니다!"

샴하트는 길가메쉬의 꿈 이야기를 엔키두에게 해주고 있었다. 그런 뒤 둘은 사랑에 빠져 있었다.

---

[9] 길가메쉬가 엔키두를 친구이며 형제로 얻게 된 일, 이 일이 왜 하필이면 다른 신이 아닌 엔릴 신의 '명령'에 따라 발생하기를 바란다는 것일까? 엔릴(EN.LIL)은 '바람(LIL)의 신(EN)'이다. 그의 바람은 자연의 바람일 뿐 아니라 '입에서 나오는 바람'이다. 즉 명령인 셈이다. 엔릴은 하늘이 두 쪽 난다 해도 바뀌거나 변하지 않는 신명(神命)을 내리는 수메르 신들의 실권자였다. 아누의 뒤를 이어 제2의 서열에 올라 있던 엔릴은 큰 신들이 제비뽑기로 천지의 권세를 나누었을 때, 아누가 하늘의 주인이 되어 천상으로 올라가자 땅의 지배권을 움켜쥐었다. 본래 땅의 지배자는 엔키였다. 수메르 신화의 풍운아이며 인간의 창조주인 엔키는 불행하게도 이복동생인 엔릴에게 밀려나 물의 바다로 가야만 했다. 이런 이유로 수메르의 통치자들이나 사제들이 중차대한 결정을 내릴 때에는 반드시 안(아누)의 승인과 더불어 '엔릴(엘릴)의 명령'이 떨어져야만 했던 것이다. 그리고 그런 명령이 하달된 뒤에는 '번복'이란 있을 수 없는 일이었다! 따라서 '엔릴의 명령에 따라 동료를 얻게 되길 기원'하는 길가메쉬의 말은 당연한 것이었다.

THE EPIC OF GILGAMESH

5

길가메쉬와 엔키두의 만남

거룩한 길가메쉬와 대적할 만한 그의 맞수가 여기 있다!

6일 낮 7일 밤 동안 엔키두는 자신이 태어난 숲속을 까마득히 잊어버릴 정도로 샴하트에게 푹 빠져 있었다. 그가 눈을 떴을 때 여자가 말했다.

"엔키두, 당신을 보니 신처럼 변하셨군요. 왜 하필이면 야수들과 들판에서 떠도세요? 자, 이리 오세요. 내가 견고한 성벽으로 둘러싸인 우루크로 당신을 모시고 갈게요. 아누와 이쉬타르의 신성한 신전으로, 길가메쉬가 사는 곳으로 모시고 갈게요. 왕은 워낙 강해, 야생 황소마냥 젊은이들에게 자기 힘을 과시한답니다. 당신은 그를 쏙 빼닮았어요. 당신은 자기 자신처럼 그를 사랑하게 될 거예요. 땅에서 일어나세요. 목동의 침대로 가세요!"

그녀의 진실한 말이 그의 마음속에 와닿았다. 그는 자신의 마음을 알아줄 친구를 기다리고 있었던 것이다. 그래서 그녀의 말을 들었을 때 너무나 기분이 좋았다. 그녀는 입고 있던 옷을 벗어 둘로 나눈 뒤 하나는 그에게 입히고, 하나는 자신이 입었다. 여자는 마치 어린아이를 다루듯 그의 손을 잡아끌고 있었다. 둘은 양의 우리가 있는 목동들의 막사로 갔다. 목동들이 한 명도 빠짐없이 엔키두 주변으로 모여들었다. 그들은 원시인에게 우르르 몰려갔다.

"이 젊은이는 길가메쉬와 똑같네."
"우뚝 솟은 성벽처럼 당당한 풍채야."
"틀림없이 산속에서 태어났을 거야."

13
약 5100년 전 맥주의 생산량을 기록한 상형문자 점토판. 우루크에 있던 인안나 신전의 양조장을 책임지고 있던 정부 관리 쿠쉰(kushin)에게 3년간(37개월) 배달되었던 보리로 만든 맥주는 13만 4,813리터였다고 한다. 사진 쇼엔 컬렉션.

14
약 5000년 전 우루크에서 사용하던 단지로, 모자이크 무늬의 상감이 이채롭다. 이라크 바그다드박물관 소장.

"저 친구는 아누의 권위처럼 엄청난 힘을 갖고 있어!"

엔키두가 식탁에 앉았다. 목동들은 그 앞에 빵과 맥주를 내놓았   13
다. 그는 빵을 먹을 줄 몰랐으며, 맥주를 들이키는 법[10]을 배운 일도
없었다. 창녀가 엔키두에게 말했다.

"음식을 드세요, 엔키두. 그것을 먹어야 살아갈 수 있어요. 맥주를
마셔요. 땅에서 살아가는 관습이에요."

엔키두는 배가 터지게 빵을 먹었고, 일곱 단지나 되는 맥주를 마   14

---

[10] 물은 신이 만들었고, 술은 인간이 만들었다. 기록으로 보면 적어도 약 6000년 전부터 수메
르인들이 마시기 시작한 인류 최초의 곡주는 맥주였다. 이는 점토판 문서의 기록 연대이므로 인
간이 실제로 음주를 시작한 때는 이보다는 훨씬 오래되었을 것이다. 수메르인은 술을 신의 선물
로 여겼으며, 사제들은 신들에게 바칠 봉헌주로 맥주를 만들었다. 그리고 그들은 주로 여성들이
었다. 원시인이 개화되어 맥주를 마신다? 엔키두는 빵을 배가 터지게 먹었고, 일곱 단지나 되는
맥주를 실컷 마셨다. 그런 다음 막 개화된 미개인은 마음이 편안해져서 노래를 불렀다! 기운이
솟았고 얼굴이 빛나서 문명인이 된 '환희의 노래'를 불렀다! 이때 그는 놀랍게도 털투성이의 몸
을 물로 씻고, 기름으로 몸을 문지르는 과정을 거쳐 '사람'으로 변했다! 어디 이뿐인가. 옷을 입
게 되었고, 목동들이 편히 휴식할 수 있도록 잠을 자지 않는 젊은이가 되었다. 직립보행을 할 줄
알게 되었고, 지혜를 터득하여 '올바른 섹스'를 하게 되었다. 그리고 맥주는 인간에게 의복을
입고 '문명인으로서의 역할'을 하는 계기를 마련해주었다. 술은 물과 불의 혼합체였다! 맥주는
인류가 '원시에서 문명으로 가는 매개체'였으리라. 최초로 도시국가를 세우고 정착 생활을 시
작한 이들에게 '곡물을 저장하는 일'은 자연스럽게 맥주 제조로 이어졌을 것이다. 수메르인은
최초의 맥주 제조자였고, 수메르는 맥주의 천국이었으니 수많은 사람이 술집(에카쉬, e-kaš)에
서 맥주(카쉬, kaš)를 즐겼다. 그곳에는 다양한 종류의 맥주로 넘쳐났다. 수메르인들이 축제 때
마다 즐기던 '문명의 술', 맥주가 있었다!

셨다! 그는 마음이 놓여 즐겁게 노래를 불렀다! 기운이 솟았고 얼굴이 빛났다. 그가 털투성이의 몸을 물로 씻고, 기름으로 몸을 문지르고 나자 '사람'으로 변했다. 그리고 옷을 입고 용사처럼 되었다! 그가 무기를 들고 사자를 물리치니 목동들이 밤에 편히 휴식을 취할 수 있었다. 늑대를 잡고 사자를 내몰아서 목동들이 편히 잘 수도 있었다. 잠을 자지 않는 사람, 전대미문의 젊은이, 그는 정상인보다 두 배나 키가 컸다!

엔키두가 샴하트와 사랑놀이를 하고 있었다. 그때 그가 눈을 뜨고 한 남자를 바라보고 있었다.

"샴하트, 저 남자가 어딜 저리 급히 가고 있는 거지? 왜? 저 남자를 이리 데려와! 내가 그 까닭을 알아야겠어."

창녀가 그를 불렀고, 남자가 오자 엔키두가 물었다

"저어, 말이오. 어딜 그리 급히 가는 거죠? 걸음이 힘겨워 보입니다!"

"사람들이 초대한 곳으로 갑니다. 예식을 치르는 집으로요. 그곳으로 그가 끼어듭니다! 혼례의 일상적인 관례는 무시됩니다! 도시는 그가 쌓아놓은 망신으로 가득 차 있습니다! 그가 강요하는 이상한 풍습으로, 도시 사람들은 저항할 힘을 잃었습니다. 우루크의 왕을 위해 바뀌지 말아야 할 규율이 바뀌고, 악용되고, 관행이 변해버렸습니다. 사람들의 새 신부는 누구나 그의 차지입니다. 견고한 성벽으로 둘러싸인 우루크의 왕 길가메쉬의 차지랍니다! 그는 새 신부가 누구이건 간에 전혀 상관하지 않고 같이 누울 수 있습니다. 새신랑이 그녀와 눕기도 전에 말입니다. 신들이 정해놓은 운명입니다. 그들의 지혜와 뜻대로, 그가 태어난 순간부터 정해져 있는 일입니다. 탯줄이 잘려진 순간부터죠."

남자의 말을 듣자, 엔키두의 얼굴이 창백해졌다. 그의 마음속에는 분노가 가득 찼다.

"참을 수 없는 일이다! 나는 우루크성으로 갈 것이다! 길가메쉬를 만나야겠다. 그의 못된 짓을 끝장내겠다!"

엔키두는 우루크를 향해 길을 나섰다. 엔키두가 앞서고 샴하트가 그 뒤를 따랐다. 그가 우루크성으로 들어갔을 때 사람들이 그의 곁으로 몰려들었다. 그가 우루크성의 거리에 서 있을 때 사람들이 떼지어 모여 말했다.

"길가메쉬랑 체격이 아주 비슷하네."
"그보다 좀 작아."
"하지만 몸집은 더 단단해."
"야수들의 젖을 먹고 자랐대."

"길가메쉬가 임자 한번 제대로 만났어!"

"우루크가 둘의 싸움으로 연방 시끄럽게 되었어!"

그리고 이런 말을 하며 기뻐하는 귀족도 있었다.

"여기 영웅이 있다. 모든 사람이 존경할 만한 존재다! 거룩한 길
15 가메쉬와 대적할 만한 그의 맞수가 여기 있다!"

우루크의 모든 사람이, 젊은이나 어린아이 할 것 없이 모두 엔키
두에게 몰려갔다. 그때 사랑의 여신을 위한 침대가 마련되었다. 밤
중에 길가메쉬에게 선사할 쾌락이 준비되었다. 그가 등장하자 엔키
두가 거리에 나타나 왕의 길을 막아섰다. 그는 발로 결혼식장의 문
을 가로막고 길가메쉬가 들어가지 못하게 했다. 둘은 혼례를 올릴
집의 문 입구에서 서로 맞잡고 젊은 황소처럼 겨루었다. 그들은 거
16 리에서, 뭇사람이 모인 광장에서 대결했다. 문설주가 부서지고 벽이
흔들렸다.

길가메쉬가 먼저 무릎을 꿇었다. 그의 발은 땅에 붙어 있었다. 그
의 분노는 줄어들었다. 그가 몸을 막 돌렸을 때 엔키두가 길가메쉬
에게 말했다.

"당신 모친이 천상천하에서 유일무이한 당신을 낳았습니다. 그분
은 난공불락의 야생 황소 닌순입니다. 당신은 모든 남자 중에 제일
용맹스럽습니다. 엔릴 신께서 당신에게 사람들을 통치할 권한을 부

15
두 남자가 겨루는 장면을
묘사한 약 4600년 전의 유물.
이라크 바그다드박물관
소장.

16
두 남자가 머리에 단지를 이고 씨름하는
장면을 묘사한 약 4600년 전의 유물. 이라
크 바그다드박물관 소장.

여하셨습니다."

　두 사람은 서로 입을 맞추고 친구가 되었다.

THE EPIC OF
GILGAMESH

6

훔바바 살해 음모

그자를 죽이고 싶네. 땅에서 악을 추방하고 싶네.

길가메쉬의 어머니 야생 황소 닌순이 아들에게 말했다.

"내 아들아……. 애처롭게도…… 엔키두는 아버지도 어머니도 없단다. 그의 덥수룩한 머리털은 한 번도 자른 적이 없지. 그는 대초원에서 태어났고, 아무도 그를 키우지 않았다."

그곳에 서 있던 엔키두가 그 말을 듣더니 주저앉아서 우는데, 눈에는 눈물이 가득했고, 팔은 맥이 풀려서 그의 힘은 약해졌다. 그는 침통하게 한숨을 쉬고 있었다. 길가메쉬와 엔키두, 둘은 서로 손을 꼭 붙잡고 있었다.

"엔키두, 네 눈에 눈물이 가득한 건 무엇 때문인가? 맥이 풀려 힘이 약해진 건 무엇 때문인가? 침통하게 한숨을 쉬고 있는 건 무엇 때문인가?"

"나의 친구여, 너무 슬픈 생각이 들어서 목이 메어……. 그런 겁니다."

"오, 나의 친구. 나는 항상 삼목산[11]으로 올라가는 꿈을 꾸었지. 그곳에는 무시무시한 훔바바[12]가 살고 있는데, 그는 악(惡)이며, 쳐다보기만 해도 소름이 끼칠 정도로 두려운 존재야. 그자를 죽이고 싶네. 땅에서 악을 추방하고 싶네. 그자는 삼목산 숲속에 살고 있는데, 난 그리로 가는 길을 모른단 말일세."

17
약 4000~3600년 전 제작된 삼목산 산지기, 훔바바의 안면상. 얼굴 주름이 깊고 옆으로 약간 긴 눈에 이를 드러낸 모습은 어쩐지 부정적인 이미지를 느끼게 한다. 사진 쇼엔 컬렉션.

　"나의 친구여. 내가 야수들과 떠돌아다닐 적에 이미 그 숲속을 본 적 있어요. 그곳은 사방 120리그나 되는데, 사람이 그곳으로 들어간다는 건 거의 불가능하지요. 더군다나 훔바바로 말하자면 그가 외치

[11] 악카드어 판본에 나오는 삼목산과 삼목산의 숲이 실제로 어디인지에 대해서는 학자들 사이에서도 의견이 분분하며 뜨거운 논쟁거리다. 가장 유력한 주장은 비록 모든 학자가 동의하는 것은 아니지만, 메소포타미아 서쪽 끝에 있는 레바논산맥이다. 그러나 이 책에서 앞으로 보게 될 이것보다 훨씬 오래전에 수메르어로 쓰였던 〈길가메쉬와 후와와(Gilgamesh and Huwawa, 이 책에서의 제목은 후와와의 죽음)〉에 나오는 삼목산은 레바논산맥이라기보다는 메소포타미아 북동쪽에 위치한 자그로스산맥일 가능성이 짙다. 수메르 평원에서는 삼나무 같은 큰 목재를 구할 수 없었다. 자그로스산맥에서 삼나무를 베어오는 행위는 이름을 남길 만한 '능력의 척도'가 되었을 것이다. 길이만도 2,000킬로미터나 되고, 너비도 최대 300킬로미터에 달하며 4,000미터나 되는 고봉들이 줄줄이 늘어서 있는 이 산맥을 통과하는 일은 사실상 불가능하다. 이곳은 고대부터 '신들의 땅'으로 불려왔다. 말하자면 백두산 같은 '신산(神山)'인 셈이다. 신들에게만 허락된 땅. '일곱 후광'으로 인간의 접근을 차단하는 임무를 맡고 있는 경비병의 신 훔바바. 아직 영웅이 되지 못한 길가메쉬는 신산으로 들어가 훔바바를 제거하고 자신의 이름을 영원히 남기고 싶은 욕망에 사로잡혀 있다.

는 소리는 거대한 홍수이며, 그의 입은 불덩이인 데다 그의 숨은 바로 죽음인걸요! 어찌해서 당신은 그런 일을 하고 싶어하세요? 우린 무시무시한 훔바바와 맞서 싸울 상대가 안 돼요!"

"나는 삼목산으로 올라가겠네! 그 숲속에서 삼나무를 베어야 하지. 삼나무 정도라면 쓰러지면서 돌개바람을 얼마든지 일으킬 수 있을 테니까."

"친구여, 당신과 나 같은 사람이 어떻게 삼나무 숲속으로 들어간단 말입니까? 삼나무 숲을 지키게 하려고, 엔릴 신이 사람들에게 겁

---

[12] 악카드어 판본의 훔바바는 수메르어 판본의 후와와다. 후와와는 원래 메소포타미아 북동쪽 자그로스산맥 일대인 지금의 이란 고원에 있던 엘람의 신 훔반이었다. 이곳은 대초원과 산지로 이루어진 사람이 살기에는 다소 거친 지형이었다. 무더운 여름 수메르의 평원이 바짝 말라 있을 때, 목동들은 산허리에 있는 목초지로 염소 떼를 몰고 와서 고지대 숲에 있던 소나무나 삼나무 껍질을 벗겨냈다. 신들의 실권자인 엔릴은 삼목이 우거진 거대한 숲을 보호하기 위해 훔반을 숲의 수호자로 임명했다. 훔반은 수메르 동쪽 엘람의 주요 신들 중 하나였으나, 수메르인들에게는 이방의 신이었기 때문에 상당히 적대적인 취급을 받았다. 그는 수메르에 알려진 신전이나 지성소가 없었고, 대개 무시무시한 악마로 간주되었다. 삼목산의 산지기 훔반에게는 숲속에서 움직이는 생명체를 보호하거나 그들을 잠들게 하는 능력이 주어졌다. 그는 한동안 목동들이나 벌목꾼들에게서 삼목 숲을 안전하게 지켰다. 삼목은 신전을 짓는 데 가장 적당한 목재였다. 태양의 신 우투는 신전을 세울 생각으로 훔반을 악마로 몰아세우고, 그를 '후와와/훔바바'라고 부르며 길가메쉬를 꼬드겨 삼목을 베어오도록 한 것으로 보인다. 후와와의 험상궂은 이미지는 그리스의 고르고(Gorgo) 같은, 그중에서도 보는 자는 그 자리에서 돌이 되었을 정도로 무시무시했다는 괴물 메두사(Medusa)―원래는 아름다운 소녀였으나 아테나(Athena) 여신의 신전에서 포세이돈과 정을 통했기 때문에 아테나의 저주를 받아 괴물이 되었다고 한다―같은 추악한 얼굴을 지닌 악마의 원형이 되었다. 훔바바가 수메르의 영웅 길가메쉬와 엔키두에게 목이 잘렸듯이 메두사도 그리스의 영웅 페르세우스(Perseus)에게 목이 잘렸다.

주기 위해서 훔바바를 임명한 건데요. 엔릴 신이 일곱 후광이라는 무서운 운명을 그에게 주었단 말입니다. 그곳에 가서는 안 됩니다. 그를 봐서도 안 됩니다. 그는 삼나무 숲을 지키는 자입니다. 그가 외치는 소리는 거대한 홍수이며, 그의 입은 불덩이인 데다 그의 숨은 바로 죽음인걸요! 그는 120리그 안에서 나는 아주 작은 소리도 다 들을 수 있습니다. 그의 숲으로 들어갈 수 있는 사람은 아무도 없습니다. 아다드 신이 처음으로 들어갔고, 훔바바가 두 번째로 들어간 겁니다. 삼나무 숲을 지키기 위해서요. 엔릴 신이 사람들에게 겁주기 위해서 훔바바를 임명한 겁니다. 엔릴 신이 일곱 후광이라는 무서운 운명을 그에게 주었단 말입니다. 그뿐만 아니라 숲속에 들어가는 사람은 누굴 막론하고 병으로 쓰러집니다."

"친구여, 그대는 어찌 쓸데없는 반대만 하는가? 대체 하늘에 오를 수 있는 자가 어디 있단 말인가? 신들은 샤마쉬와 함께 영생을 누리는 반면 인간의 수명은 이미 정해져 있거늘, 사람이 무엇을 해본들 일순간의 바람보다 더 하겠는가. 그대마저 죽음이 두려운 것이지. 그대의 용력(勇力)은 모두 어디로 갔는가? 내가 앞설 걸세. 그대는 나에게 '두려워하지 말고 계속 가세요'라고 소리쳐도 된다네. 내가 쓰러지면 난 나의 이름을 알릴 걸세. 그러면 사람들이 '무시무시한 훔바바와 대결한 길가메쉬'라고 말할 테니. 그대는 황야에서 자랐고, 갑자기 달려드는 사자를 대처하는 법도 알고 있네. 젊은이들이 그대의 면전에서 달아났네. 그대는 쓸데없는 말만 하고 있네. 그렇게 약해서야 어디, 원! 마음이 아프군. 내가 삼나무를 베어야겠어. 나의 이름을 영원히 알려야겠어. 자, 가세나, 나의 친구. 대장간에 같이 가서 우리가 지녀야 할 도끼를 만들어달라고 하세."

둘은 대장장이들에게 갔다. 그들은 둘러앉아 길가메쉬가 요구하는 무기를 어떻게 만들어야 하는지 토론했다. 그들이 만들어낸 거대한 도끼날의 무게만도 각기 3달란트나 나가는 것들이었다. 그들은 칼도 만들었다. 여러 칼날을 박은 칼들의 무게는 각기 2달란트였으며, 칼집의 손잡이 무게는 각기 30미나였다. 길가메쉬와 엔키두는 둘 다 금 30미나로 만든 칼을 몸에 찼다. 이로써 그들은 각기 10달란트나 되는 무기를 지니게 되었다.

18

19

길가메쉬는 우루크 일곱 성문의 빗장을 모두 걸었다. 낌새를 알아챈 사람들이 우루크 거리에 나타났다. 길가메쉬 왕은 철벽같은 우루크 거리에 있었다. 그 옆에 엔키두가 앉아 있었다.

"우루크의 장로(長老)들이여, 들어보시오. 이 몸은 사람들이 말하는 그자를 볼 것이오! 나는 세상천지에 이름을 떨친 자를 삼나무 숲 속에서 사로잡을 것이오. 우루크의 아들들이 진정 얼마나 강력한지를 땅에 울리도록 할 것이오. 삼나무를 자를 것이며, 이 몸을 위해 불멸의 이름을 만들겠소! 우루크의 젊은이들이여, 듣거라! 내 원정의 뜻을 알아듣는 우루크의 젊은이여! 나는 신성한 출정으로, 홈바바가 사는 곳으로 먼 여행길에 올라 생전에 단 한 번도 해보지 않은 싸움을 벌일 것이며, 생전에 단 한 번도 가보지 못한 낯선 곳에서 잠

18
달란트와 샤라

달란트(talent)는 고대 무게
의 단위로, 1달란트는 60파
운드, 1파운드는 0.4536킬로
그램이다. 수메르어로 달란
트는 구(gú)라고 한다. 이 유
물은 약 4000년 전 수메르의
도시국가 움마에서 제작된
것으로, '1달란트, 샤라
(Shara)에게, ……의 왕, 안의
영웅적인 아들, 땅의 귀중한
존재……'라는 내용이 기록
되어 있다. 샤라는 수메르의
도시국가 움마의 수호신이
다. 사진 쇼엔 컬렉션.

19
무게의 단위

미나(mina)는 고대 바빌로니
아와 그리스에서 사용된 무
게의 단위로, 1미나는 60분의
1달란트다. 즉 1미나는 1파운
드와 동일하다. 수메르어로
미나는 마나(ma-na)이다. 더
작은 단위로 자주 쓰이는 것
으로는 쉐켈(shekel)이 있다.
1미나는 60쉐켈이다.
약 4000년 전에 제작된 이 유
물의 상단 왼쪽부터 각각 1/2
미나, 1/3미나, 10쉐켈, 5쉐
켈이며, 하단 왼쪽부터 각각
4쉐켈, 3쉐켈, 2쉐켈, 1쉐켈
이다. 사진 쇼엔 컬렉션.

을 잘 것이다. 나의 원정을 축복하라. 내가 다시금 그대들의 얼굴을 볼 수 있도록! 내가 우루크 요새의 성문으로 즐거이 복귀하도록! 내가 다시금 신년 축제를 기념할 수 있도록! 내 면전에서 축제의 팡파르가 울려 퍼지도록! 내 앞에서 사람들의 북소리가 울려 퍼지도록!"

그러나 엔키두는 장로들과 원정의 뜻을 알아듣는 젊은이들에게 조언을 구하고 있었다.

"그에게 '삼나무 숲으로 가면 안 된다'고 말해주시오. 그리로 여행을 가서도 안 되고, 그자를 봐서도 안 됩니다. 그는 삼나무 숲을 지키는 자입니다. 그가 외치는 소리는 거대한 홍수며, 그의 입은 불덩이인 데다 그의 숨은 바로 죽음인걸요! 그는 120리그 안에서 나는 아주 작은 소리도 다 들을 수 있습니다. 그의 숲으로 들어갈 수 있는 사람은 아무도 없습니다. 아다드 신이 처음 들어갔고, 훔바바가 두 번째로 들어간 것입니다. 어떤 신도 그에게 타격을 줄 수 없습니다. 엔릴 신이 사람들에게 겁을 주기 위해서 훔바바를 임명한 것입니다. 엔릴 신이 일곱 후광이라는 무서운 운명을 그에게 주었단 말입니다. 그뿐만 아니라 숲속에 들어가는 사람은 누굴 막론하고 병으로 쓰러집니다."

우루크성의 고매한 장로들이 일제히 일어나서 길가메쉬 왕에게 충고했다.

"길가메쉬, 당신은 아직 젊소. 그래서 너무 감정에만 치우쳐 있고, 스스로 하는 말조차 모르며, 야욕에만 사로잡혀 있는 것이오. 자신이 무엇을 하려는지도 모르고 말이외다. 우린 훔바바에 대한 이야기를 들었소. 그는 흉측한 외모에 아무도 대적할 수 없는 무기를 지니고 있소. 그는 120리그 안에서 나는 아주 작은 소리도 다 들을 수 있소. 그의 숲으로 들어갈 수 있는 사람은 아무도 없고, 그가 외치는 소리는 거대한 홍수며, 그의 입은 불덩이인 데다 그의 숨은 바로 죽음이오! 아다드 신이 처음 들어갔고, 훔바바가 두 번째로 들어간 거요. 심지어 신들조차도 함부로 그와 대적할 수 없소. 엔릴 신이 사람들에게 겁을 주기 위해서 훔바바를 임명한 거요. 엔릴 신이 일곱 후광이라는 무서운 운명을 그에게 주었소. 그뿐만 아니라 숲속에 들어가는 사람은 누굴 막론하고 병으로 쓰러진단 말이오."

길가메쉬가 그들의 조언을 다 듣고, 친구 엔키두의 얼굴을 보고 웃었다.

"이보게, 친구. 자네도 저들과 똑같은 말을 할 건가? '나는 죽음이 두렵다'라고. 응?"

THE EPIC OF GILGAMESH

7

닌순의 기도

오, 샤마쉬여! 무슨 연고로
제 자식 길가메쉬에게 그런 들뜬 마음을 심어놓으셨나요?

우루크의 장로들이 길가메쉬에게 말했다.

"우루크 하늘 아래로 무사히 귀환하길 바라오. 자신의 힘을 과신
하면 안 되오. 모든 걸 눈으로 잘 살피고, 결투에서 승리하여 고국으
로 돌아오길 바라오. 길에 눈 뜬 자가 친구를 구제해주오. 당신 앞에
엔키두를 세우시오. 그는 삼나무 숲으로 가는 길을 익히 알고 있으
며, 싸우는 것도 많이 보았고, 그런 일에는 이력이 난 사람이오. 엔
키두는 친구를 보호하고 동료를 지켜줄 것이오. 그가 돌아오면 참된
짝이 될 수 있도록 해보오. (엔키두에게) 여기 장로 회의는 길가메쉬

20 우루크의 흔적

약 5000년 전 신전의 일부로, 벽돌이 정교하게 깔려 있다. 사진 시카고 대학 근동연구소.

왕을 당신에게 맡기겠소. 당신이 돌아온다면 다시금 왕을 우리에게 맡겨주시오."

그러자 길가메쉬가 엔키두에게 말했다.

"친구여, 닌순[13]의 신성한 신전 에갈마흐로 가자. 위대한 여왕 닌순 앞으로 가자. 심오한 지혜와 지식을 지닌 닌순은 우리가 가야 할 길에 대해 훌륭한 조언을 해줄 것이다."

길가메쉬와 엔키두는 손을 잡고 신성한 신전으로 갔다. 위대한 여왕 닌순 앞으로 갔다. 길가메쉬가 먼저 닌순 앞으로 나갔다.

---

[13] 길가메쉬의 어머니 닌순은 수메르의 신들 사이에서 강력한 힘을 가진 신은 아니었다. 여신으로서 큰 신 대열에는 끼지 못한다는 말이다. 수메르 신족을 보면 대개 남신들의 힘이 여신들의 그것을 압도한다. 여신으로서 가장 높은 서열은 수메르 신족의 우두머리인 '안'의 아내인 '안툼'이라고 볼 수 있다. 혹은 '안'의 후실이자 엔키의 어머니 남무를 생각해볼 수도 있을 것이다. 그러나 정실을 능가하는 후실은 없다. 설령 안툼을 제1의 수메르 여신이라 하더라도 진정한 신들의 어머니는 닌투였다. 그녀는 아루루며, 닌후르쌍으로도 알려져 있었고, 마미로도 불렸다. 더군다나 그녀는 인간의 창조주인 엔키를 도와 인간을 창조하는 데 혁혁한 공을 세웠고, 엔키두를 만들어낸 신이었다. 족보로 따지자면 안툼이나 닌투 혹은 남무 같은 조상신에게 비교할 바는 못 되나 능력으로 따져보면 인안나를 따를 여신은 없다. 안의 부인 안툼, 엔릴의 부인 닌릴, 엔키의 부인 닌키, 우투의 부인 닌갈 같은 큰 신들이 줄줄이 버티고 있는 수메르 여신들 중에서 유독 남신들을 협박하고, 그들을 이용하고, 때로는 그들을 넘어서는 권세를 누린 여신은 인안나뿐이었다. 그녀는 하늘과 땅의 여제였다! 그녀는 바로 이쉬타르였다. 하여튼 '나약한' 여신 닌순은 자신의 아들 길가메쉬의 안녕을 위해 위대한 태양의 신 우투, 즉 샤마쉬에게 간구하는 길밖에 다른 방도가 없었으리라. 인안나라면 그에게 대들었을지도 모르지만.

"오, 닌순이시여. 제가 귀한 원정길에 오르게 되었습니다. 훔바바가 사는 곳으로 먼 여행길에 올라 생전에 단 한 번도 해보지 않은 싸움을 벌일 것이며, 생전에 단 한 번도 가보지 못한 낯선 곳에서 잠을 잘 것입니다. 저의 여행길을 축복해주소서. 무사히 돌아와 님의 용안을 다시 볼 수 있도록! 무사히 돌아와 우루크 성문으로 들어올 수 있도록! 제가 다시금 신년 축제를 기념할 수 있도록! 제 앞에서 축제의 팡파르가 울려 퍼지도록! 제 앞에서 그들의 북소리가 울려 퍼지도록!"

닌순은 자신의 아들 길가메쉬와 엔키두의 말을 듣고 슬펐다. 여신은 정결한 식물로 깨끗하게 목욕을 했다. 그러고는 자기 방에 들어가 몸에 꼭 맞는 옷을 입고, 가슴에 잘 어울리는 보석을 달았으며, 머리에 왕관을 쓰고, 땅 위를 스치는 긴 치마를 입고 나왔다. 그녀는 계단을 올라가 지붕 가장자리로 가서 샤마쉬[14]에게 바칠 향에 불을 붙였다. 그녀는 제물을 올리고 손을 모아 샤마쉬에게 기도를 드렸다.

21

"오, 샤마쉬여. 무슨 연고로 제 자식 길가메쉬에게 그런 들뜬 마음을 심어놓으셨나요? 당신은 그가 원정길에 오르도록 만드셨습니다. 훔바바가 사는 곳으로 먼 여행길에 올라 생전에 단 한 번도 해보지 않은 싸움을 벌일 것이며, 생전에 단 한 번도 가보지 못한 낯선 곳에서 잠을 잘 것입니다. 그가 원정길에서 돌아올 때까지, 그가 삼나무 숲에 닿을 때까지, 그가 난폭한 훔바바를 쳐부수고 당신이 증오하는 악을 땅에서 사라지게 할 때까지 말입니다. 당신이 하늘을 가로질러

하루가 저물 때면, 당신의 신부 아야가 두려움 없이 당신을 되새기게 하고, 길가메쉬를 밤의 수호자며 당신의 아버지인 씬으로 하여금 보호하도록 하게 하소서. 오, 샤마쉬여. 당신은 대초원의 야수들에게 길을(?) 열어주었습니다. 당신이 땅에서 나오면…… 산이 붉게 물들고, 하늘이 밝아지며, 대초원의 야수들은 당신의 성난 듯 타오르는 빛을 바라봅니다. 당신의 광채가 두둥실 떠오를 때 생명들이(?) 모여들고 위대한 신들은 당신의 광채를 우러릅니다. 당신의 신부 아야가 두려움 없이 당신을 되새기게 하고, 길가메쉬를 밤의 수호자며 당신의 아버지인 씬으로 하여금 보호하도록 하시길 기원합니다. 그가 삼나무 숲으로 떠나 여행하는 동안 낮은 더 길어지고 밤은 더 짧아지기를 기원합니다. 그의 허리와 팔이 강해지기를 기원합니다. 그

[14] 지구상에서 태양의 신을 숭배하지 않은 종족은 없었다. 태양의 신은 가장 위대한 신이다! 셈족은 그를 샤마쉬라고 불렀으나, 그의 진짜 수메르 이름은 우투였다. 우투는 신들 중 가장 포용력이 큰 존재였으며, 수메르인들에게 존경받던 '정의의 신'이었다. 그러나 길가메쉬가 삼목산으로 위험천만한 여행을 떠나도록 부추긴 신은 바로 우투였다. 우투가 태양의 신이라고는 하나 달의 신 난나(씬)의 아들이었고, 인안나(이쉬타르)의 오빠였다. 둘은 이란성 쌍둥이였다. 수메르 남신들의 서열로 보면 우투의 위치도 그리 높지는 못하다. 가장 위에 '안'이 떡 버티고 있고, 그의 정통 후계자 엔릴이 실권을 장악하고 있었으니까. 엔릴과 왕위 쟁탈전을 벌이면서 수메르 신계를 뒤흔들었던 '지혜의 신' 엔키는 서열 3위였다. 엔릴의 장자 난나가 그 뒤를 이어 큰 신 대열에 속해 있었다. 그런 다음에야 우투의 자리가 희미하게 보일 뿐이다! 그러므로 수메르 신들의 족보를 잘 훑어보면 우투는 엔릴의 손자인 것이다. 우투의 뒤로 큰 신들의 마지막 자리를 차지한 신은 누구였을까? 후와와가 삼목산에 들어가기 전, 엔릴 신의 허락을 얻어 가장 먼저 들어갔던 아다드였다. 그는 비와 폭풍의 신인 이쉬쿠르와 동일한 신이었다. 그런 아다드 뒤를 이어 신산을 지키던 후와와를 처단하는 일, 인간 길가메쉬의 겁 없는 만용은 신들의 제왕 엔릴 신의 분노를 일으키기에도 충분한 '죄의 수렁'에 빠지는 일이었다! 길가메쉬는 태양의 신 우투조차도 막을 수 없는 엔릴의 철퇴를 상상조차 하지 못하고 있었다.

가 낯선 곳에서 깊은 잠을 자기 위해 몸을 숨길 만한 곳을 마련하기를, 당신의 신부 아야가 당신 생각으로 두려움에 떨지 않기를 진정 기원합니다. 길가메쉬와 엔키두가 훔바바를 만나면 내 아들을 위해, 오, 샤마쉬여, 괴물 훔바바를 향해 강력한 바람이 일어나게 해주십시오. 남풍, 북풍, 동풍, 서풍, 그리고 울음소리를 내는 바람을, 거센 바람, 매운바람, 앞바람, 사나운 먼지바람을, 험악한 바람, 무서운 바람, 강한 바람, 돌개바람을, 이런 열세 가지 바람을 일으켜서 훔바바의 얼굴이 사라지게 해주십시오. 그 괴물이 전진도 할 수 없고 후퇴도 할 수 없도록. 일이 그렇게 벌어지면 길가메쉬의 무기가 훔바바를 처단하도록. 당신의 찬란한 빛이 타오를 때 바로 그때, 당신을 떠받드는 자를 조심하십시오. 동작 빠른 당신의 노새가 당신을 지켜주길(?) 기원합니다. 당신을 위해 편한 자리가, 안락한(?) 침상이 마

21
위대한 태양의 신 샤마쉬와 함무라비 대왕
샤마쉬와 함무라비 대왕은 메소포타미아 전역에서 숭배되었다. 함무라비는 그의 비문에서 우투를 악카드어로 '샤마쉬'라고 했는데, 그 말은 셈어로 '태양'을 의미하여 히브리어의 '쉐메쉬(Shemesh)'가 되었다. 사람들은 우투(샤마쉬)를 메소포타미아의 태양신이라고 불렀다. 프랑스 루브르박물관 소장. 사진 셔터스톡, ©Dima Moroz.

련되어 있습니다. 형제 신들이 당신에게 맛있는 음식으로 대접하길 기원합니다. 당신의 신부 아야가 정결한 옷에 달린 여러 가닥의 실 장식으로 당신의 얼굴을 두드리길 기원합니다."

닌순의 간절한 청은 계속되었다. 야생 황소 닌순이 샤마쉬에게 두 번째 간청을 했다

"오, 샤마쉬여. 길가메쉬가 당신을 위해 신들을 무시하지(?) 않을까요? 그가 당신과 함께 하늘을 차지하지 않을까요? 그가 당신과 함께 신들의 온갖 지위를 차지하지 않을까요? 그가 에아와 누가 더 지혜로운가를 견주지 않을까요? 그가 이르닌니와 함께 인간을 지배하지 않을까요? 그가 '돌아올 수 없는' 신들의 땅에서 닌기쉬지다와 함께 살아가지 않을까요?"

심오한 지혜와 지식을 지닌 야생 황소 닌순은 간곡한 청을 마친 후 향불을 끄고 지붕 가장자리에서 내려와 자신의 뜻을 전하려고 엔키두를 불러 세웠다.

"참으로 강한 엔키두여. 네가 비록 내 자궁에서 나온 자식은 아니더라도 여사제들이나 여신자들이나 여종 같은 너의 연약한 사람들이 길가메쉬를 따르는 자들 중에 속하게 되리라."

닌순은 엔키두에게 부적 목걸이를 걸어주었다.

"여사제들이 데려온 아이들을 받아들이고, 신들의 딸들이 입양한 아이들을 키우는 것처럼, 나 역시 엔키두를 양자로 받아들이겠노라. 엔키두는 길가메쉬를 잘 보좌(?)하고, 길가메쉬는 그를 잘 대해주기를. 삼나무 숲으로 떠나 여행하는 동안, 낮은 더 길어지고 밤은 더 짧아지기를. 허리와 팔이 강해지기를. 낯선 곳에서 깊은 잠을 자기 위해 몸을 숨길 만한 곳을 마련하고, 엔키두가 길가메쉬를 돌봐주기를. 길가메쉬가 원정에서 복귀할 때까지, 그가 삼나무 숲에 다다를 때까지."

길가메쉬가 샤마쉬 앞에 무릎을 꿇고 기도했다.

"오, 샤마쉬여. 저는 떠나겠습니다. 먼 타향에서 제 목숨이 무사하도록 이렇게 두 손 모아 기도합니다. 제가 아무 탈 없이 우루크성으로 귀환하도록 도와주십시오. 저를 보호해주십시오."

길가메쉬가 점치는 사람을 불러 점괘를 보았는데, 그의 얼굴 위로 눈물이 쏟아지고 있었다.

"이럴 수가, 이럴 수가, 알 수 없는 노릇이다. 내가 무사히 돌아올 수 있다면 너 엔키두를 흡족하게 해주겠다. 네가 즐거워할 만한 집을 지어주겠다. 너를 옥좌에 올려주겠다. 젊은이들은 쓸데없이 몰려다녀서는 안 된다. 약한 자의 편에서 소송을 걸어 재판하고, 강한 자에게는 소환하여 변명하게 하라. 우리 모두의 목적이 이루어지면 바

로 그때, 훔바바의 대문에 우리의 대문(?)을 세워라."

　길가메쉬를 추종하는 자들이 왕의 옆에 서서 그의 무사 귀환을 빌고 있는 동안, 수많은 군중 속에 있던 우루크 젊은이들이 그의 뒤를 따라 달리고 있었다. 원정을 준비하는 우루크 왕에게 추종자들이 존경심을 드러내고 있을 때, 장로들의 음성이 들렸다.

22
23
24

　"우루크 하늘 아래로 무사히 귀환하길 바라오. 자신의 힘을 과신해서는 안 되오. 모든 것을 눈으로 잘 살피고, 결투에서 승리하여 고국으로 돌아오시오. 길에 눈 뜬 자가 친구를 구제해주오. 길가메쉬, 당신 앞에 엔키두를 세우시오. 그는 삼나무 숲으로 가는 길을 익히

22 · 23
(왼쪽부터)2003년 말부터 2004년 초에 걸쳐 촬영한 우루크의 유적지. 사진 시카고 대학 근동연구소.

24
우루크의 흔적. 신들의 아버지인 아누의 신전 건축물의 일부분이다. 사진 시카고 대학 근동연구소.

알고 있으며, 싸우는 것도 많이 보았고, 그런 일에는 이력이 난 사람이오. 엔키두는 친구를 보호하고 동료를 지켜줄 것이오. 그가 돌아오면 참된 짝이 될 수 있도록 해보오. (엔키두에게) 여기 장로 회의는 길가메쉬 왕을 당신에게 맡기겠소. 당신이 돌아온다면 다시금 왕을 우리에게 맡겨주시오."

엔키두가 길가메쉬에게 말했다.

"돌아오세요, 나의 친구여……. 당신은 이 원정길에 나서면 안 됩니다!"

그러나 길가메쉬는 전투 장비와 큰 칼들을 챙겨 들었고, 활과 화살 통을 손으로 집어 들었고, 도끼를 잡아 들었고……, 화살통은 어깨에 메고 칼은 허리춤에 찼다. 장로들이 길을 열어주자 젊은이들이 그에게 밀려들며 말을 던졌다.

"길가메쉬여. 얼마나 많은 날이 지나야 당신께서 도시로 돌아올 수 있을까요?"

장로들이 다시 길가메쉬를 불러 세우더니 여행길에 대한 충고를 했다.

"자신의 힘을 너무 믿지 마시오. 주변을 항상 살피고 주의하시오. 엔키두를 당신 앞에 세우시오. 그는 그곳에 가본 적이 있어 길눈이 밝지요. 그는 숲으로 가는 길을 익히 알고 있소. 훔바바의 계략도 모두 다 알고 있소. 앞선 자는 동료를 구할 것이며, 멀리 넓게 볼 수 있어 자기 자신도 보호할 수 있는 법이오. 당신의 여행 목적이 달성되도록 샤마쉬 신께서 도와주셨으면. 당신의 소원이 성취되도록 그가 도와주셨으면. 당신을 막는 길목을 그가 터주셨으면. 당신이 가고자 하는 길에 굴곡이 없기를. 당신이 오르고자 하는 고지가 평탄하기를. 일몰로 인해 당신에게 행운이 찾아들기를. 당신이 뜻한 바를 루갈반다가 함께하기를. 당신이 소원하는 것을 성취한 순간, 당신이 찾던 훔바바의 강물로 발을 씻으시오. 깊은 밤 가던 길을 멈춰 우물을 파서 당신의 가죽 부대에 정갈한 생수가 항상 가득하기를. 그러면 당신은 샤마쉬에게 냉수를 바쳐야 하며, 루갈반다를 마음속 깊이 새겨두기를."

엔키두가 길가메쉬에게 말했다.

"좋습니다. 당신의 뜻대로 길을 나서겠습니다. 두려움을 접어두고 저를 보세요. 저는 숲에 자신의 집을 만든 자가 살고 있는 곳을, 그가 항시 다니는 길목을 잘 알고 있습니다. 저와 함께 가는 자는 두려울 게 없습니다. 제가 무사히 데려올 것입니다. 자, 이젠 두려워 마십시오."

젊은이들의 환호성이 울렸다. 마침내 장로들이 왕에게 길을 터주었다.

"떠나시오, 길가메쉬……. 당신의 신께서 당신과 함께하실 것입니다. 당신이 원하는 일을 그가 이루어지게 해줄 것입니다. 당신이 무사히 우루크의 선창까지 돌아오길 기원합니다."

THE EPIC OF
GILGAMESH

8

삼목산 여행

그리고 동이 트면 샤마쉬의 전망 밝은 메시지가 떨어질 것입니다.

길가메쉬와 엔키두는 20리그를 가서 음식을 먹었다. 그들은 다시 30리그를 가서 밤을 지새울 자리를 잡았다. 두 사람은 하루에 50리그를 걸었다. 한 달 반 걸릴 거리를 3일 만에 걸어갔다. 그들이 삼목산에 다가갔다. 해 질 녘이 되자 두 여행자는 우물을 팠다. 그들은 가죽 부대에 물을 가득 채웠다. 길가메쉬가 산봉우리에 올라가 헌주(獻酒)하듯 밀가루를 정성껏 뿌리며 기도했다.

"오, 산이여. 샤마쉬가 내려주는 길몽[15]을 꾸게 하소서!"

---

[15] 꿈은 신들이 인간에게 메시지를 전달하기 위해 접근하는 전형적인 방식이었다. 고대인들은 꿈은 신의 소리라고 생각했다. 이집트 왕들도 꿈속에서 신의 계시를 받았고, 히브리의 족장이나 제사장에게도 동일한 일들이 반복되었다. 히브리족장 아브라함의 손자 야곱이 돌베개를 베고 누워 잠이 들었을 때, 꿈속에 나타나 복을 내리겠다고 말한 이는 아브라함의 신 야훼였다. 그리스의 영웅 호메로스도 마찬가지로 꿈을 보내는 이는 제우스라고 생각했다. 꿈이라는 환상의 세계에서 신은 인간에게 다가선다. 꿈이야말로 미개했던 인간에게 영적인 관념을 일으키고 종교나 신앙을 품게 한 근원지일지도 모른다. 꿈과 환상, 그 몽환적 세계는 신과 인간이 만날 수 있는 시공을 초월한 통로다. 꿈이 있으면 해몽가도 있게 마련이다. 이집트인들의 해몽가로 히브리인 요셉이 나섰던 일도 유명하다. 파라오의 꿈을 해몽하는 그의 말을 들어보자. "왕께서 꾸신 두 꿈 모두 같은 내용입니다. 장차 하셔야 할 일을 신께서 보여주신 거지요." 요셉은 이 일을 계기로 총리대신이 되었고, 이집트를 기근에서 구했으며, 부친과 형제들과도 재회하는 기쁨을 누렸다. 해몽이 그에게는 축복을 가져다준 셈이다. 우루크의 왕 길가메쉬는 길몽을 기대했다. 그의 신은 태양의 신 샤마쉬며 우투였다. 그리고 해몽가로 나선 이는 그의 절친한 동료 엔키두였다. 엔키두가 나타나기 전 길가메쉬의 해몽가로 나섰던 이는 그의 어머니 닌순이었다. 인간이면서도 감히 신산으로 들어가려는 '죽음의 여행길'로 나선 길가메쉬와 엔키두에게 유일한 '전망 밝은 메시지'는 태양의 신 샤마쉬가 안겨주는 길몽뿐이었다. 그들에게는 꿈속에서 전달받는 신의 성의(聖意)만이 희망인 것이다.

25
꿈과 해몽

삼목산 여행을 하면서 처음으로 꾼 길가
메쉬의 두 꿈과 엔키두의 해몽이 실린 약
3800년 전 고(古)바빌로니아 시기의 점
토판. 사진 쇼엔 컬렉션.

26
우루크 남자

약 5000년 전의 우루크 남자의 흉상. 수
염을 기르고, 머리띠를 두른 모습에서 길
가메쉬의 모습을 떠올릴 수 있다. 이라크
바그다드박물관 소장.

엔키두는 길가메쉬가 꿈을 꿀 수 있는 임시 막사를 만들었으나 갑자기 거센 바람이 불어 문을 닫았다. 엔키두는 밀가루를 원형으로 뿌리고 그를 그 중앙에 눕게 한 후, 자신은 무슨 그물이나 친 것처럼 문 쪽에 벌렁 드러누웠다. 길가메쉬는 무릎 위에 턱을 괸 채 그곳에 앉아 있었다. 이럴 때 사람들이 으레 그렇듯 그에게도 잠이 쏟아졌다. 그는 깊은 밤중에 잠이 깨어 눈을 뜨고 나서 엔키두에게 물었다.

"나의 친구, 자네가 날 불렀나? 내가 왜 잠에서 깬 걸까? 자네가 나를 건드린 건 아닌가? 왜 이렇게 혼란스럽지? 신이 다녀간 건 아닐까? 살갗이 왜 이렇게 떨리지? 엔키두, 나의 친구. 꿈을 꾸었다네. 상당히 불길한 꿈이었어. 산 중턱이었는데…… 산이 우리들에게 무너져내렸어…… 우리는 마치 웅덩이 속의 파리처럼 보였네!……."

숲속에서 태어난 엔키두가 친구를 위해 해몽해주었다.

"나의 친구여. 당신 꿈은 길몽입니다. 이 꿈은 매우 중요합니다. 나의 친구여. 꿈에서 당신이 본 산은 훔바바입니다. 우린 그를 사로잡아 죽일 것입니다. 황폐한 곳에 그의 송장을 내팽개칠 것입니다. 그리고 동이 트면 샤마쉬의 전망 밝은 메시지가 떨어질 것입니다."

두 사람은 20리그를 가서 음식을 먹었다. 그들은 다시 30리그를 가서 밤을 지새울 자리를 잡았다. 그들은 하루에 50리그를 걸었다. 한 달 반 걸릴 거리를 3일 만에 걸어갔다. 그들이 삼목산에 다가섰다. 해 질 녘이 되자 두 여행자는 우물을 팠다. 그들은 가죽 부대에 물을 가득 채웠다. 길가메쉬가 산봉우리에 올라가 헌주하듯 밀가루를 정성껏 뿌리며 기도했다.

"오, 산이여. 샤마쉬가 내려주는 길몽을 꾸게 하소서!"

엔키두는 길가메쉬가 꿈을 꿀 수 있는 임시 막사를 만들었으나, 갑자기 거센 바람이 불어 문을 닫았다. 엔키두는 밀가루를 원형으로 뿌리고 그를 그 중앙에 눕게 한 후, 자신은 무슨 그물이나 친 것처럼 문 쪽에 벌렁 드러누웠다. 길가메쉬는 무릎 위에 턱을 괸 채 그곳에 앉아 있었다. 이럴 때 사람들이 으레 그렇듯 그에게도 잠이 쏟아졌다. 그는 깊은 밤중에 잠이 깨어 눈을 뜨고 나서 엔키두에게 물었다.

"나의 친구, 자네가 날 불렀나? 내가 왜 잠에서 깬 걸까? 자네가 나를 건드린 건 아닌가? 왜 이렇게 혼란스럽지? 신이 다녀간 건 아닐까? 살갗이 왜 이렇게 떨리지? 엔키두, 나의 친구. 다시 꿈을 꾸었다네. 상당히 불길한 꿈이었어. 알 수 없는 어떤 산이 꿈속에 나타났는데…… 그 산이 나를 집어 던지고, 내 발을 묶었네……. 매우 불쾌한 빛이 맹렬하게 점점 더 타오르고 있었네. 세상에서 최고의 미남자가 나를 산 아래로부터 끌어당겼지……. 그는 내게 물을 주었고, 나의 두려움을 없애주었고, 내가 다시 일어나도록 해주었다네."

숲속에서 태어난 엔키두가 그의 친구를 위해 해몽을 해주었다.

"나의 친구여. 당신 꿈은 길몽입니다. 이 꿈은 매우 중요합니다. 나의 친구여. 우린 산으로 갈 겁니다. 묘령의 그 산은 훔바바가 아니었을까요? 이쪽으로 오세요. 두려움을 떨쳐버리게 말입니다. 당신이 본 그 남자는……."

두 사람은 20리그를 가서 음식을 먹었다. 그들은 다시 30리그를 가서 밤을 지새울 자리를 잡았다. 그들은 하루에 50리그를 걸었다. 한 달 반 걸릴 거리를 3일 만에 걸어갔다. 그들이 삼목산에 다가섰다. 해 질 녘이 되자 두 여행자는 우물을 팠다. 그들은 가죽 부대에 물을 가득 채웠다. 길가메쉬가 산봉우리에 올라가 헌주하듯 밀가루를 정성껏 뿌리며 기도했다.

"오, 산이여. 샤마쉬가 내려주는 길몽을 꾸게 하소서!"

엔키두는 길가메쉬가 꿈을 꿀 수 있는 임시 막사를 만들었으나 갑자기 거센 바람이 불어 문을 닫았다. 엔키두는 밀가루를 원형으로 뿌리고 그를 그 중앙에 눕게 한 후, 자신은 무슨 그물이나 친 것처럼 문 쪽에 벌렁 드러누웠다. 길가메쉬는 무릎 위에 턱을 괸 채 그곳에 앉아 있었다. 이럴 때 사람들이 으레 그렇듯 그에게도 잠이 쏟아졌다. 그는 깊은 밤중에 잠이 깨어 눈을 뜨고 나서 엔키두에게 물었다.

"나의 친구, 자네가 날 불렀나? 내가 왜 잠에서 깬 걸까? 자네가 나를 건드린 건 아닌가? 왜 이렇게 혼란스럽지? 신이 다녀간 건 아닐까?

살갗이 왜 이렇게 떨리지? 엔키두, 나의 친구. 또다시 꿈을 꾸었다네. 상당히 불길한 꿈이었어. 하늘도 땅도 울고불고 난리였네. 해가 지고 깜깜해졌지. 번개가 번쩍이더니 불똥이 쏟아졌어. 불꽃이 막 피더니 죽음의 비가 내렸네. 그런 후 뜨거운 기운은 힘을 잃었고, 불길은 사라져서 모든 것은 잿더미로 변해 떨어지고 있었다네. 그대는 숲속에서 태어났으니, 이 난제를 어찌 풀어낼 것인가 토론해보세."

엔키두는 그의 꿈 이야기를 듣고, 그가 꿈을 잘 이해할 수 있도록 해몽해주었다.

"우리는 그를 이길 겁니다. 우리가 그를 제압할 겁니다. 그리고 동이 트면 샤마쉬의 전망 밝은 메시지가 떨어질 것입니다."

두 사람은 20리그를 가서 음식을 먹었다. 그들은 다시 30리그를 가서 밤을 지새울 자리를 잡았다. 그들은 하루에 50리그를 걸었다. 한 달 반 걸릴 거리를 3일 만에 걸어갔다. 그들이 삼목산에 다가섰다. 해 질 녘이 되자 두 여행자는 우물을 팠다. 그들은 가죽 부대에 물을 가득 채웠다. 길가메쉬가 산봉우리에 올라가 헌주하듯 밀가루를 정성껏 뿌리며 기도했다.

"오, 산이여. 샤마쉬가 내려주는 길몽을 꾸게 하소서!"

엔키두는 길가메쉬가 꿈을 꿀 수 있는 임시 막사를 만들었으나 갑자기 거센 바람이 불어 문을 닫았다. 엔키두는 밀가루를 원형으로 뿌리고 그를 그 중앙에 눕게 한 후, 자신은 무슨 그물이나 친 것처럼 문 쪽에 벌렁 드러누웠다. 길가메쉬는 무릎 위에 턱을 괸 채 그곳에 앉아 있었다. 이럴 때 사람들이 으레 그렇듯 그에게도 잠이 쏟아졌다. 그는 깊은 밤중에 잠이 깨어 눈을 뜨고 나서 엔키두에게 물었다.

"나의 친구, 자네가 날 불렀나? 내가 왜 잠에서 깬 걸까? 자네가 나를 건드린 건 아닌가? 왜 이렇게 혼란스럽지? 신이 다녀간 건 아닐까? 살갗이 왜 이렇게 떨리지? 엔키두, 나의 친구. 네 번째 꿈을 꾸었다네. 상당히 불길한 꿈이었어. 나의 친구, 내가 네 번째로 꾼 이번 꿈은 여태껏 꾼 꿈보다 아주 더 심하다네. 나는 하늘에서 사자 머리를 한 괴상망측한 새, '안주'[16]를 보았네. 그 흉측한 새는 우리

27 엔릴 대신 에아가 최고신으로 나오는 '주의 신화'와 관련된 약 4200~4300년 전의 인장. '주'의 신화는 종종 주인공들이 바뀌어 쓰이기도 했다. 운명의 서판을 강탈당한 최고신 엔릴이 에아로 바뀌어 등장하고, '극악무도한 새'를 무찌르는 닌우르타가 닌기르수로 바뀌어 등장하기도 한다. 설령 그렇다고 하더라도 이 사건은 '어느 신'이 '신왕위'를 찬탈하려는 음모에서 비롯된 것만은 분명하다. 영국박물관 소장.

들 위쪽으로 구름처럼 하강하기 시작했네. 정말로 무섭고 소름끼치는 모습이었네. 그의 입은 불덩이인 데다 그의 숨은 바로 죽음이었네! 꿈속에서 한 젊은이가 길을 막고 있었네. 그는 내 곁에 서 있었어. 그는 그 흉측한 새의 날개를 꺾고, 그 팔을 붙잡고서 땅 위로 힘차게 내동댕이쳤네. 그런 뒤에 나는 그 괴조(怪鳥)를 땅 위로 던져버렸지. 우리 위쪽으로 구름처럼 하강한, 사자 머리를 한 그 괴상망측한 안주를 말일세. 정말 무섭고 소름끼치는 모습을 한 그자를 말이

27

---

[16] 수메르 신화나 그 후대의 전승에도 자주 등장하는 괴조 '안주'는 사자의 머리와 발을 가졌으며, 독수리의 날개와 발톱이 달린 거대한 새다. 톱니 모양의 부리가 있는 이 새는 워낙 커서 한번 날개를 퍼덕거리면 회오리바람과 폭풍이 일어난다. '주의 신화(The Myth Of Zu)'라고 명명된 전승에 의하면 '안주'는 최고의 신이 우주의 운명을 기록하는 '운명의 서판'을 훔쳤다고 한다. 이 사건은 최고신 '안'에 의해 엔릴에게 내려진 신계의 옥좌를 찬탈하려는 '주(Zu, 알고 있는 자)'라는 신의 반역이었다. 그것은 신왕위 쟁탈전이었다! 옥새나 다름없는 '운명의 서판'을 움켜쥐면 만사형통이었다. 반역자 '주'는 엔릴의 집 에쿠르에 내려와서 몸을 숨기고 있다가, 신왕이 목욕을 하기 위해 연못으로 들어가는 틈을 노리고 있었다. 그는 '보물단지'를 손에 넣고 잽싸게 '하늘의 방 같은 산'인 후르쌍무(HUR.SAG.MU)로 달아나 숨어버렸다. 신성한 제문이 정지되고, 침묵과 정적이 흘렀으며, 성역의 밝은 빛은 꺼졌다. 신들의 회의가 열렸고, '반역자 주의 체포령'이 떨어졌다. 신들은 용맹무쌍한 엔릴의 아들 닌우르타를 포도대장으로 임명해 파견하기로 결정했다. 물고 물리는 신들의 혈투였다! 신들의 패권이 걸린 한판 승부가 벌어지고 있었다. 신무기 틸(til)이 주를 떨어뜨렸다. 반역자는 잡혀 처단되었고 '운명의 서판'은 주인에게 돌아왔다. '주'가 구체적으로 누구였는지는 불구명하다. 닌우르타와 후계자 다툼을 벌인 자. 엔릴의 장자 난나의 또 다른 이름은 쑤엔(SU.EN)이다. 쑤엔은 수메르어의 특성상 주엔(ZU.EN)이나 엔주(EN.ZU)로도 가능한 서로 반사경 같은 이름이다. 따라서 난나는 '신(EN)-주(ZU)'라는 말도 된다. 난나는 엔릴의 장자였다. 이 사건이 그가 엔릴의 또 다른 아들인 닌우르타에게 신왕위의 패권을 빼앗길까 봐 두려워 일으켰던 모반이었단 말인가. 알 수 없는 일이나, 반역자의 제1순위로 난나를 지목해본다면 그것은 틀림없이 '신왕위의 후계자 싸움'에서 출발한 신들의 전쟁이었을 것이다.

야. 입은 불덩이인 데다 숨은 바로 죽음인 그자를, 너무 무서운 나머지 자네조차도 겁먹게 만드는 그자를 말일세."

"당신이 본 그 젊은이는 위대한 샤마쉬입니다."

두 사람은 20리그를 가서 음식을 먹었다. 그들은 다시 30리그를 가서 밤을 지새울 자리를 잡았다. 그들은 하루에 50리그를 걸었다. 한 달 반 걸릴 거리를 3일 만에 걸어갔다. 그들이 삼목산에 다가섰다. 해 질 녘이 되자 두 여행자는 우물을 팠다. 그들은 가죽 부대에 물을 가득 채웠다. 길가메쉬가 산봉우리에 올라가 밀가루를 헌주하듯 정성껏 뿌리며 기도했다.

"오, 산이여. 샤마쉬가 내려주는 길몽을 꾸게 하소서!"

엔키두는 길가메쉬가 꿈을 꿀 수 있는 임시 막사를 만들었으나 갑자기 거센 바람이 불어 문을 닫았다. 엔키두는 밀가루를 원형으로 뿌리고 그를 그 중앙에 눕게 한 후, 자신은 무슨 그물이나 친 것처럼 문 쪽에 벌렁 드러누웠다. 길가메쉬는 무릎 위에 턱을 괸 채 그곳에 앉아 있었다. 이럴 때 사람들이 으레 그렇듯 그에게도 잠이 쏟아졌다. 그는 깊은 밤중에 잠이 깨어 눈을 뜨고 나서 엔키두에게 물었다.

"나의 친구, 자네가 날 불렀나? 내가 왜 잠에서 깬 걸까? 자네가 나를 건드린 건 아닌가? 왜 이렇게 혼란스럽지? 신이 다녀간 건 아

28

태양의 신 샤마쉬

메소포타미아 전역에 걸쳐 숭배되었던 위대한 태양의 신 샤마쉬와 그의 상징. 샤
마쉬가 신권의 상징물인 막대와 고리를 들고 근엄하게 앉아 있고, 그 앞에 마치 태
양이 이글거리듯 그의 커다란 상징물이 놓여 있다. 샤마쉬의 본래 이름은 수메르
어의 우투다. 우투는 정의를 보장하고 불의를 막았기 때문에 여행자들의 보호자로
여겨졌지만, 그에게 적용된 가장 널리 알려진 지속적인 별칭은 그의 '강한 빛'에
관한 것이었기에, 수메르 초기 시대부터 '빛나는 자, 밥바르(Babbar)' 라고 불려서
그의 신전이 씨파르에서 재건축되었을 때, 그 신전의 이름은 '빛나는 자의 거처,
에밥바르(E.BABBAR)' 라고 명명되었다. 영국박물관 소장.

닐까? 살갗이 왜 이렇게 떨리지? 엔키두, 나의 친구. 또, 또 꿈을 꾸었다네. 상당히 불길한 꿈이었어. 내가 대초원의 사나운 황소를 붙들고 있었지. 황소가 대성통곡을 하니 땅이 갈라졌으며, 이로 인해 구름이 먼지처럼 일어나 하늘이 보이지 않았네. 나는 그 앞에서 겁에 질려 무릎을 꿇고 있었는데, 그것은 내 손과 팔을 꼼짝하지 못하게 했고…… 그렇게 헉헉거리고 있는데, 누군가가 나를 끌어당겨서는 내 볼을 다독거리며 자신이 갖고 있던 가죽 부대의 물을 내게 주었다네."

"친구여, 우리는 신에게 가고 있는 겁니다. 그 야생 황소는 적이 아니지요. 당신이 목격한 그 사나운 황소는 수호신 샤마쉬입니다. 그분은 우리가 곤경에 처할 때마다 우리를 도와줄 것입니다. 자신이 갖고 있던 가죽 부대의 물을 당신에게 준 사람은 당신의 신 루갈반다입니다. 우린 서로 힘을 합쳐야 하고, 한 가지 일을 완수해야 합니다. 그것은 예전에 단 한 번도 일어나지 않았던 위업이 될 것입니다."

길가메쉬는 그의 신 샤마쉬 앞에서 눈물을 흘리고 있었다. 엔키두는 어찌해야 할 바를 모르고 떨고 있는 길가메쉬를 격려했다.

"우루크에 있을 적에 하신 말씀을 기억하죠? 자, 일어서요. 당신은 그자를 죽일 수 있어요! 당신은 위대한 우루크의 자손 길가메쉬가 아니던가요?"

샤마쉬가 그의 말을 유심히 듣고 있었다. 갑자기 저 멀리 하늘에서 길가메쉬에게 경고하는 목소리가 들려왔다.

"어서 서둘러야 한다. 그와 대적하라. 그가 숲속으로 도망치지 못하게 하라. 그가 숲속으로 몸을 숨기지 못하게 하라. 그는 자신의 일곱 가지 무서운 후광을 모두 준비하지 않았다. 하나는 준비했지만 나머지 여섯은 그렇질 못했느니라."

길가메쉬와 엔키두는 사나운 황소 같은 존재로 돌변하여 앞으로 돌진했다. 훔바바는 등골에 소름이 끼칠 정도로 엄청난 고함을 질렀다. 숲을 지키는 자의 비명이 크게 울려 퍼졌다……. 그는 천둥 같은 고함을 질러댔다. 엔키두는 잔뜩 겁에 질렸다.

"우리가 따로따로 그를 상대한다면 도저히 이길 수 없습니다."

"친구여, 그대는 어찌 쓸데없는 반대만 하는가? 우린 위험을 무릅쓰고 함께 여러 산을 지나왔네! 이제 원정길은 거의 끝나고 있네. 나의 친구, 자넨 이미 전투 경험이 아주 많네……. 자넨 죽음을 두려워하지 않네……. 자네가 싸움을 할 때 지르는 함성은 북처럼 울려 퍼져야 한다네. 자네의 팔이 마비되지 않도록, 자네의 무릎이 경직되지 않도록 하게나. 내 손을 잡아보게, 나의 친구. 함께 걸어보세. 자네의 심장이 스스로를 전장에 나서라고 다그칠 걸세. '죽음 같은 건 신경쓰지 마. 정신 차려!' 옆에서 지켜보는 사람은 조심성이 많은 사람일세. 하지만 길을 열며 앞서는 자는 자신을 보호하고 동료를 지켜준다네. 그들이 비록 죽는다 해도 그들의 이름은 영원히 남을 걸세."

이윽고 두 사람은 녹음이 우거진 산에 다다랐다. 둘은 대화를 중단한 채 말없이 서 있었다.

THE EPIC OF GILGAMESH

9

훔바바와의 싸움

아무리 위험한 길일지라도 두 사람이 힘을 합치면 두렵지 않다.

29

신산을 지키는 괴물 훔바바의 상으로 보이는
약 4000년 전의 유물. 프랑스 루브르박물관 소장. 사진 크리에이티브 코먼스, ⓒRama.

길가메쉬와 엔키두는 삼나무 숲의 언저리에서 그 꼭대기와 입구를 바라보았다. 그곳에 훔바바가 걸어다녔음 직한 길이 하나 있었는데, 그 길은 똑바로 나 있어서 걷는 길로는 안성맞춤이었다. 그들은 삼목산을 관찰하고 있었다. 그곳은 신들의 거주지로 이르닌니의 왕권을 위한 단(壇)이 있는 곳이기도 했다.

삼목이 풍성한 신록을 뽐내며 산비탈에 즐비하게 늘어서 있었고, 그들이 만들어내는 그늘이 멋져 보였다. 가시나무 수풀이 엉켜 있었고, 삼목 사이로 잡목들이 숲을 이루고 있었으며…… 회양목도 있었는데, 숲은 2리그의 계곡으로 둘러싸여 있었다……. 두 사람은 무기를 점검한 후 서서히 훔바바의 숲속으로 잠입했다. 그러자 훔바바가 숲의 침입자 길가메쉬에게 경고했다. 그들은 서로 말로 힘겨루기를 하고 있었다. 엔키두가 길가메쉬에게 말했다.

"훔바바…… 아무리 위험한 길일지라도 두 사람이 힘을 합치면 두렵지 않다…… 세 가닥 밧줄은 끊어지지 않는다. 아무리 강한 사자라고 할지라도 두 마리의 풋내기 사자가 그를 능가할 수 있다."

훔바바가 길가메쉬와 엔키두를 비아냥거리며 위협했다.

"멍청이와 얼간이는 서로에게 제대로 된 충고를 해주어야 하거늘, 쯧쯧. 한데 너, 길가메쉬, 여기까지 나를 찾아온 이유가 무엇이냐! 한번 해볼 테냐, 엔키두. 제 아비가 누구인지도 모르는 피라미 같은 놈! 제 어미의 젖을 빨지 않는 거북이나 자라와 진배없는 놈! 네놈이 아주 어렸을 때 나는 널 보았지만 네 근처에는 가지 않았지. 내가 너 같은 놈을 없앤다 하여 내 배가 부를 리 없다. 네가 길가메쉬를 내 앞으로 안내했으니까. 네 이놈, 게 섯거라. 이런 미련한 놈! 길가메쉬, 너도 게 섯거라. 네 머리를 자르고 네 목도 잘라버릴 테다! 날카롭게 외치는 독수리와 콘도르가 너를 잡아먹게 하겠다!"

훔바바의 괴성에 떨고 있던 길가메쉬가 엔키두에게 말했다.

"나의 친구. 훔바바의 얼굴이 계속 변하고 있다! 우리가 그를 처치하려고 걸어오긴 했지만…… 금세 내 마음이……."

"나의 친구여. 당신은 왜 연약하게 우는소리를 하나요? 그러니까 나까지 흔들리잖아요. 나의 친구여. 우린 기다릴 만큼 기다렸습니다. 이제 때가 되었습니다. 한 시간 동안 다시 기운을 모아봄 직도 하지요. 마음을 가다듬을 시간이 필요할지도 모릅니다. 홍수 같은 공격을 퍼붓고, 채찍을 휘둘러 맥을 못 추게 하려면 말입니다. 발걸음을 멈추거나 등을 돌려서는 안 됩니다. 더 세게 쳐야 합니다!……당신이 공격해야만 우리가 집으로 돌아갈 수 있습니다!"

공격하지 않는다면 추방당하거나 아니면 머리가 동강날지도 모르는 상황이었다. 길가메쉬는 훔바바와 맞서게 되었다. 그들이 움직였을 때 발끝에 닿았던 땅이 곧바로 갈라졌다. 두 사람이 빙빙 돌며 우왕좌왕하고 있을 때 산이 둘로 갈라졌다. 흰 구름이 검게 변했고, 죽음이 그들 위로 안개처럼 쏟아지고 있었다. 샤마쉬가 훔바바를 막기 위해 강력한 바람을 일으켰다.

남풍, 북풍, 동풍, 서풍, 울음소리를 내는 바람,
거센 바람, 매운바람, 앞바람, 사나운 먼지바람,
험악한 바람, 무서운 바람, 강한 바람, 돌개바람.

그는 이런 열세 가지 바람을 일으켜서 훔바바의 얼굴이 사라지게 했다. 훔바바는 전진도 후퇴도 할 수 없어서 도망치지 못하고 있었다. 그는 길가메쉬의 무기가 자신의 몸에 닿는 것을 피할 수 없었다. 급기야 삼목산 산지기는 길가메쉬에게 자신의 목숨을 구걸하는 신세가 되었다.

"당신은 아직 젊습니다, 길가메쉬. 당신 어머니가 당신을 낳았습니다. 그리고 당신은 야생 황소 닌순의 자식입니다. 당신은 산의 주인 샤마쉬의 말을 듣고 이런 모험을 강행했습니다. '오, 우루크의 자손, 길가메쉬는 왕이 되리라!' 길가메쉬여, 사람이 죽으면 무엇을 할수 있겠습니까? 살아 있어야 주인을 섬길 수 있지 않겠습니까? 오, 길가메쉬여, 나를 좀 살려주십시오. 그러면 내가 당신의 종으로 함께 살겠습니다. 당신이 명령하시면 내가 당신을 위해 얼마든지 나무를 자르겠습니다. 당신을 위해 도금양(桃金孃)을 지켜드리겠습니다. 당신의 궁궐을 위해 유익한 나무를 말입니다!"

"길가메쉬, 나의 친구여. 훔바바의 말을 듣지 마세요! 저런 사탕발림에 귀 기울이지 마세요!"

훔바바가 다시 말투를 바꾸어 엔키두에게 사정하고 있었다. 하지만 엔키두의 반응은 정반대였다.

"당신은 내 숲속의 옛이야기를 알고 있소. 당신은 엔릴께서 명하신 일(?)[17]을 모두 상세히 알고 있소. 이 말이 무슨 뜻인지 잘 알고 있잖소. 나는 당신을 들어올릴 수도 있었고, 죽일 수도 있었고, 그렇게 죽여서 내 숲 입구에 있는 나뭇가지에 걸어둘 수도 있었소. 나는 날카롭게 외치는 독수리와 콘도르가 당신을 잡아먹게 할 수도 있었소. 하지만 지금 엔키두. 관용을 베푸는 일은 당신에게 달려 있소. 길가메쉬에게 내 목숨을 살려달라고 말해주시오!"

"나의 친구여, 훔바바는 삼목산 산지기입니다. 아주 가루로 만들어 죽여 없애버려야 합니다! 산지기 훔바바는 완전히 사라지게 해야 합니다! 전지전능한 신 엔릴이 소식을 듣기 전에! 이 일이 알려지면 위대한 신들이 우릴 보고 격노할 것입니다. 니푸르의 엔릴이나 라르싸(?)의 샤마쉬가 말입니다. 영원한 금자탑을 세우십시오. '훔바바

---

[17] '엔릴께서 명하신 일(?)'은 점토판에서는 읽을 수 없기에 전후 사정을 살펴 삽입한 문구다. 그것은 과거에 엔릴 신이 엘람의 신 훔반을 수메르의 북동쪽에 있는 험준한 자그로스산맥의 삼목을 지키는 수호신으로 임명했던 일을 말한다. 이 일은 수메르 후대에 이르러 수메르의 서쪽 끝에 있는 '레바논산맥의 삼목을 지키는 산지기 훔바바'로 변형되었다. 훔바바를 대면하기 전까지만 해도 기세가 등등하던 길가메쉬였다. 그러나 훔바바는 인간이 출입할 수 없는 신산의 수호신이었다. 길가메쉬 일행은 훔바바의 괴성에 넋을 잃고 잔뜩 겁에 질려 있었다. 길가메쉬가 훔바바와 맞서게 되었을 때 훔바바의 출현은 거대한 두 산(헤르몬산과 레바논산)이 갈라질 만큼 살벌한 광경이었고, 흰 구름이 검게 변할 뿐만 아니라 죽음의 안개가 두 사람 위로 쏟아져 내릴 만큼이나 엄청났다. 헤르몬산은 레바논과 시리아 국경을 따라 남북으로 뻗어 있는 안티레바논산맥의 최고봉이다. 레바논산맥은 레바논 중부를 남북으로 지중해 해안을 따라 뻗어 있고, 안티레바논산맥은 시리아와의 국경 연안에 남북으로 뻗어 있다. 따라서 두 산맥은 평행을 이루며 남북으로 늘어서 있는 셈이다. '두 산(헤르몬산과 레바논산)이 갈라졌다'는 말은 지형학적으로도 타당한 표현이다. 헤르몬산은 200의 신들이 그 정상에 강림한 적이 있어서 옛날부터 성스러운 산으로 숭배되었다. 대홍수에서 살아남은 노아의 증조부는 에녹이었다. 히브리 성서 편집자들이 쉬쉬하며 성서 목록에서 제외한 〈에녹의 서〉라는 밀경의 제6장을 펼쳐보면 헤르몬산이 어찌하여 신산이 되었는지를 곧바로 알 수 있다.

세월이 흘러 사람의 자식들이 늘어났을 때 아름다운 딸들이 태어났다. 그리고 하늘의 자식들인 천사들이 그녀들을 보고 갈망하여 서로 말했다.

"가서, 사람의 딸들 중에서 아내를 선택하고 자식을 얻자."
이렇게 시작된 밀경 속에는 신들을 이끌고 내려온 주동자도 있었다.
"나는 너희가 정말로 이 일에 동의하지 않을까 두렵다. 나 혼자 큰 죗값을 받아야 할 것 같다."
이에 그들이 모두 응답하며 결속했다.(156쪽으로 이어짐)

를 죽인 자, 길가메쉬'라는."

홈바바가 두 사람의 대화를 듣고 있다가 엔키두에게 한 번 더 정중하게 도움을 청했다. 그러나 엔키두는 뜻을 굽히지 않았다.

(155쪽에 이어서) "우리가 모두 맹세하자. 이 계획을 포기하지 않고 실천에 옮기도록 서로 다짐하여 마음을 묶어두자."

밀경을 보면 그들 조직이 몇이나 되었는지, 어느 시절에 이런 일이 발생했는지, 구체적으로 어디로 하강했는지 단번에 발견할 수 있다. 제외된 성서, 〈에녹의 서〉는 하늘의 자식들이 서로 맹세하고 마음을 합하여 조직화되었음을 지적하고는 그들이 10개의 조직으로 구성되어 각 조의 리더들도 있었으며, 그들의 이름까지 이렇게 일일이 열거하고 있다!

그리고 그들의 수는 모두 200이었다. 그들은 야레드 시절에 헤르몬산 정상으로 하강했다. 그들이 그곳을 헤르몬산이라고 부른 건 그들이 모두 맹세하여 이 계획을 포기하지 않고 실천에 옮기도록 서로 다짐하여 마음을 묶어두었기 때문이다. 그들의 우두머리들은 다음과 같다. 쌈알자즈, 아라클바, 라메엘, 코카블엘, 타믈엘, 라믈엘, 단엘, 에제퀘일, 바라퀴잘, 아사엘, 아르마로스, 바타르엘, 아난엘, 자클엘, 쌈사페일, 싸타르엘, 투르엘, 좀자엘, 싸리엘. 이들이 10개 조직의 우두머리들이었다.

밀경의 서사는 에녹의 아버지 야레드 시절에 일어난 일이었다고 기록하고 있다. 노아의 실체는 수메르인 지우쑤드라였고, 에녹의 실체는 수메르의 현인 우투압주요, 수메르의 조상 엔메두르안키였다! 에녹, 우투압주, 엔메두르안키 이 셋은 대홍수 이전에 존재했다는 조상들 혹은 현인들 중 일곱 번째라는 것, 신들의 지식을 물려받았다는 것, 하늘로 올라갔다는 것까지 모두 똑같이 일치하는, 말하자면 한 인물인 것이다. 사람들이 수메르보다 이스라엘이라는 나라에 귀가 열려 있듯이 '노아'나 '에녹'이라는 이름에만 익숙한 것은 어쩌면 당연한 일이다. 그러나 인간은 다행스럽게도 고대 이스라엘의 지식인들에 의해 깨끗하게 지워졌던 '최초의 국가'의 '최초의 신화'에 등장하는 '최초의 노아'와 '최초의 에녹'을 다시 찾았다!

아무튼 신들이 하강한 신산 헤르몬산이나 레바논산을 지키는 경비병이 바로 홈바바다. 불칼을 빙빙 돌리면서 생명의 나무가 자라는 길목을 지키고 있는 경비병, 성스러운 보좌를 지키는 초인, 즉 지품천사(智品天使)들인 케루빔의 역할을 해내는 존재, 그가 바로 홈바바인 것이다!

30
수메르 신들의 실권자 엔릴의 도시 니푸르의 흔적. 저 멀리 엔릴의 신전 에쿠르(E.KUR/Ekur)의 폐허가 보이는 가운데 탐사가 진행되고 있다. 사진 시카고 대학 근동연구소.

31
수메르 종교의 중심지이며 수메르 도시국가 중에 가장 성스러웠던 니푸르 유적. 정사각형으로 제작된 벽돌이 차곡차곡 쌓여 있는 모습이 인상적이다. 사진 시카고 대학 근동연구소.

"……탄핵은 이미 제기되었소. 하지만 당신은 ……의 목자처럼 그곳에 앉아 있소. 길가메쉬의 입(?)을 대신하는 고용인처럼……. 자, 엔키두. 관용을 베푸는 일은 당신에게 달려 있소. 길가메쉬에게 내 목숨을 살려달라고 말해주시오!"

"나의 친구여, 훔바바는 삼목산 산지기입니다. 아주 가루로 만들어 죽여 없애버려야 합니다! 산지기 훔바바를 완전히 사라지게 해야 합니다! 전지전능한 신 엔릴이 소식을 듣기 전에! 이 일이 알려지면 위대한 신들이 우릴 보고 격노할 것입니다. 니푸르의 엔릴이나, 라르싸(?)의 샤마쉬가 말입니다. 영원한 금자탑을 세우십시오. '훔바바를 죽인 자, 길가메쉬'라는."

이와 같은 말을 다시 듣자 훔바바는 더 이상 참지 못하고 두 사람을 저주했다.

"저 두 사람 모두 장수하는 일이 절대로 없기를! 엔키두와 그의 친구 길가메쉬가 더는 우정을 나누지 말기를!"

길가메쉬는 잠시 주저하며 훔바바를 제거하지 못하고 있었다. 그들이 당장 훔바바를 제거한다면 그가 갖고 있는 일곱 영광과 광채가 사라질 것을 염려했기 때문이다. 훔바바를 제거하자는 엔키두의 재촉은 계속되었다.

"나의 친구여. 나는 당신에게 말했으나 당신은 내 말에 귀를 기울이지 않았습니다. 당신은 홈바바의 저주를 경청하고 있습니다!"

"진정 그렇다면, 나의 친구여. 승리를 쟁취하세! 그렇지만 일곱 영광은 빼앗겨서 혼란에 빠질 것이며 광채는 사라질 걸세(?)."

"나의 친구여. 그건 그렇지 않습니다. 새를 묶어놓으면 그 새끼들이 어디로 도망치겠습니까? 그 새끼들이 풀밭으로 흩어져 돌아다닌다 해도 홈바바의 영광과 광채를 차지할 수 있습니다."

길가메쉬는 결국 친구 엔키두의 재촉을 받아들였다. 그는 도끼를 옆에 들고 허리춤에서 칼을 뽑았다. 그는 홈바바의 목을 내리쳤다. 두 사람은 그의 오장육부를 해체했는데, 혀를 비롯하여 허파까지 몸속의 모든 것을 파냈다. 길가메쉬는 가마솥 안에 그의 머리를 집어넣었다. 무언가가 무더기째로 산 위에 떨어지고 있었다. 그들은 삼목 숲을 잘라내고 있었다. 길가메쉬가 나무를 자르는 동안 엔키두는 나무의 뿌리를 샅샅이 찾아다녔다.

싸움은 끝났다. 삼목산 산지기 홈바바는 그의 일곱 후광과 함께 사라졌다. 그가 죽으면서 내뱉은 울부짖음은 삼목산이 벌벌 떨 정도로 대단한 진동이었다. 홈바바의 일곱 후광은 사라졌다. 이리하여 신들의 비밀스러운 성소가 열렸다. 엔키두가 왕에게 말했다.

"나의 친구여, 우린 하늘을 찌를 것만 같았던 매우 큰 삼나무를 베어냈습니다. 그것으로 높이 72큐빗, 너비 24큐빗의 문을 만듭시다. 두께는 1큐빗으로 하지요. 문기둥과 물미, 문설주를 만들기에 넉넉할 것입니다. 그것들을 니푸르로 운반합시다. 우리가 그것들을 유프라테스강으로 내려 보내면 니푸르는 다시 기뻐할 것입니다. 엔릴이 기뻐하시기를 바랍니다!"

그들은 뗏목을 묶었고…… 엔키두가 그것을 조종했으며…… 길가메쉬는 훔바바의 머리를 들고 있었다.

32 신들의 제왕인 엔릴의 도시였던 니푸르에 있는 엔릴의 신전, 에쿠르(E.KUR)의 최근 모습. 에쿠르는 종종 신들이 모여 집회를 열던 곳이었다. 이곳에는 엔릴의 집무실인 키우르(KI.UR) 가 있었고, 신전의 가장 꼭대기에는 엔릴의 '결코 변하지 않는 명령' 이 떨어지는 디르가 (DIR.GA)라는 어둡고 비밀스러운 방이 있었다. 사진 시카고 대학 근동연구소.

THE EPIC OF
GILGAMESH

10

후와와의 죽음

사람이 아무리 신분이 고귀하다 할지라도 지혜가 몹시 부족하면,

운명이 자신을 삼켜버려도 운명을 제대로 알 수 없는 법입니다.

주님은 사람이 사는 산으로 출발하기로 결심했다. 주님 길가메쉬는 사람이 사는 산으로 떠나기로 결심했다. 그는 시종 엔키두에게 말했다.

"엔키두. 사람은 자신의 마지막 생명을 넘어서서 살 수 없기에 나는 산속으로 떠나고 싶다. 그곳에 내 명성을 세우기 위해서. 그곳이 내 명성을 세울 수 있는 곳이라면 그렇게 하겠다. 나는 어떤 명성도 세워지지 않은 그곳에 신들의 명성을 세우겠다."

"주여. 만일 오늘 삼목을 베어낼 산속으로 떠나시길 원하신다면, 우투에게 먼저 알려야 합니다. 우투, 젊은 우투에게 알려야 합니다. 산에 관한 결정은 우투의 소관입니다. 삼목을 베어낼 산에 관한 결정은 우투의 소관입니다. 우투에게 이 사실을 알려야만 합니다."

길가메쉬는 흰 새끼 염소를 준비했다. 그는 제물로 바칠 갈색 새끼 염소를 자신의 가슴 가까이 끌어안았다. 그의 손으로 신성한 막대를 들어 기도하듯 코앞에 갖다 댔다. 그는 하늘의 우투에게 아뢰었다.

"우투여. 저는 산속으로 떠나길 원합니다! 저의 지지자가 되어주십시오. 저는 삼목을 베어낼 산속으로 떠나길 원합니다. 저의 지지자가 되어주십시오!"

하늘에서 우투가 그에게 응답했다.

"젊은이. 너는 이미 고귀한 권한을 갖고 있다. 그런데 산속에서 무엇을 더 원한단 말이냐?"

"우투여. 제가 당신께 드릴 말씀이 있습니다. 당신께서 귀 기울여 들어주실 말씀이 있습니다! 부탁드립니다. 들어주십시오! 제가 사는 도시에서 사람들이 죽고 있습니다. 마음이 고뇌로 가득 차 있습니다. 사람들이 사라집니다. 그 때문에 저는 비애를 느낍니다. 제가 목을 길게 빼고 도시의 성벽 너머로 바라보면, 시체들이 강을 따라 넘쳐흐르고 있습니다. 제가 본 것이 바로 그것이었습니다. 그런 일은 제게도 일어날 것입니다. 그것이 현실입니다. 어느 누구도 하늘에 닿을 만큼 키가 크지 못합니다. 어느 누구도 산 위로 펼칠 만큼 몸이 넓지 못합니다. 인간은 자신의 마지막 생명을 넘어설 수 없기 때문에 저는 산속으로 떠나길 원합니다. 저는 제 명성을 세우겠습니다. 저는 어떤 명성도 세워지지 않은 그곳에 신들의 명성을 세우겠습니다."[18]

우투는 그의 눈물을 선물로 여겼다. 자애로운 존재답게 신은 그에게 자비를 한껏 베풀었다.

"자, 일곱 전사들이 여기 있다. 한 어머니에게서 나온 아들들이다. 첫째인 그들의 맏형은 사자의 발과 독수리의 발톱을 가지고 있다.

둘째는 자궁 같은 뱀으로, 혀를 날름거리고 있다. 셋째는 산의 커다란 용 같은 뱀이며, 넷째는 이글이글 타오르는 불이어서 사람을 꿀꺽 삼켜버리고, 다섯째는 머리가 잘생긴 뱀으로 혼을 쏙 빼앗으며, 여섯째는 넘치는 홍수로 땅의 심장을 강타하고, 일곱째는 번개로 아무도 그것을 피해 되돌아갈 수 없느니라. ……왕권…… 니싸바가 …… 을 추가로 너에게 수여했다. 그들은……. 그리고 땅의 경로를 알고 있다. 그들이 길의 ……를 네가 발견하도록 도와줄 것이다. 그들은 네가 산의 계곡들을 통과하도록 안내할 것이다!"

젊은 우투는 일곱 전사들을 길가메쉬에게 주었다. 그는 산 아래 계곡으로 그들을 데려왔다. 삼목을 베어낼 사람은 기쁨이 넘쳐흘렀다. 주님 길가메쉬는 기쁨이 넘쳐흘렀다. 그는 자신의 도시에서 여러 사람의 몫을 하는 한 사람처럼 뿔피리를 불었다. 그는 두 사람이 함께 똑같이 하듯 사람들에게 외쳤다.

---

[18] 이 책에서 다루는 수메르어 판본 중 하나. 이는 소위 길가메쉬 서사시라고 불리는 '열두 토판'에 없는 내용으로, 셈어인 앞장(훔바바와의 싸움)의 악카드어 판본보다 훨씬 오래전에 쓰인 귀중한 작품이다. 훔바바가 아니라 후와와가 죽는 과정을 그린 원본인 것이다. 수메르어로 산은 '쿠르(kur)'라고 한다. 길가메쉬는 그 속으로 들어가 '이름, 수메르어로는 무(mu)'를 드높일 기회를 잡으려는 위험천만한 모험을 감행한다. 그가 우루크에서 본 인간은 죽음 앞에서 처참하게 쓰러지는 나약한 존재일 뿐이었다. 길가메쉬가 삼목산으로 떠난 여행의 가장 큰 목적은 무엇이었을까? 단순히 삼목(수메르어로는 에린, erin)을 베어낼 의도만 있었던 것일까? 젊은 왕은 사람들이 죽는 모습을 보고 고뇌에 가득 찼다. 사람은 언젠가는 사라진다는 데 비애감을 느꼈다. 마지막 생명의 숨을 건지지 못하고 결국에는 죽고 마는 인간의 운명적인 한계를 절실히 느꼈던 것이다. 그래서 젊은이는 죽음을 넘어서서 '명성'을 얻으려는 욕망으로 가득 차 있었다.

34
후와와의 설형문자. 맨 왼쪽
기호는 '후' 이며, 나머지 두
기호는 '와·와' 다.
사진 조지프 페이건.

"가정이 있는 자는 집으로 가시오! 어머니가 있는 자는 어머니에게 돌아가시오! 나 같은 미혼 남자들 중 50명은 내 곁으로 모이시오!"

가정이 있는 사람은 모두 집으로 갔다. 어머니가 있는 사람은 모두 어머니에게 돌아갔다. 그처럼 미혼 남자들 50명이 그의 곁에 모였다. 그는 대장간으로 가서 칼과 도끼, 전사들의 무기를 만들게 했다. 그런 뒤에 그는 매우 어두운 숲으로 갔고, 그곳에서 흑단(黑檀)을 잘라내게 했고, 훌루푸나무, 살구나무, 회양목을 잘라내게 했다. 그는 자신과 함께 갔던 사람들에게 이것들을 손에 쥐게 했다.

전사들, 한 어머니에게 태어난 아들들…… 사자의 발과 독수리의 발톱을 가지고 있는 그들의 큰형이 먼저 나섰다. 그들은 길가메쉬를 산의 한 계곡으로 안내했다.

그가 첫 번째 산을 넘었으나 그곳에서 바로 이것이다 싶은 삼목을 찾지 못했다. 두 번째 산을 넘었으나 삼목은 그의 관심을 끌기에 부족했다. 세 번째도, 네 번째도, 다섯 번째도, 여섯 번째도 마찬가지였다. 일곱 번째 산을 넘었을 때 그곳에 그가 마음속에 품어두었던 삼

33
약 3800~3600년 전 씨파르에서
제작된 괴물 후와와의 점토 마스크.
영국박물관 소장.

35
후와와의 흉측한 모습. 영국박물관 소장.

목이 있었다. 그는 물어볼 필요도 없었고, 더는 찾을 필요도 없었다.

주님 길가메쉬는 삼목을 자르기 시작했다. 엔키두는 가지를 치고 있었고…… 그동안 그와 함께 온 과부의 아들들은 목재를 쌓아올렸다. 그런데 소음 때문에 길가메쉬는 후와와의 잠자리를 혼란스럽게 했다. 후와와는 무시무시한 괴력을 그에게 휘두르기 시작했다.

33
34
35

길가메쉬는 잠에 빠져 정신을 차리지 못했다. 엔키두에게도 참기 어려운 깊은 잠이 밀려들었다……. 그와 함께 온 도시인들도 새끼 강아지처럼 그의 발치에서 도리깨질을 하고 있었다.

엔키두는 꿈에서 깨어났고, 멍한 상태였다. 그는 자신의 눈을 비벼댔다. 사방에 침묵이 흘렀다. 그가 길가메쉬를 두드렸지만 그는 일어나지 못했다. 불러도 보았으나 응답이 없었다.

"주무십니까, 주무십니까, 길가메쉬여. 쿨아바의 젊은 주님이여, 얼마나 오랫동안 주무실 겁니까? 산들이 어둠에 뒤덮여 흐릿해지고 있습니다. 땅거미가 깔렸습니다. 도도한 우투가 그의 어머니 닌갈의 가슴으로 가는 길목으로 접어들었습니다. 길가메쉬여, 얼마나 오랫동안 주무실 겁니까? 당신과 동행한 당신의 도시에서 나온 아들들을 산 아래에서 기다리게 해서는 안 됩니다. 그들의 어머니들이 도시의 광장에서 실을 꼬게 해서는 안 됩니다."

길가메쉬는 오른쪽 귀를 쫑그리고 있었다. 그의 용감한 외침이 아마포(亞麻布)처럼 그를 에워쌌다. 그는 30쉐켈[19]의 갑옷을 손으로 올려 가슴에 둘렀다. 그때 길가메쉬는 황소처럼 위대한 땅 위에 섰다. 그는 목을 아래로 구부리고 자신에게 소리치고 있었다.

"내 어머니 닌순과 내 아버지 루갈반다의 목숨을 걸고 맹세하겠다! 나는 다시 내 어머니 닌순의 무릎 위에서 평온히 잠들게 될 것이다!"

두 번째로 그는 자신에게 말했다.

"내 어머니 닌순과 내 아버지 루갈반다의 목숨을 걸고 맹세하겠다! 그자가 인간인지 신인지를 구별할 수 있을 때까지 나는 산으로 방향을 돌린 내 발길을 다시 도시로 돌리지 않겠다!"

---

[19] '30쉐켈의 갑옷을 손으로 올려 가슴에 둘렀다'는 말은 길가메쉬의 강한 힘을 비유하고 있다. 실제로는 50마나 무게(약 25킬로그램)의 갑옷을 30쉐켈(약 250그램)의 갑옷처럼 가볍게 다루었다는 말이다. 수메르 필경사는 명성을 떨칠 '영웅, 수메르어로는 우르-쌩(ur-sag)'이 되고 싶은 길가메쉬에게 걸맞은 글쓰기 수법을 구사한 것이다. 그렇지만 '미래의 영웅'에게 후와와의 일곱 '후광, 수메르어로는 메-렘(me-lem₄/me-lám/melim₅)'을 빼앗아야 하는 난제가 기다리고 있다. 그것은 신들의 제왕 엔릴이 자그로스산맥의 삼목을 확실하게 지키라고 후와와에게 준 신의 무기였다. 아무리 영웅이 될 자라 하더라도 신산을 수호하는 후와와의 일곱 후광을 강탈할 정상적인 방법은 없다. 아무리 길가메쉬가 자신의 어머니와 아버지의 목숨을 걸고 맹세했을지라도 그가 정상적인 맞대결에서 후와와를 넘어뜨릴 방법은 어디에도 없는 것이다. 길가메쉬가 생각해낸 온갖 꼼수만이 신을 이겨낼 수 있는 지름길이었다. 수메르 신들은 인간처럼 사랑하고, 인간처럼 슬퍼하고, 인간처럼 느끼고 행동한다. 가련하게도 후와와 '신'은 길가메쉬가 던지는 달콤한 유혹의 덫에 덜컥 걸리고 말았다.

시종은 그 상황을 개선해보려고 시도했다. 그는 삶이 더욱 그럴듯하게 전개되도록 삶에 애착심을 갖고 노력했다. 그가 주님의 맹세를 듣고 답했다.

"주여. 당신은 그자를 제대로 보지 못했기에 두려워하지 않습니다. 하지만 저는 그를 두려워합니다. 전에 그를 보았기 때문입니다. 싸움하기 좋아하는 그의 입은 용의 입이며, 그의 얼굴은 사자의 찌푸린 얼굴이며, 그의 가슴은 미친 듯이 사나운 홍수랍니다. 갈대를 게걸스럽게 먹어치우는 그의 이마를 아무도 피할 수 없습니다. 인간을 먹는 사자, 그는 결코 자신의 종에게서 피를 닦아내지 않습니다. 송장을 먹는 사자, 그는 결코 피를 닦아내지 않습니다. 주님. 당신은 산속으로 떠나십시오! 하지만 저는 도시로 돌아가겠습니다. 만일 제가 당신 어머님께 '그분은 살아 계십니다'라고 말하면 그녀는 웃을 것입니다. 하지만 제가 나중에 '그분은 돌아가셨습니다'라고 말하면 그녀는 분명 비통하게 눈물을 흘릴 겁니다."

"보거라, 엔키두. 두 사람은 동시에 사라지지 않는 법이다! 꽉 쥐고 있는 막대기는 물에 빠지지 않는다! 세 겹의 천은 아무도 찢지 못한다! 물은 성벽 위의 사람을 쓸어가지 못한다! 갈대로 지은 집에 난 불은 꺼지지 않는다! 네가 나를 돕고, 내가 너를 도울 것이다. 그렇게 되면 어느 누가 우리에게 대들겠느냐? 물에 빠진 뒤에도, 물에 빠진 뒤에도, 마간의 배가 물에 빠진 뒤에도, 마기룸의 짐배가 물에 빠진 뒤에도, 그때 적어도 배의 구명정—꽉 쥐고 있는 막대기—은 가

라앉지 않아 생명을 구하는 것이다! 가자. 그에게 가자. 가서 그를
쳐다보자! 만일 우리가 그를 추적한다면 무서울 것이다! 무서울 테
지만 엎어버리자! 과연 그렇게 될까? 과연 그것이 상책일까? 엎어버
리자!"

"당신의 생각대로. 자, 그럼. 그를 추적하시지요!"

한 남자가 60닌단도 채 가기 전에 후와와는 벌써 삼목들 속에 있
는 자신의 집에 도착했다. 그가 생면부지의 사람을 쳐다보았을 때,
그것은 완전히 죽음의 시선이었다. 그가 생면부지의 사람에게 자신
의 머리를 흔들었을 때, 그것은 질책으로 가득 찬 몸짓이었다. 그가
생면부지의 사람에게 말을 했을 때, 그의 말은 간단했다.

"너는 아직 젊다. 그러나 너를 낳은 어머니의 도시로 결단코 다시
돌아가지 못할 것이다!"

36 4600년 전쯤, 우르의 왕실 공동묘지(PG 789)에서 출토된 배의 모형.
사진 Ur Excavations(1900).

공포와 전율이 길가메쉬의 몸통과 다리로 퍼졌다. 그는 땅 위에서 한 걸음도 옮길 수 없었다. 후와와는 큰 발톱이 달린 다리를 길 위로 내디뎠다. 길가메쉬의 어깨와 고환이 움츠러들었다. 후와와가 길가메쉬에게 말했다.

"지팡이에 문지르는 화려한 기름 같은— 광범위한 권력의 상징인 영웅적인 홀(笏)을 지닌—자! 신들의 거룩한 영광! 전투태세로 서 있는 성난 황소! 네 어머니도 자신이 낳은 자식의 거룩함을 알고 있다. 네 젖어머니[乳母] 역시 무릎에 앉혀 젖을 먹인 자식의 거룩함을 알고 있다. 두려워 마라. 손을 땅으로 뻗어보라!"

길가메쉬는 손을 땅으로 뻗고 나서 후와와에게 말했다.

"내 어머니 닌순과 내 아버지 루갈반다의 목숨을 걸고 맹세하겠소! 당신이 산중 어디에 사는지 정말 아무도 모르오. 당신이 산중에 사는 것을 알립시다. 내가 내 누이 엔메바라게씨를 산중으로 보내 당신의 아내로 삼게 하겠소."

길가메쉬는 다시 그에게 말했다.

"내 어머니 닌순과 내 아버지 루갈반다의 목숨을 걸고 맹세하겠소! 당신이 산중 어디에 사는지 정말 아무도 모르오. 당신이 산중에 사는 것을 알립시다. 내가 내 여동생 페쉬투르를 산중으로 보내 당신의 '신전의 자식 없는 여인'으로— 또는 내가 내 여동생 마투르를 산중으로 보내 당신의 첩으로— 삼게 하겠소. 그러니 당신의 엄청난 힘을 내게 주시오! 나는 당신과 일가친척이 되고 싶소!"

그러자 후와와가 자신의 첫 번째 힘—그의 일곱 후광 중 하나— 을 그에게 넘겨주었다. 길가메쉬와 함께 온 도시 사람들이 나뭇가지를 잘라 묶어서 산 아래에 쌓아두었다.

길가메쉬는 신들의 음식인 에샤 밀가루나 냉수를 담을 수 있는 가죽부대, 후와와의 큰 발에 맞는 큰 신발, 무색투명한 수정이나 니르석, 청금석 등의 선물을 후와와에게 안겨주고, 그의 두 번째 힘에서 여섯 번째 힘까지 넘겨받았다. 그때마다 길가메쉬와 함께 온 도시 사람들이 나뭇가지를 잘라 묶어서 산 아래에 쌓아두었다.

마침내 후와와는 마지막 일곱 번째 힘마저 그에게 넘겼고, 길가메쉬는 힘이 빠진 후와와 곁에 와 있는 자신을 발견했다. 그는 뱀처럼 산지기의 뒤를 따라갔고, 입을 맞추는 척하더니 갑자기 돌변하여 주먹으로 그의 뺨을 후려쳤다. 후와와는 이빨을 드러내 보이며 이맛살을 찌푸렸다. 후와와가 길가메쉬에게 말했다.

"영웅이 ……속이는 행동을 하다니!"

후와와는 자기 방에서 끌려나왔다.

"꿇어앉아!"

길가메쉬는 사로잡은 야생 황소에게 하듯 그에게 굴레를 던졌다.
37 후와와는 앉아서 울기 시작했다. 눈물을 쏟았다. 그는 길가메쉬에게
호소했다.

"길가메쉬. 날 좀 놔줘! 우투에게 말하고 싶다! '우투여, 저는 저
를 낳은 어머니를 모릅니다. 저를 키운 아버지도 모릅니다! 저는 산
속에서 태어났고 당신이 저를 키우셨습니다! 그래서 길가메쉬는 하
늘을 걸고, 땅을 걸고, 산을 걸고 맹세했습니다'라고."

후와와는 길가메쉬의 손을 꽉 붙들고 그 앞에 꿇어 엎드렸다.

"나를 땅으로 내던지지 마라!"

그러자 길가메쉬는 그가 측은하게 생각되었다. 길가메쉬가 시종
엔키두에게 말했다.

"엔키두, 사로잡힌 새가 자기 집으로 달아나게 해주자! 사로잡힌
사람이 그의 어머니 품으로 돌아가게 해주자!"

"지팡이에 문지르는 화려한 기름 같은—광범위한 권력의 상징인
영웅적인 홀을 지닌—분! 신들의 거룩한 영광! 전투태세로 서 있는

37

인안나의 아들 샤라 신전에서 발굴된 약 5100~4750년 전의 유물. 한 영웅이 사자 두 마리를 움켜잡고 있는 모습이 길가메쉬를 떠올리게 한다. 사진 시카고 대학 근동연구소.

성난 황소! 우루크인들이 소중히 여기는 젊은 주님 길가메쉬! 당신 어머니도 자신이 낳은 자식의 거룩함을 알고 있습니다. 당신 젖어머니 역시 무릎에 앉혀 젖을 먹인 자식의 거룩함을 알고 있습니다. 사람이 아무리 신분이 고귀하다 할지라도 지혜가 몹시 부족하면 운명이 자신을 삼켜버려도 운명을 제대로 알 수 없는 법입니다. 사로잡힌 새가 집으로 도망가야 한다는 바로 그 생각, 사로잡힌 사람이 자신의 어머니 품으로 돌아가야 한다는 바로 그 생각! 바로 그 생각대로 된다면 그때 당신은 당신을 낳아주신 어머니의 도시로 결코 돌아갈 수 없습니다!"

"사로잡은 전사를 놔주자! 사로잡은 고위직 여사제를 기파르로……! 사로잡은 구두 사제에게 그의 머리 장식을 돌려주자!"

"……예전에도, 예전에도…… 그랬던가요(?)."

길가메쉬는 엔키두의 말을 경청하고 있었다. 후와와가 엔키두에게 대들었다.

"엔키두. 너는 나에 대해 그에게 아예 악담을 하는구나. 품을 파는 놈은 품을 파는 걸로 간신히 입에 풀칠을 하는 법. 너는 남의 꽁무니나 졸졸 따라다니며 악담만 하는구나."

후와와가 이렇게 말하자, 엔키두는 화가 머리끝까지 나서 참지 못

38
남신(男神)

동서남북 사면을 주시하고 있는 바람
의 신이며, 수메르 신들의 제왕인 엔
릴의 모습처럼 보이는 유물.
사진 시카고 대학 근동연구소.

하고 그의 목을 잘라버렸다. 그는 산지기의 머리를 가죽 부대 안으로 내던졌다.

그들은 엔릴 앞으로 들어왔다. 둘은 엔릴 면전에서 땅에 입을 맞춘 다음 가죽 부대를 내려놓고, 후와와의 머리를 꺼내어 엔릴 앞에 놓았다. 엔릴이 후와와의 머리를 보자마자 길가메쉬에게 불호령이 떨어졌다.[20]

"왜 이따위 짓을 했나? 말다툼 끝에 이따위 짓을 했나? 땅에서 그의 이름을 아주 없애버릴 심사로 그랬나? 네 녀석들 앞에 그가 앉아 있을 것이다! 네 녀석들이 먹을 빵과 마실 물을 그가 먹고 마실 것이다! 후와와는 네 녀석들 앞에서 잃어버린 체면을 다시 세울 것이다!"

---

[20] 수메르 판테온의 패자(覇者) 엔릴은 불같은 성격을 갖고 있다. 고대 '폭풍의 신들'의 원형인 엔릴은 수메르 신족의 실질적인 수장이었다. 그가 내린 명령은 결단코 수정되지 않는다. 그에게 드는 반역의 깃발은 곧 죽음의 날개를 흔드는 격이다. 그에게서 감히 '운명의 서판'을 찬탈했던 신 '주(Zu)'도 그랬다가 죽음의 문턱을 넘고 말았다. 엔릴은 신들뿐만 아니라 인간에게도 냉혹하고 가혹했던 조련사였다. 그러나 엔릴은 쟁기나 곡괭이 같은 농기구를 만들어주었고, 여명이 밝아오게 해주었고, 식물이 자라게 하는 등의 세심한 성품도 갖고 있었다. 설령 그랬다고 할지라도 완벽한 신권과 왕자권을 쥐고 있는 엔릴에게서 더는 자애심을 찾아보기는 무척 힘들다. 그가 인간에게 자행한 행적을 추적해보면 몸서리칠 만하다. 엔키가 원시 노동자인 인간을 창조하자, 엔릴은 지혜로운 창조주의 성스러운 압주로 쳐들어갔다. 엔릴에 의해 수메르의 에딘으로 끌려온 인간은 그의 노예였다. 대홍수로 인간을 절멸시키려고 한 신도 엔릴이었다. 대홍수 이전에도 그가 인간을 땅에서 완전히 쓸어내기 위해 쓴 수단은 가뭄이나 기근 같은 대재앙이었다. 제우스와 야훼가 품고 있던 '분노의 원조' 바로 그곳에 엔릴이 있다!

그 자리에서 엔릴은 후와와가 갖고 있던 천래(天來)의 일곱 후광
을 뿌려버렸다.

그는 후와와의 첫째 후광을 들판에게 내주었다.
그는 그의 둘째 후광을 강에게 주었다.
그는 그의 셋째 후광을 갈대에게 주었다.
그는 그의 넷째 후광을 사자에게 주었다.
그는 그의 다섯째 후광을 궁궐에게 주었다.
그는 그의 여섯째 후광을 산언덕에게 주었다.
그는 그의 일곱째 후광을 눈갈에게 주었다.
후광은 사라졌다.

강력한 자, 길가메쉬를 찬미하라!
칭송하라! 엔키두를 칭송하라!
니싸바를 칭송하라!

THE EPIC OF
GILGAMESH

11

이쉬타르의 청혼

그리고 이제 내 차례란 말이지. 지금 당신이 사랑하는 대상은 나니까,
당신이 그들에게 대했던 것처럼 내게도 운명을 정해주겠지!

길가메쉬는 원정을 마치고 우루크로 돌아왔다. 왕은 지저분한 머리를 씻고, 가죽 머리띠를 깨끗이 닦고 머리카락을 털어 등 뒤로 내려뜨렸으며, 더러워진 옷을 벗어 던져버리고 말끔한 옷으로 갈아입었다. 그는 제왕다운 복장을 갖추고 어깨에 띠를 둘러맸다.

길가메쉬가 머리에 왕관을 썼을 때 사랑과 전쟁의 여신이며, 하늘과 땅의 여왕인 이쉬타르가 젊은 왕의 매력에 눈을 떼지 못했다. ³⁹

"이리 오세요, 길가메쉬. 그대는 내 남편이 될 것이니, 그대가 갖고 있는 육체의 아름다움을 내게 주세요. 그대는 내 남편이 될 것이며, 나는 그대의 아내가 될 것이오. 나는 그대를 위해 청금석과 금으로 만든 전차—금으로 된 바퀴와 금과 은을 섞어 만든 '뿔 나팔(?)'이 달린—를 마련해줄 것이며, 폭풍의 신령들이 당신 노새의 마구를 채우게 하겠어요! 내 집으로 오세요. 그곳에는 삼목 향기가 가득하지요. 그대가 내 집으로 들어설 때 문설주와 왕권의 단이 당신 발에 입을 맞출 것이며, 왕들과 귀족들과 군주들이 그대 앞에서 고개를 숙일 것이며, 그들이 그대에게 모든 산과 모든 평원을 공물로 바치게 할 것이며, 그대의 암염소는 세쌍둥이를 밸 것이며, 그대의 암양은 쌍둥이를 밸 것이며, 무거운 짐을 실은 그대의 당나귀는 노새를 추월할 것이며, 그대의 전차를 끄는 군마는 갈기를 곤두세우고 질주할 것이며, 멍에를 진 그대의 황소는 필적할 상대가 없을 것이오." ⁴⁰ ⁴¹

"당신과 결혼한다면 내가 당신에게 무엇을 주어야 할지 모르겠

39
밤의 여왕

메소포타미아 남부에서 출토된 약 3800년 전의 부조로 영국박물관의 명물이다. 이 유물의 주인공은 메소포타미아의 '사랑과 전쟁의 여신' 이쉬타르일 가능성이 높다고 학자들은 보고 있다. 혹은 그녀의 언니로 저승의 여신인 에레쉬키갈일지도 모른다. 영국박물관 소장. 사진 크리에이티브 코먼스, ⓒAiwok.

40

공물 목록

약 4900~4500년 전 유물로
새나 동물 등 96가지의 공물
목록이 숫자와 함께 사전식
으로 일목요연하게 기록되어
있다. 사진 쇼엔 컬렉션.

41

전차

약 4600년 전의 전차. 말이
끄는 마차를 타고 전장으로
나선 최초의 사람은 수메르
인이었다. 이라크 바그다드
박물관 소장.

군!²¹⁾ 당신은 몸에 바를 기름이나 의복이 필요할까?! 당신은 먹을 음식이나 마실 음료가 부족할까?! 신에게 어울리는 음식을 당신에게 기꺼이 주어야 하는 건지. 정말 모르겠군. 왕에게 어울리는 포도주를 당신에게 기꺼이 주어야 하는 건지. 정말 모르겠어······. 내가

---

[21] 이쉬타르 여신의 입에 발린 말을 듣고 있던 젊은 우루크 왕 길가메쉬는 그녀가 과거에 이런 종류의 유혹을 던져서 단물을 빼먹은 뒤에 차버렸던, 한마디로 여신의 놀림감이 되고 말았던 불행한 남자들의 구구한 사연을 일일이 열거하면서 빈정거리고 있다. 이쉬타르의 대표적인 연애 사건의 희생양은 탐무즈였다. 이쉬타르와 탐무즈의 원래 이름은 수메르의 인안나와 두무지다. 두무지는 우루크의 신성구역인 쿨아바의 수호신으로, 지혜로운 풍운아 엔키와 양의 여신 두투르 사이에서 태어난 양치기였다.

태양의 신 우투가 여동생 인안나와 두무지의 중매쟁이 역할을 한 적이 있었다. 그런데 인안나의 속셈은 양치기 두무지보다 농부 엔킴두에게 더 기울어 있었다. 아무래도 양치기보다 농부한 테서 취할 이득이 더 크리라고 짐작했던 모양이다. 이 대목에서 두무지는 '농부가 나보다 더 나은 것이 무엇이냐. 도랑과 수로의 사람인 농부 엔킴두가 나보다 더 나은 것이 무엇이냐'면서 인안나를 설득했다. 인안나는 '내가 언제 오빠 말에 반대한 적이 있었느냐'는 듯 기뻐하며 마음을 두무지에게 돌렸다. 여기까지는 두무지에게 행운이었다. 양치기의 불행은 욕심 많은 인안나에게서 시작되었다. 그녀는 우루크의 에안나 신전을 비롯한 7개나 되는 화려한 신전을 모두 내팽개치고 하계로 여행을 떠났다. 그런데 인안나는 그곳에서 송장 신세로 갇히게 되었다. 그녀를 구해준 신은 엔키였다. 하계의 큰 신들은 엔키의 도움으로 간신히 살아 돌아오게 된 인안나 대신 볼모로 잡아둘 자를 찾고 있었다. 인안나 시야 속으로 멋진 옷을 입고 삶을 즐기고 있는 남편 두무지가 들어왔다. 여신의 눈빛은 흐려지고 있었다. 두무지의 운명은 죽음으로 내몰리고 말았다. 사랑스런 젊은이 두무지는 가을마다 죽어야 하고 봄이 되면 다시 살아나는 형벌을 받게 되었다.

히브리족의 창세기 〈베레쉬트〉의 저자는 먼 옛날부터 내려오던 두무지의 운명을 알고 있었다고 여겨진다. 야훼는 농부 카인이 바치는 농산물을 받지 않았고, 그의 동생이며 목자인 아벨이 바치는 가축을 제물로 받아들였다. 이로 인해 농부는 양치기를 죽였고, 야훼의 저주를 받은 농부는 떠돌이 신세가 되고 말았다. 수메르의 농부 엔킴두와 양치기 두무지의 대결은 결국 두무지의 죽음으로 끝이 났다. 수메르의 신화적 전승은 히브리족에 의해 이런 식으로 변형되어 오늘날에 이르고 있다.

만일 당신과 결혼한다면 어떤 신세가 될까? 날씨가 추워지면 당신은
나를 헌신짝처럼 버리겠지? 당신은 미풍이나 외풍에도 흔들리는 거
적문이며, 용맹한 전사를 뭉개버리는 궁궐이며, 그 건축물을 갉아먹
는 쥐이며, 짐꾼의 손을 검게 만드는 역청이며, 물을 나르는 사람에
게 물벼락을 주는 물 가죽 부대이며, 돌로 된 벽도 기울게 하는 석회
암이며, 적군을 끌어들이는 성벽을 부수는 망치이며, 주인의 발을
꼭 조이게 하는 신발인 거야! 당신이 신랑으로 삼은 자들 중 영원히
남아 있는 자는 어디에 있을까? 당신을 오랫동안 만족시켜주었던 당
신의 영웅들은 모두 어디로 갔을까? 자, 이리 와서 들어보라. 내가
당신에게 당한 연인들의 연애담을 읊어주리라. 당신의 가장 어린 시
절의 젊은 남편이었던 탐무즈, 그는 당신이 정해준 운명 때문에 매
년 눈물을 흘려야만 하지! 당신은 영롱한 빛을 가진 롤러카나리아를
사랑했고, 그를 때려 그의 날개가 부러지게 했기에 지금 그가 숲속
에서 '내 날개, 내 날개!' 하며 소리내어 울면서 앉아 있지. 당신은
무척이나 힘이 센 사자를 사랑했지. 그런데도 일곱 번씩 일곱 번이
나 그를 빠뜨릴 구덩이를 팠어. 당신은 전투에서 이름을 날렸던 종
마(種馬)를 사랑했지. 그런데도 그에게 채찍질을 당하고 박차(拍車)
로 찔리고 채찍 끈으로 얻어맞는 운명을 지워주었고, 52마일에 달하
는 거리를 강제로 전력으로 질주해야 하는 운명을 지워주었으며, 자
기 자신이 더럽힌 진흙탕의 물을 마시는 운명을 지워주었으며, 그의
어머니 씨리리에게는 끊임없이 울부짖는 운명을 지워주었어. 당신
은 가축의 떼를 지키는 양치기를 사랑했지. 그는 항상 깜부기불에
구운 빵을 당신에게 주었고, 당신을 위해 새끼들을 매일 도살했어.

그런데도 당신은 그를 쳐서 늑대로 만들어버렸고, 그래서 지금은 늑대 꼴이 되어 그 자신의 목동들에게 쫓겨나고, 그 자신의 사냥개들에게 정강이를 덥석 물리는 신세가 되고 말았지. 당신은 당신 아버지의 대추야자나무 정원사인 이슐라누를 사랑했지. 그는 항상 대추야자 바구니를 당신한테 갖다주었고, 매일 당신의 식탁을 환하게 꾸며주었어. 당신은 그에게 매료되어 그에게 가서 말했지. '오, 나의 이슐라누. 그대의 힘을 맛보게 해주세요! 그대의 손을 나에게 뻗고, 우리의 음부를 만집시다!' 그러자 이슐라누가 당신에게 말했지. '내가? 내게 원하는 게 뭐죠? 내 어머니가 아직 빵을 굽지 않았고, 나는 아직 먹지 않았습니다. 멸시와 저주를 받으며 이제 음식을 먹어야 하고, 추위를 막기 위한 유일한 덮개가 갈대풀이어야 한단 말인가요?' 당신이 그의 말을 듣고 나서 그가 당신의 소유물이 되기는 틀렸다고 단정하고 그를 쳐서 허수아비로 만들었고, 그가 가꾸던 정원 중앙에서 꼼짝달싹 못 하고 서서 살아가도록 세워두었으며, 지금은 더는 그곳에 있던 두레박은 올라가지 않고, 대추야자 물통은 내려가지 않고 있지. 그리고 이제 내 차례란 말이지! 지금 당신이 사랑하는 대상은 나니까, 당신이 그들에게 대했던 것처럼 내게도 운명을 정해주겠지!"

이쉬타르는 이 말을 듣자마자 화가 머리끝까지 치밀어 하늘로 올라갔다.

THE EPIC OF GILGAMESH

12

길가메쉬와 하늘의 황소[22]

아버지, 저에게 하늘의 황소를 주세요.
그러면 길가메쉬를 그의 집에서 없애버릴 수 있어요.

이쉬타르는 길가메쉬에게 참을 수 없는 모욕을 당한 뒤 하늘로 올라가서 아버지[23] 아누를 찾아가 울었고, 어머니 안투 앞에서도 눈물을 흘렸다.

"아버지, 길가메쉬가 저를 거침없이 욕보이고, 모욕적인 언사를 서슴지 않았습니다. 경멸적인 행동과 저주를요!"

---

[22] 여기 풀어 쓴 '길가메쉬와 하늘의 황소'는 악카드어(셈어) 판본이다. 이보다 훨씬 오래전에 쓰인 동일한 이름의 수메르어 판본도 있다. '나는 싸움에 능한 젊은이를 노래하리라'로 시작되는 이 문서를 음역해봤음에도 불구하고, 이 책의 이야기 구성에 도움이 될 정도는 아니기에 셈어판을 사용했다. 그렇지만 처음부터 나오는 수메르어는 기억해둘 만하다. 필경사는 그를 '슐메'라고 표현하고 있다. 수메르어 '슐(šul)'은 '젊은이'요 '전사(戰士)'이며, '메(meₓ)'는 '전투'요 '싸움'이다. 길가메쉬는 '싸움에 능한 젊은이'라서, 더 풀어보면 '싸움에 능하여 전투를 승리로 마감하는 용자'라서 필경사는 그렇듯 외치고 있는 것이다. '나는 전사를 노래하리라. 나는 용자를 노래하리라. 나는 주님 길가메쉬를 노래하리라.'

[23] 아버지 아누는 실제로는 이쉬타르의 증조부다. 수메르 사람들은 '존경할 만한 대상'을 그저 '아버지'라고 칭하곤 했다. 안툼을 '어머니'라고 쓰고 있는 이유도 동일하다. 이쉬타르가 하늘의 큰 황소 구갈안나를 얻기 위해 하늘로 올라간 수고는 수포로 돌아갔다. 구갈안나는 '슐메'인 길가메쉬와 그의 시종 엔키두의 손에 죽었다. 이쉬타르의 그 유명한 '명계(冥界)' 여행'은 저승에서 열리는 구갈안나의 장례식에 참석한다는 명분이 있었다. 구갈안나는 저승의 여주 에레쉬키갈의 남편이었다! 이쉬타르는 하계의 간지르 궁전 입구에서 문지기 네티가 방문 목적을 물었을 때, 곧바로 '내 언니이며 저승의 여왕인 에레쉬키갈의 남편, 하늘의 큰 황소가 죽었기 때문에 장례식에 참석하여 술을 따르러 왔다'고 말했지만, 그녀의 속내에는 다른 목적이 있었던 듯했다. 그러나 그녀는 궁전의 일곱 대문을 지날 때마다 몸에 걸친 것들을 하나씩 빼앗겨 끝내 벌거숭이가 된 채 하계의 여주인 앞으로 끌려갔다. 에레쉬키갈이 그녀를 보자마자 깜짝 놀라 옥좌에서 벌떡 일어났을 때 이 욕심쟁이 여행자는 얼른 그 자리에 주저앉아버렸다. 이때 옆에 있던 큰 신들이 경악을 금치 못하며 모두 이쉬타르에게 저주를 내렸고, 이로 인해 '하늘과 땅의 여왕'은 송장으로 변하여, 나무못에 매달린 채 벽에 걸리는 비참한 신세로 전락하고 말았다.

"무엇이 문제인고? 네가 길가메쉬 왕을 화나게 하지 않았느냐? 그래서 길가메쉬가 그랬을 테지!"

42 "아버지, 저에게 하늘의 황소를 주세요. 그러면 길가메쉬를 그의 집에서 없애버릴 수 있어요. 만일 하늘의 황소를 제게 주지 않으신다면 저는 지하 세계로 내려가서 저승의 문을 부숴버리겠어요. 문기둥을 때려부수고, 문을 아예 납작하게 깔아뭉개버리고, 죽은 사람을 일으켜서 산 사람을 먹게 하겠어요! 그렇게 되면 죽은 사람이 산 사람보다 많아지게 될 거예요!"

"네가 나에게 계속 하늘의 황소를 내달라고 요구한다면 우루크 땅은 7년 동안 빈 껍질만 얻게 될 것이다. 너는 사람들을 먹여 살릴 곡물을 넉넉히 모아두었느냐? 또한 너는 동물들이 먹고 자랄 목초도 충분히 비축해두어야 할 텐데!"

"저는 사람들을 위해 곡물창고에 곡물을 쌓아두었고, 동물들에게 먹일 목초도 저장해두었습니다. 빈 껍질만 얻게 되는 7년 동안 먹고 살 수 있도록 사람들을 위해 곡물을 모았고, 동물들을 위해 목초를 만들어놓았습니다. 저는 하늘의 황소의 분노를 품고 그를 죽일 것입니다!"

아누가 그녀의 말을 듣고 하늘의 황소를 끄는 밧줄을 그녀의 손에 쥐어주었다. 이쉬타르는 하늘의 황소를 몰고 우루크로 내려왔다.

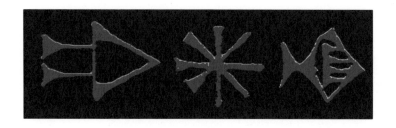

42 하늘의 황소를 의미하는 설형문자

왼쪽부터 차례로 '구(Gu₄)', '안나(Anna)', 즉 구안나다. 구안나는 구갈안나라고도 한다. 갈
(gal)은 '큰, 위대한'이라는 뜻이다. 즉 구갈안나는 '하늘의 큰 황소'라고 풀이된다. 사진 조
지프 페이건.

하늘의 황소가 우루크에 도착했다. 작은 숲이 말라버렸고, 갈대로
된 화단과 풀밭도 말라버렸다. 그가 유프라테스강을 따라 내려가 엄
청난 양의 물을 마셔대니 강의 수위는 7완척이나 낮아졌다. 이 동물
의 콧김으로 커다란 구멍이 뚫렸고, 우루크 젊은이 100명이 그곳에
빠졌다. 두 번째 그의 콧김으로 커다란 구멍이 뚫렸고, 우루크 젊은
이 200명이 거기에 빠졌다. 세 번째 그의 콧김으로 다시 커다란 구멍
이 뚫렸고, 엔키두가 그곳에 허리춤까지 빠졌다. 그러자 엔키두는
그곳에서 뛰어나와 하늘의 황소의 뿔을 잡았고, 황소는 그의 얼굴에
거품을 내뿜었으며, 굵다란 꼬리로 자신의 똥거름을 튀겨댔다. 엔키
두가 길가메쉬에게 말했다.

"나의 친구여. 우리가 ……을 자랑했고, 어떻게 응수할까요…… 나
의 친구여. 나는 황소의 힘을 보았습니다……. 그래서 나는 그의 힘

43
하늘의 황소를 죽이는 길가메쉬와 엔키두

약 2600년 전 앗씨리아인들이 당시까지 약 2000년 동안 이어온 우루크의 왕 길가메쉬의 전승을 표현하기 위해 원통형 인장을 굴려 만든 점토판이다. 점토판을 보면 하늘의 황소 엉덩이 쪽에 있는 사람이 엔키두이고, 그 앞쪽이 길가메쉬로 짐작된다. 사진 쇼엔 컬렉션.

을 다룰 방법을 알고 있습니다……. 내가 황소의 힘을 요령 있게 피해 그 뒤로 가서 그의 꼬리를 붙잡아…… 그러면 당신은 칼로 목덜미, 뿔, 그리고 힘줄 사이를 찌르세요."

엔키두는 몰래 접근하여 하늘의 황소를 잡았다. 그는 두꺼운 꼬리를 꽉 붙들었고…… 그동안 길가메쉬는 숙련된 도살자처럼 대담하고 확실하게 하늘의 황소에게 접근했다. 그는 칼로 목덜미, 뿔, 그리고 힘줄 사이를 찔렀다.   43

그들이 하늘의 황소를 죽인 후 둘은 그의 심장을 도려내어 샤마쉬에게 선물로 바쳤다. 둘은 샤마쉬에게 겸손하게 허리를 굽히며 물러나왔다. 그리고 형제는 함께 앉았다.

이쉬타르는 우루크 요새의 성벽 위로 올라가 비탄에 빠진 듯한 자세로 애처롭게 신음을 토했다.

"나에게 치욕을 안기고 하늘의 황소를 죽인 길가메쉬에게 저주를!"

엔키두가 이쉬타르의 외침을 듣고 황소의 오른쪽 허벅다리를 잡아 찢어 그녀의 얼굴에 던졌다.   44

"내가 만일 당신을 잡는다면 하늘의 황소에게 한 것처럼 당신에게도 똑같이 해주겠어! 나는 그의 내장을 당신 팔에 아무렇게나 얹어

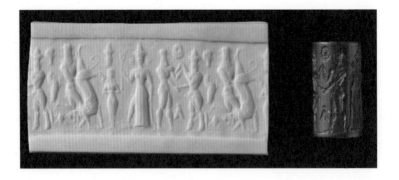

44
신들의 싸움

약 3800년 전 고(古)바빌로니아 시절 씨파르에서 제작된 것으로 추정되는 유물로, 적철광(赤鐵鑛)을 소재로 만든 원통형 인장을 굴려 찍어낸 점토판이다. 이런 싸움의 장면은 이 시기에 원통형 인장에 쓰인 가장 전형적인 모습이었다. 씨파르는 적어도 '신들의 싸움'을 소재로 한 이와 유사한 인장을 만들어내는 작업장을 하나 정도는 갖고 있었다. 두 남자가 황소-인간과 사자를 상대로 싸우고 있다. 중앙에 삼지창과 채찍(?)을 들고 있는 여신은 하늘의 여왕이며 사랑과 전쟁의 여신인 인안나/이쉬타르일 것이다. 영국박물관 소장.

45
영웅과 황소

우르에서 발굴된 약 4600~4400년 전 수금의 '사운드박스' 맨 위에 그려져 있는 그림으로, 영웅이 두 마리 황소를 가볍게 들어올리고 있다. 이 그림의 주제는 길가메쉬와 하늘의 황소의 대결일지도 모른다. 펜실베니아대학교 인류고고학 박물관 소장.

놓겠어!"

이쉬타르는 신전의 여인들과 '기쁨조', 그리고 매춘부들을 불러모아 황소의 오른쪽 허벅다리를 애도하게 했다.

길가메쉬는 모든 장인과 명장을 호출했다. 장인들은 한결같이 그 뿔의 두께를 보고 감탄했는데, 이들은 각각 청금석 30미나로 만들어진 것이었다! 그리고 그 외피만 해도 엄지손가락 길이 두 배 정도의 두께였다! 또한 뿔은 양쪽 모두 각각 6구르의 기름을 담을 수 있을 정도였는데, 길가메쉬는 그곳에 담긴 많은 양의 기름을 그의 신 루갈반다에게 연고로 바쳤다. 그는 뿔을 가지고 안으로 들어가 가장 큰 침상에 걸어두었다. 그들은 유프라테스강에서 손을 씻고, 서로의 손을 잡고 우루크 거리를 큰 걸음으로 활보했다. 우루크 사람들이 모여서 그들을 바라보았다. 길가메쉬가 궁전의 종자(從者)들에게 말했다.

"가장 용감한 남자는 누구인가? 가장 대담한 사내는 누구인가? 길가메쉬가 남자들 중 가장 용감하고, 가장 대담하다! 우리가 화가 나서 황소의 뒷다리를 이쉬타르에게 던졌으니, 이 거리에서 그녀를 45 즐겁게 하는 자는 아무도 없다……."

길가메쉬는 그의 왕궁에서 축전을 열었다.

THE EPIC OF
GILGAMESH

13

길가메쉬와 아가의 전쟁

나의 용사들이여, 선택하라! 용기 있는 자는 자원하라!

엔메바라게씨의 아들 아가가 보낸 키쉬의 칙사가 우루크의 길가
메쉬에게 왔다. 길가메쉬는 우루크 장자들 앞에 안건[24]을 제출하면
서 신중하게 말했다.

"점토 채굴지[25]가 끝장나려고 합니다. 국가의 많은 점토 채굴지가
끝장나려고 합니다. 국가의 새 점토 채굴지가 끝장나려고 합니다. 점
토 채굴지가 깊게 패이고, 줄로 측정되어 끝장나려고 합니다. 우리는
키쉬 왕가에게 항복해서는 안 됩니다! 무기를 들고 대항합시다!"

---

[24] 길가메쉬가 우루크의 장자(압-바, ab-ba)들에게 '안건'을 제출하는 것으로 시작된 이 문서
는 길가메쉬 서사시의 '열두 토판'에는 없는 것으로, 본서가 다루는 수메르어 판본 중 하나로
매우 귀중한 작품이다. 학자들은 대개 이 판본을 '길가메쉬와 아가'라고 명명했으나 여기서는
'길가메쉬와 아가의 전쟁'이라는 제목을 달았다. 길가메쉬가 삼목산 여행에서 돌아오고, 하늘
의 황소까지 죽여서 더욱 강력해진 후에 이 문서를 붙이는 것이 가장 적당하다고 판단하고, 고
민 끝에 이 자리에 배치했다. 아가는 대홍수 이후 하늘에서 다시 왕권이 내려와 수메르 땅에 세
워진 최초의 도시국가, 키쉬 제1왕조의 23대 통치자이며 엔메바라게씨의 아들이었다. 또한 그
는 이 왕조의 마지막 왕이었다. 키쉬의 아가가 길가메쉬에게 사신을 보내 우루크 땅에 있는 점
토를 긁어모아—아마도 신전 건축 같은 대공사에 쓸 목적이었겠지만—키쉬로 보내지 않으면
전쟁을 일으키겠다는 협박을 받은 사항에 관한 안건이다. 수메르어로 기록된 '길가메쉬와 아
가'를 읽어보면 우루크는 경험 많은 장자들과 혈기 왕성한 젊은이들이 양편으로 나뉘어 국가의
막중한 대사를 논하는 양원제와 매우 유사한 제도가 있었음을 알 수 있다.

[25] '점토 채굴지'로 의역해본 수메르어는 '툴, túl/tul₂'이다. 당시 수메르의 모든 근원은 점토로
부터 시작했다. 점토가 묻혀 있는 곳, 그곳에서부터 국가(수메르 땅을 말한다, kalam)의 기반이 시
작된 것이다. 당시는 점토로 벽돌을 만들어 신전이나 학교를 짓고, 토판을 만들어 교육하곤 했던
흙의 세상이었다. 그래서 키쉬의 아가 왕이 점토에 욕심을 부릴 만도 한 일이었다. 우루크의 점
토를 모조리 파헤쳐 끝장(틸, til)내려고 보낸 칙사로 인해 길가메쉬는 고민하고 있는 것이다. 자
칫 잘못하면 기존의 점토 채굴지뿐만 아니라 새로운 곳까지 아예 줄자(에쉬, èš/ĕše) 같은 도구
로 곳곳을 측정하여 모조리 파헤쳐져 끝장난다면 나라를 더는 운영하기 어려운 형국이 닥칠 수
도 있다. 그래서 길가메쉬가 신중하게 입을 열었던 것은 당연지사였다.

46

길가메쉬와 아카(아가)

약 3700여 년 전 고(古)바빌로니아 판본
으로, 설형문자로 기록된 1~60행까지의
점토서판이다. 사진 쇼엔 컬렉션.

47
대홍수 이후 왕권이 내려진 최초의 도시
국가 키쉬의 유적지. 사진 시카고 대학
근동연구소.

48
수메르의 도시국가 키쉬의 지구라트 유적
지. 사진 시카고 대학 근동연구소.

집회에 모인 도시의 장자들이 길가메쉬에게 대답했다.

"점토 채굴지가 끝장나려고 합니다. 국가의 많은 점토 채굴지가
끝장나려고 합니다. 국가의 새 점토 채굴지가 끝장나려고 합니다.
점토 채굴지가 깊게 패이고, 줄로 측정되어 끝장나려고 합니다. 우
리가 키쉬 왕가에 항복해서는 안 된다는 말인가요! 무기를 들고 대
항해야 한단 말인가요?!"

길가메쉬, 쿨아바의 주님, 인안나에게 신뢰를 주는 자는 도시의
장자들이 준 답변에 시큰둥했다. 길가메쉬, 쿨아바의 주님은 이번에

는 우루크의 강건한 사람들— 젊은이들—앞에 이 안건을 다시 제출하면서 신중하게 말했다.

"점토 채굴지가 끝장나려고 합니다. 국가의 많은 점토 채굴지가 끝장나려고 합니다. 국가의 새 점토 채굴지가 끝장나려고 합니다. 점토 채굴지가 깊게 패이고, 줄로 측정되어 끝장나려고 합니다. 우리는 키쉬 왕가에 항복해서는 안 됩니다! 무기를 들고 대항합시다!"

집회에 모인 강건한 사람들이 길가메쉬에게 대답했다.

"'의무감으로 서 있고, 참가하여 앉아 있고, 왕의 아들을 경호하고, 영원히 당나귀의 허리를 움켜잡기 위해 뜻을 둔 자가 누구인가?'라는 말이 있습니다. 장자들은 키쉬 왕가에 항복해서는 안 됩니다! 우리들, 젊은이들이 무기를 들고 대항하지 말아야 한단 말입니까? 큰 신들이 '신들의 작품, 우루크'를 만들었고, '하늘에서 내려온 신전, 에안나'를 만들었습니다. 당신은 거대한 성벽, '안'이 건설한 성벽을 감시합니다. 당신은 그곳의 왕이며 용사이며 화려한 머리를 가진 사람이며 '안'이 사랑하는 왕자입니다. 아가가 온다면 그는 어마어마한 공포를 경험하게 될 것입니다! 군대는 변변찮고, 후미는 흐트러져 있습니다. 그 군인들은 우리와 맞설 수 없을 것입니다."

그때 길가메쉬, 쿨아바의 주님은 그의 도시의 강건한 사람들의 조언을 듣고 기뻤으며, 마음이 환해졌다. 그는 시종 엔키두에게 말

49
에안나의 꼭대기에서 바라본 모습의 우루크

우루크는 쿨아바와 에안나라는 신성한 두 구역
으로 나뉘어 있었다. 사진 시카고 대학 근동연
구소.

50
철퇴

약 4600~4400년 전 수메르의 씨파르에서 제작
된 돌로 만든 철퇴의 머리 부분이다. 신의 축복
을 받기 위해 신전에 봉헌된 상징적인 무기로
짐작된다. 이런 종류의 대리석 철퇴 머리 유물
은 신전이 있던 유적지에서 발굴되었다. 영국
박물관 소장.

했다.

"이 때문에 전쟁에 쓸 무기를 준비해야겠다. 전쟁에 쓸 철퇴를 네 옆구리에 다시 차라. 엄청난 공포와 광채를 만들기를. 그가 온다면 나의 무시무시한 공포가 그를 압도할 것이다. 그의 이성은 혼란스러울 것이며, 그의 판단력은 흐려질 것이다."

5일도, 10일도 지나지 않아 엔메바라게씨의 아들 아가가 자신의 부하들과 함께 우루크를 포위했다. 우루크 사람들의 이성은 혼란스러워졌다. 길가메쉬, 쿨아바의 주님은 용사들에게 말했다.

"나의 용사들이여, 선택하라! 용기 있는 자는 자원하라! '내가 아가에게 가겠습니다!' 그러면 나는 그를 아가에게 보내겠다!"

그의 궁정 장교 비르후르-투라가 그의 왕을 찬양했다.

"저의 왕이시여, 제가 당당하게 아가에게 갈 것입니다. 그러면 그의 이성이 혼란스러울 것이며, 그의 판단력은 흐려질 것입니다."

비르후르-투라가 성문으로 향했다. 그가 성문을 통과하자, 그들은 문 입구에서 비르후르-투라를 사로잡아 그의 온몸을 심하게 때렸다. 그는 아가 앞으로 끌려갔고, 아가에게 말했다. 그의 말이 끝나기도 전에 우루크의 무관 자바르-다브가 성벽으로 올라갔다. 그가 성벽에 기대어 밖을 주시하고 있을 때, 아가가 그를 보고 나서 비르후르-투라에게 말했다.

"네 이놈. 저자가 너의 왕이더냐?"

"저 사람은 나의 왕이 아니다! 저 사람이 나의 왕이라면 성난 이마가 있어야 하고, 들소의 눈이 있어야 하고, 청금석 수염이 있어야 하고, 멋진 손가락이 있어야 한다."

자바르-다브 때문에 키쉬군(軍) 대부분이 낙담하지 않았고, 그 때문에 키쉬군 대부분이 일어나지 않았고, 그 때문에 키쉬군 대부분이 먼지로 더럽혀지지 않았고, 모든 산이 떨지 않았고, 땅의 운하 입구가 미사(微砂)로 채워지지 않았고, 짐배의 머리가 부서지지 않았고, 키쉬 왕 아가가 그의 군인들에 의해 포로가 되지 않았다. 키쉬군은 비르후르-투라를 치고 때렸다. 그들은 비르후르-투라의 온몸을 두드렸다. 우루크의 무관을 뒤이어 길가메쉬가 성벽으로 올라갔다. 그의 광채로 쿨아바의 젊은이들과 늙은이들이 쓰러졌다. 그는 우루크의 강건한 자들을 전투용 철퇴로 무장시켜 성문 안 광장에 집결시켰다. 오로지 엔키두 한 사람만이 성문 밖으로 나갔다. 길가메쉬가 성벽에 몸을 기대 밖을 주시하고 있을 때, 아가가 그를 보았다.

"네 이놈. 저자가 너의 왕이더냐?"

"저분은 틀림없는 나의 왕이시다."

그가 이렇게 대답했을 때였다. 길가메쉬는 키쉬군 대부분을 낙담시켰고, 그 때문에 키쉬군 대부분이 일어났다. 그 때문에 키쉬군 대부분이 먼지로 더럽혀졌고, 모든 산이 떨었고, 땅의 운하 입구가 미사로 채워졌으며, 짐배의 머리가 부서졌고, 키쉬 왕 아가가 그의 군인들에 의해 포로가 되었다. 길가메쉬, 쿨아바의 주님이 아가에게 가까이 가서 말했다.

"아가, 네가 내 감독관이냐? 아가, 네가 내 지휘관이냐? 아가, 네가 내 사령관이냐?! 아가가 내게 목숨을 주었단 말이냐? 아가가 내게 생명을 주었단 말이냐? 네가 도망자를 품속으로 끌어들였단 말이냐? 네가 달아나는 새에게 먹이를 주었단 말이냐?"

강건한 우루크 군인들이 길가메쉬를 환호했다.

"당신은 '신들의 작품, 우루크'를 지켜줍니다. 거대한 성벽, '안'이 건설한 성벽을, '안'이 세운 장엄한 거주지를. 당신은 이곳의 왕이며 용사이며 화려한 머리를 가진 사람이며 '안'이 사랑하는 왕자입니다."

길가메쉬가 아가에게 말했다.

"나는 '신들의 작품, 우루크'를, 구름이 기대고 있는 그 거대한 성벽을, '안'이 세운 장엄한 거주지를 지키노라. 도시는 내게 보여준 호의에 보답할 것이다. 우투 앞에서, 예전 네 쪽의 호의[26]를 이로써 갚노라."

그는 아가를 풀어주어 키쉬로 보냈다.

오, 길가메쉬, 쿨아바의 주님. 당신을 찬양하는 일은 즐겁습니다.

---

[26] 아마도 아가는 성문 밖으로 나간 유일한 우루크 사람이며, 일당백의 장사인 엔키두에게 잡혔을 것이다. 길가메쉬가 그렇게 포로가 된 아가를 풀어준 이유는 무엇 때문이었을까. '우투 앞에서, 예전 네 쪽의 호의'라는 것은 길가메쉬와 엔키두의 삼목산 여행과 관련이 있다. 길가메쉬가 태양의 신 우투의 유혹에 이끌려 엔키두와 함께 삼목산에 갔었을 때의 일을 상기해보자. 영웅이랍시고 기고만장하던 젊은이 길가메쉬 앞에 나타난 후와와의 어마어마한 괴력은 졸지에 영웅을 졸장부로 만들어버렸다. 이때 길가메쉬가 쓴 꼼수 중의 하나가 자신의 누이 엔메바라게씨를 후와와에게 팔아먹는 일이었다. 아가는 엔메바라게씨의 아들이었으므로, 길가메쉬가 아가를 풀어줌으로써 '우투 앞에서 예전 네 쪽의 호의'를 갚는 셈이 되는 것이다.

THE EPIC OF
GILGAMESH

14

엔키두의 악몽

신들은 살아 있는 존재에게 슬픔을 남기고,
꿈은 살아 있는 존재에게 고통을 남긴다네.

젊은이들이 꾸벅꾸벅 졸다가 밤의 침대에서 자고 있었다. 엔키두는 자면서 꿈을 꾸었다. 그가 잠에서 깨어 자신의 꿈을 친구에게 털어놓았다.

"나의 친구여. 위대한 신들이 왜 모임[27]을 가진 건가요? 내 꿈에서 아누, 엔릴, 샤마쉬가 회의를 하더군요. 그리고 아누가 엔릴에게 말했습니다. '그들이 하늘의 황소를 척살했고, 산지기 훔바바를 살육했기 때문에 산에서 삼목을 털어낸 둘 중 하나는 반드시, 반드시 죽어야만 하느니라!' 이에 엔릴이 '엔키두를 죽여야 합니다! 그렇지만 길가메쉬는 죽여서는 안 됩니다!'라고 했으나 태양의 신 샤마쉬가 용맹스러운 엔릴에게 응수하여, '내가 그들에게 하늘의 황소와 훔바바를 죽이라고 명령하지는 않았습니다! 때문지 않은 엔키두가 지금 죽어야 한단 말입니까!'라고 하니까, 엔릴이 샤마쉬에게 화를 내며

[27] 삼목산 산지기 훔바바는 길가메쉬의 꼼수에 걸려들어 죽음을 눈앞에 두고 엔키두에게 살려달라고 간청한 바 있다. 엔키두가 거절하자, 이에 산지기는 '이미 탄핵은 제기되었소'라며 큰 신들의 모임이 열리고 있음을 암시하는 말을 한 적이 있다. 길가메쉬는 훔바바가 비록 자신의 계략에 걸려 일곱 후광을 잃게 되었으나 목숨만은 살려주려고 했다. 그러나 엔키두는 심하게 반발했다. 그는 전지전능한 엔릴이 훔바바가 처한 상황을 알기 전에 '아주 가루를 만들어 죽여 없애자'는 무자비한 살육에 눈이 멀어 있었다. 그러니 땅에 위기가 찾아들 때마다, 고비 때마다, 큰 사건이 터질 때마다 열리는 신들의 모임에서 살인죄로 길가메쉬보다 엔키두가 죽어야 하는 이유는 정당하다. 또 하늘의 황소를 죽일 적에도 '내가 황소의 힘을 요령껏 피해서 꼬리를 붙잡으면 당신이 그 틈을 이용해 칼로 찌르라'고 구체적인 방법을 제시한 사람도 다름 아닌 엔키두였다. 그러니 만큼 큰 신들이 신들의 모임에서 훔바바와 하늘의 황소를 죽인 죄인으로 목숨을 내놓으라고 목소리 높였던 대상은 당연히 엔키두였다.

51 약 4300년 전 점토판 유물로, 태양의 신 샤마쉬가 톱과 전곤(戰棍)을 들고 동쪽 산에 오르고 있고, 산지기가 문을 열고 있다. 이라크 바그다드박물관 소장.

말했습니다. '네가 매일같이 친구처럼 그들과 어울렸기 때문에 책임은 네게 있는 거야!'"

엔키두가 길가메쉬 앞에 몸져 누워 있었다. 그의 눈물이 수로처럼 흘러내리고 있었다.

"오 형제여. 내 동생! 어찌하여 신들이 나는 놔주고 너에게만 대가를 치르게 하는 것일까?"

"그 때문에 이제 내가 유령이 되어야 하고, 죽은 자들의 유령과 동석하여 정말로 내 사랑하는 형님을 이제 더는 볼 수 없게 된다니………
………."

엔키두는 눈을 치켜올리고 마치 인간에게 말하듯 나무 문을 힐책했다.

"너, 이 멍청한 나무 문아. 아둔하구나! 아무것도 모르는 것아! 10리그나 떨어진 거리에서도 나는 너의 나무가 좋다고 생각했다! 그리고 나는 높이 솟은 삼목산을 바라보았다. 너의 나무는 다른 것과는 비교할 필요도 없이 단번에 내 눈에 차더구나. 너의 높이는 72큐빗, 너의 너비는 24큐빗, 너의 두께는 1큐빗이었고, 문설주를 만들기에 넉넉할 정도였다. 나는 니푸르에서 명장을 불러다 너의 모양을 만들었고, 너를 니푸르까지 운반하여 그곳에 세웠느니라. 오, 문아. 너의 복수를 알았더라면, 이런 불행이 다가올지 알았더라면, 도끼를 집어들고 너를 잘라버렸을 텐데. 너 대신 갈대 뼈대를 세워 문을 만들었을 텐데………. 오, 문아. 내가 니푸르 명장들의 손을 빌려 너를 만들어서 니푸르까지 옮겼다! 지금, 오, 문아. 너를 만든 사람은 나였고, 너를 세운 사람도 나였다. 나는 너를 부숴버릴 것이다! 나를 뒤따를 왕이 너를 경멸하기를, 그가 내 이름을 제거하고 그 자신의 이름을 그곳에 새겨놓기를!"

그는 머리카락을 쥐어뜯고 옷을 던졌다. 길가메쉬가 친구인 엔키두의 말을 듣고 금세 눈물을 흘렸다.

"친구여. 신들은 너에게 넓은 도량을 주었고…… 현명하게 행동하는 것이 마땅한데도 자네는 계속해서 자신에게 어울리지 않는 말만

52 니푸르

신들의 제왕 엔릴의 도시이자 수메르 종교의 중심지인 니푸르의 유적지. 사진 크리에이티브
코먼스.

골라 하고 있네! 나의 친구여. 왜 그런 건가? 꿈은 무섭긴 하나 미래
를 내다보는 중요한 척도라네. 자네 입술이 파리처럼 분주하게 윙윙
거리고 있네. 무척 두렵겠으나 꿈은 앞날을 생각한다면 값진 것일
세. 신들은 살아 있는 존재에게 슬픔을 남기고, 꿈은 살아 있는 존재
에게 고통을 남긴다네. 나는 자네를 위해 큰 신들에게 기도하고 간
청할 것일세. 신들의 아버지 아누에게…… 고문관 엔릴에게…… 나는
자네의 금상을 만들겠네……. 엔릴의 명령은 다른 신들의 명령과 다
르고, 그의 명령이 일단 떨어지면 철회되는 법이 없으며, 그가 서명
한 판결문은 반환되거나 삭제되지 않지. 나의 친구여……. 인간은 가
끔 운명의 시간이 오기도 전에 죽어야만 한다네."

여명이 밝아오자 엔키두는 머리를 들어 샤마쉬에게 외쳤다. 태양이 막 어슴푸레 빛날 때 샤마쉬 앞에서 그는 눈물을 쏟았다.

"당신께 간절히 청합니다. 오, 샤마쉬여. 저의 소중한 생명을 위하여…… 제가 제 친구만큼 살 수 없게 한 그 나쁜 사냥꾼, 그 사냥꾼이 생계를 지탱할 수 없도록 사냥감을 주지 마소서. 그의 벌이가 대폭 줄어들게, 그의 품삯이 줄어들게 하소서. 그의 몫이 그 앞에서 사라지게 하소서. 그의 덫에 걸린 야수들이 모두 빠져나오게 하소서!"

엔키두가 마음 닿는 대로 사냥꾼을 저주한 후에 매춘부를 저주할 생각을 떠올렸다.

"자, 매춘부. 내가 네 운명을 정하려고 한다. 결단코 영원토록 끝나지 않을 운명을! 나는 가장 큰 저주를 내릴 것이다. 내 저주가 갑작스럽게 너를 질리게 하길! 순식간에! 네가 안락한 가정을 꾸릴 수 없기를, 네가 낳은 자식을 사랑할 수 없기를, 네가 정숙한 여인들에게 받아들여지지 않기를, 너의 아름다운 무릎을 맥주 찌꺼기가 더럽히기를, 네가 축제 때 입는 옷에 술 취한 자가 토하기를, 네 구혼자가 너보다는 다른 미인들을 찾아가기를, 그 사람이 도공의 찰흙처럼 너를 힘들게 하기를, 네가 맑은 설화석고를 결코 얻지 못하기를, ……네 집에 남자의 기쁨이 던져지지 못하기를, 너의 안락한 피난처는 통로가 되고 네 집이 교차로가 되기를, 네 잠자리가 폐허가 되기를, 네가 머무는 장소는 도시 성벽의 그늘이기를, 네 발이 들장미와 가시에 긁

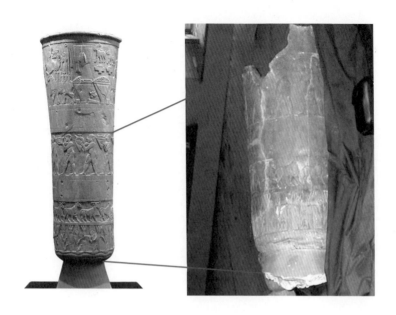

53
우루크의 설화석고 화병 1

약 5100~5500년 전 우루크에서 제작된 유물이다. 설화석고는 희고 치밀하며 입자가 미세한 석고로, 보드랍고 찰기가 있어 질이 좋은 것은 조각용으로 쓰인다. 설화석고는 대리석보다 물러 가공하기 쉽기 때문에 옛날부터 조상(彫像) 등의 미술품이나 공예품의 재료로 이용되어왔다. 이 유물은 이라크 바그다드박물관에 소장되어 있는데, 2003년 부시 미국 대통령이 일으킨 이라크 전쟁으로 도난당했다가 되찾았다. 우루크 유물을 대표하던 이 화병은 원래의 모습과는 전혀 다른 '흉물스러운' 모습이 되었다. 화병을 보면 우루크의 여신 인안나 신전으로 벌거벗은 남자들이 제물을 담은 단지를 나르는 모습과 신전에 바칠 동물들이 그려져 있다. 이라크 바그다드박물관 소장. 사진 크리에이티브 코먼스, ⓒNeuroforever.

54
우루크의 설화석고 화병 2

이것은 4개의 단으로 구성된 최상단의 한 면이다. 벌거벗은 남자가 항아리에 물건을 잔뜩 담아 '신전의 여인' 쪽을 향해 나르고 있다. 오른쪽 두 개의 기다란 갈대 묶음은 우루크의 여신 인 안나의 상징물로, 남자는 아마도 여신의 신전에 바칠 제물을 나르고 있는 것으로 보인다. 이라크 바그다드박물관 소장.

혀 상처가 나기를, 술에 취한 자든 술에 취하지 않은 자든 상관없이 모두 네 뺨을 후려치기를, 비천한 자들이 너의 매음굴에서 서로 밀 53
54치기를, 사람들이 너를 비웃으며 놀려대기를, 건축업자가 네 지붕을 수리해주지 않기를, 너의 갈라진 벽 틈에서 올빼미가 새집을 짓기를, 너의 집에서 어떤 파티도 열리지 않기를, 네 자색(紫色)의 화려한 옷은 빼앗기고 그 대신 지저분한 옷으로 돌려받기를, 이 모든 것은 네가 아무런 죄 없는 나를 숲속에서 터무니없이 헐뜯고 속였기 때문이다."

엔키두가 내뱉은 말을 샤마쉬가 들었다. 그때 갑자기 먼 하늘에서 샤마쉬의 경고가 엔키두에게 울려 퍼졌다.

"엔키두. 너는 왜 매춘부 샴하트를 저주하는가! 그녀는 신이나 먹을 수 있는 빵을 너에게 먹였고, 왕이나 마실 수 있는 맥주를 너에게 주었고, 화려한 의상을 너에게 입혔고, 멋진 길가메쉬를 너에게 동료로 주었다! 길가메쉬는 현재 네가 사랑하는 친구이자 형제가 아닌가! 그는 너를 호화로운 침상에 눕게 할 것이며, 영예로운 침상에 눕게 할 것이다. 그는 너의 불안한 안식처에 평온한 휴식을 줄 것이다. 세상의 군주들이 네 발등에 입을 맞출 것이며, 그가 우루크 사람들로 하여금 너의 죽음을 슬퍼하고 애도하게 할 것이며, 너의 일로 인해 기쁨으로 가득 찼던 사람들의 마음이 고통 속에 빠질 것이다. 네가 떠난 후에는 그도 역시 거적 같은 더러운 머리 꼴로 개 가죽[28]을 입고 대초원을 헤맬 것이다."

엔키두가 샤마쉬의 귀한 말을 듣자 마음을 냉정하게 가다듬고 분노를 가라앉혔다. 샴하트에 대한 그의 분노는 축복으로 뒤바뀌었다.

"보라, 샴하트. 내가 너의 운명을 정하겠다. 너를 저주하던 내 입은 이제 너를 축복하노라! 통치자들과 귀족들이 너를 사랑하기를,

1리그 떨어져 있는 자가 너를 만날 기대로 흥분하여 자신의 넓적다리를 치기를, 2리그 떨어져 있는 자가 너에 대한 갈망으로 자신의 머리카락을 늘어뜨리기를, 젊은이가 너를 위해 자신의 혁대를 풀기를, 네가 받은 그의 홍옥수와 청금석과 금으로 치장하기를, 너를 더럽힌 자는 그 대가를 치르기를! 그의 집이 약탈되기를, 그의 꽉 찬 곡물창고가 텅텅 비기를, 사제가 너를 신들의 면전으로 이끌기를, 너를 위해 그의 아내가 비록 일곱 자식(?)의 어머니라도 버려지기를."

엔키두의 몸속에서 소용돌이가 치기 시작했다. 그는 홀로 누웠다. 죽음이 임박했다는 걸 직감한 그는 친구에게 혼자만 알고 있던 속내를 남김없이 말했다.

"들어봐요, 나의 친구여. 내가 지난밤에 꾸었던 꿈 이야기를! 하늘이 소리쳤고 땅이 응답했어요. 그리고 나는 그 하늘과 땅 사이에 서 있었지요. 그곳에 한 남자가 어두운 얼굴로 나타났고, 그의 얼굴

---

[28] 많은 학자는 '칼비(kalbi)'를 '개'가 아닌 '사자'로 다루고 있다. 두려움에 떠는 인간을 용맹스러운 '사자'와 연결하기에는 무리가 있어 보인다. 길가메쉬 서사시 열한 번째 토판에는 이런 구절이 나온다. '그들은 개(kalbi)처럼 움츠려서 외벽에 기대고 있었다.' 개 가죽을 사자 가죽으로 둔갑시키는 데는 어쩌면 그리스 신화의 영웅 헤라클레스의 입김이 작용한 듯하다. 길가메쉬의 흔적은 오디세우스뿐만 아니라 헤라클레스에게도 깊게 뿌리내리고 있다. 오랜 세월 그리스 신화에 친숙해 있던 학자들의 무의식이 빚어낸 착각이었을까? 무예와 음악을 익히고 훌륭한 청년으로 성장한 헤라클레스는 테베 남쪽 키타이론산에 살고 있던 사자를 죽이는 공을 세운 후, 사자 가죽을 몸에 걸치고 입을 벌린 사자의 머리를 투구로 사용했다. 영웅과 사자. 그러나 길가메쉬의 이 상황은 '사자'를 운운할 겨를이 없다. 절친한 친구의 죽음, 그리고 곧 이어질 영웅의 방황이 기다리고 있었으니까.

은 저승에서 온 괴상한 새의 신 '안주'와 비슷했고, 그의 손은 사자의 발과 같았고, 그의 손톱은 독수리의 발톱과 같았어요! 그는 내 머리를 붙잡고 나를 압도했는데, 내가 그에게 주먹을 날렸으나 그는 줄넘기하듯 뛰어서 피하더니 금세 나를 치고, 뗏목처럼 나를 뒤집었고, 야생 황소처럼 나를 밟아 뭉갰어요. 그는 내 온몸을 쇠사슬로 꽁꽁 묶었어요. '날 좀 도와줘요, 나의 친구여!' 이런 내 절규에도 당신은 날 구해주지 않았고, 당신은 무서워했어요…… 나는 새가 묶이듯 묶였고, 나를 붙잡은 그가 나를 '어둠의 집'으로 데리고 내려갔는데, 그곳은 이르칼라의 거처로, 일단 들어가면 나올 수 없고, 돌아오는 길도 없으며, 빛도 없이 사람이 살아가는 집으로 오물을 음료수로 마시고, 흙을 음식으로 먹는 곳이며, 사람들이 새처럼 깃털 옷을 입고 있는 곳이며, 빛은 보이지 않고, 사람들이 어둠 속에서 사는 곳이며, 문과 빗장 위에 먼지가 쌓여 있는 곳으로, 내가 갔던 '먼지의 집'에서 많은 왕과 예전에 그들이 썼던 왕관이 수북이 쌓여 있는 걸 보았어요. 그들은 과거 한때 땅을 통치했던 군주들이었어요. 하지만 현재 그들은 아누와 엔릴을 위해 고기 요리를 하고, 과자를 만들고, 물 가죽 부대에 담은 냉수를 따르면서 봉헌하고 있죠. 내가 들어간 먼지의 집에는 고위 사제와 시종들이 앉아 있었고, 정결례(淨潔禮)를 집행하는 사제들이 앉아 있었고, 신성한 세정식(洗淨式)을 수행하는 자가 앉아 있었고, 한때 키쉬의 왕이었던 에타나[29]가 앉아 있었고, 가축의 신 슈무칸이 앉아 있었고, 저승의 여왕 에레쉬키갈이 앉아 있었어요. 저승의 필경사 벨레트세리가 그녀 앞에 무릎을 꿇고 있었고, 그녀는 토판을 들고 에레쉬키갈에게 읽어주고 있었는데, 그녀가 머리를 들어 나를 보고 말했어요. '누가 이자를 데려왔느냐?'…… 길가메쉬, 당신과 함께 온갖 고초를 겪은 나, 그런 나를 기억해주고, 내가 당신과 함께 살아온 모든 걸 잊지 않기를!"

"나의 친구는 더는 군말이 필요 없는 꿈을, 저주의 꿈을 꾸었군."

엔키두가 꿈을 꾸었던 바로 그날이 끝이었다. 그날 이후 하루 이틀이 지나도록 엔키두는 침대에만 누워 있었다. 엔키두의 고통은 심해지고 있었다. 사흘이 지나고, 나흘, 닷새, 엿새, 이레, 여드레, 아흐레, 그리고 열흘이 지나도 마찬가지였다. 그렇게 열하루, 열이틀이

---

[29] 에타나는 누구인가? 그는 키쉬 제1왕조의 13번째 통치자로 전설적인 수메르의 왕이었다. 약 4700~4800여 년 전 길가메쉬와 전쟁을 벌였던 아가는 이 왕조의 23번째 왕이었으니 에타나가 얼마나 오래전에 존재했던 왕이었는지를 상상해보라. 하여튼 '에타나 왕의 전설'은 4300여 년 전에도 유명했던 모양이다. 당시 필경사들은 에타나의 사연을 기록하면서 이는 '진짜 원본의 개정판이다'라고 강조했다. 모든 수메르의 땅을 통합할 정도로 신들의 총애를 받았던 에타나에게는 불행하게도 아들이 없었다. 멀쩡한 황후가 있었는데도 아이가 생기질 않았다. 에타나는 태양의 신 우투에게, 샤마쉬에게 간절히 기도했다. 에타나가 자식을 얻을 수 있는 오직 한 가지 방법은 독수리의 등에 올라타고 하늘로 올라가 '출산의 식물'인 '샴무 샤 알라디(shammu sha aladi)'를 구하는 길뿐이었다. 샤마쉬의 도움으로 에타나의 하늘 여행길이 열렸다. 그가 출산의 식물을 구해 아들을 얻었는지는 정확하게 알 수 없지만 수메르 왕명록 64~70행을 보면 에타나가 '소원 성취'했음을 짐작할 수 있다.

'에타나, 양치기, 하늘로 올라갔고, 모든 땅을 통합한 자, 그가 왕이 되었다. 그는 1560년(또는 1500년) 동안 다스렸다. 발리흐(Balih), 에타나의 아들, 400년 동안 다스렸다.'

그랬던 에타나도 죽어 저승에 앉아 있는 것이다.

지났다. 엔키두는 극도의 고통 속에 침대에 누워 있었다. 마침내 그가 길가메쉬를 불렀다.

"나의 친구여. 당신은…… 나를 저주했습니다! 전투에서…… 전투에서 승리한 나는 죽게 되고, 전투에서 먼저 물러난 나의 친구는 축복을 받는구려. 그러나 나는 전투에서……."

그의 소란으로 길가메쉬가 일어나서…… 비둘기처럼 그가 슬퍼했고…….

"그가 비록 견디지 못하고, 죽음 속에서……. 오, 남자들 중에 가장 걸출했던 사람…… 나는 그를 슬퍼하노라……. 그의 곁에서 나는……."

엔키두는 죽었다.

THE EPIC OF
GILGAMESH

15

엔키두의 죽음

이제 너를 잡고 있는 것이 겨우 이런 정도의 잠이란 말인가?

동이 트기 시작했다. 친구의 죽음을 맞이하는 우루크 왕 길가메쉬
의 애절한 탄식이 흘렀다.

"엔키두, 네 어머니 가젤과 네 아버지 야생 당나귀[30]가 너를 낳았
고, 야생 나귀 네 마리가 너를 젖으로 키웠고, 야수들이 모든 목초지
를 네게 가르쳐주었다. 삼목산으로 가는 엔키두의 길이 밤낮으로 가
만히 있지 않고 너를 애도하기를, 우루크 요새, 넓은 도시의 장자들
이 너를 애도하기를, 우리를 뒤따라 축복해주던 사람들이 너를 애도
하기를, 산과 고지에 사는 사람들이 너를 애도하기를……, 방목장의
땅이 네 어머니처럼 울면서 곡하기를, 우리가 분노하여 잘라버린 사
이프러스 숲과 삼목 숲이 너를 애도하기를, 곰, 하이에나, 흑표범,
호랑이, 물소, 자칼, 사자, 야생 황소, 수사슴, 야생 염소와 초원의 모
든 동물이 너를 애도하기를, 우리가 당당하게 강둑을 산책하곤 했던

[30] 엔키두의 부모가 가젤이요 야생 당나귀이며, 그가 야생 나귀 네 마리의 젖을 먹고 야수들에
의해 목초지를 배웠다는 것은 사자(死者)가 된 엔키두의 원시성을 강조한 대목으로 보인다. 아
니 어쩌면 사람이면 누구나 갖고 있는 고향에 대한 향수를 불러일으키려는 '죽음을 맞이한 한
인간의 영혼이 그리워하는 본향'에 대한 필경사의 작위가 아닐까 싶다. 엔키두의 탄생 과정을
다시 상기해보면, 신들이 모신(母神)인 아루루를 불러 그의 창조를 건의했고, 아루루는 천계의
주인이며 신들의 아버지인 아누의 형상을 떠올리며 엔키두의 모습을 그려본 후 물로 손을 깨끗
이 씻고 찰흙을 떼어내어 그것을 '대초원'에 뿌렸다. 수메르 신화에서 인간이 탄생하는 장면을
새삼 떠올리면 인간의 창조주는 엔키며, 그의 지혜를 바탕으로 아루루, 즉 닌투가 '운명을 정하
는 집'에서 '신의 피와 섞인 찰흙'을 열넷이나 되는 '출산의 여신들의 자궁' 속에 집어넣었다.
여기서 탄생한 사람은 신들의 원시 노동자들이었다. 아루루가 찰흙을 떼어낸 뒤 뿌렸다는 '대
초원'은 '출산의 여신들의 자궁'을 빗댄 말일 것이다. 대초원은 여신들의 자궁이며, 인간의 진
정한 '시원(始原)의 자궁'은 위대한 창조주 엔키가 애지중지하던 생명의 땅, 압주(AB.ZU)였다.

55 우루크에서 발견된 원뿔형 모자이크 유물. 사진 시카고 대학 근동연구소.

신성한 울아야강이 너를 애도하기를, 우리가 가죽 부대에 물을 담았던 순결한 유프라테스강이 너를 애도하기를, 우리가 하늘의 황소를 죽였을 때 그 광경을 목격한 우루크 요새 사람들이 너를 애도하기를, 달콤한 노동요를 부르며 네 이름을 찬미하던 농부가 너를 애도하기를, 네 이름을 찬미하던 넓은 도시의…… 사람들이 너를 애도하기를, 너의 입을 위해 버터와 맥주를 준비하던 양치기가 너를 애도하기를, 너의 등에 연고를 발라주던, 네 입을 위해 양질의 맥주를 준비하던 사람들이 너를 애도하기를, 네게 향기로운 기름을 건네주어 몸에 바르게 하는 즐거움을 주었던 매춘부가 너를 애도하기를, 너에게 반지를 끼워주었던 네 아내의 사람들이 너를 애도하기를, 형제들이 자매들처럼 너를 애도하기를, 그들이 너를 위해 자신들의 머리카락을 잡아뜯기를, 엔키두. 네 어머니와 아버지처럼 나는 너를 애도하노라⋯⋯. 들으시오, 오 우루크 장자들이여. 들으시오, 사람들아! 나는 나의 친구 엔키두를 애도하노라! 나는 대곡(大哭)하는 자들처럼 통곡한다. 내 손에 신뢰를 주는 옆구리에 찬 도끼, 내 앞을 보호하는 허리에 찬 칼, 내 축제 의상, 허리 위의 장식띠⋯⋯. 한 악마가 나타나 이것들을 내게서 빼앗아 갔다! 나의 친구, 엔키두여. 민첩한 노새, 산에 사는 매우 빠른 야생 나귀, 대초원의 흑표범이여! 우리는 함께 산으로 갔고, 하늘의 황소와 싸워 그를 죽였고, 삼목산에 살고 있던 홈바바를 전복했거늘 이제 너를 잡고 있는 것이 겨우 이런 정도의 잠이란 말인가? 너는 빛을 잃게 되었고, 내 말을 듣지 않는구나!"

그러나 엔키두의 눈은 움직이지 않았다. 길가메쉬가 그의 심장을 만져보았으나 뛰지 않았다. 그는 친구의 얼굴을 신부의 얼굴처럼 덮어주었고, 독수리처럼 그의 주변을 맴돌았으며, 새끼를 빼앗긴 암사자처럼 앞뒤로 서성거렸다. 그는 자신의 머리칼을 잘라 땅 위에 뿌렸고, 입고 있던 멋진 옷을 찢어 혐오스럽다는 듯 던져버렸다.

날이 밝아오자, 길가메쉬는 수메르의 온 땅에 선언했다.

"듣거라! 대장장이, 보석공, 구리세공인, 금세공인, 보석세공인 너희들은 그의 상(像), '나의 친구'를 만들어라. 그 무엇과도 비교할 수 없을 정도로 최고의 상으로 만들어라. 그의 모습은⋯⋯ 네 가슴은 청금석으로 만들어질 것이며, 너의 살갗은 금으로 만들어질 것이다.
……나는 너를 거룩한 침상에 눕힐 것이다. 진정으로 명예로운 침상
에 눕힐 것이다. 너를 편안한 자리에 앉게 하고, 왼쪽 좌석에 앉게
하고, 세상의 군주들이 네 발에 입을 맞추게 하고, 우루크 사람들이
너를 위해 애도하고 울부짖게 할 것이다. 행복한 사람들이 너로 인
해 고뇌에 차게 하고, 네가 죽은 뒤에 나는 더러운 거적 같은 털이
내 몸에 자라게 놔두고, 개가죽을 입고 대초원에서 배회할 것이다!"

　길가메쉬는 여명의 한 줄기 빛 속에서 일어나 보물 창고의 봉인을
제거하고, 그의 친구 엔키두를 위해 홍옥수와 금 같은 보물을 옮겼
다. 소와 양을 잡아 친구를 위해 쌓았으며, 저승의 지배자들에게 고
기를 바쳤다. 길가메쉬는 여명을 받으며 진귀한 나무로 만든 멋진
탁자를 갖고 나왔다. 홍옥수 병에 꿀을 채워 넣었고, 청금석 병에 버
터를 채워 넣었다. 그는 샤마쉬 앞에 그것들을 펼쳐놓았다. 장례식
이 열리고 있었다.

THE EPIC OF
GILGAMESH

16

길가메쉬와 엔키두의 저승 여행

내가 만일 당신에게 저승의 질서를 말한다면,

앉아서 우세요. 나도 앉아 울겠습니다!

옛날에, 먼 옛날에, 먼 옛날 옛 밤에, 옛날 한 옛날에, 필요한 것들이 확실히 만들어진 뒤에, 옛날에, 필요한 것들이 처음으로 올바르게 취급된 뒤에, 수메르 땅의 성소에서 처음으로 빵을 맛보게 된 뒤에, 수메르 땅의 가마에 불을 지피기 시작한 뒤에, 하늘이 땅과 분리된 뒤에, 땅이 하늘과 경계선이 그어진 뒤에, 인간의 이름이 생겨난 뒤에, 안이 하늘을 취한 뒤에, 엔릴이 땅을 취한 뒤에, 저승이 에레쉬키갈라에게 선물로 주어진 뒤에.[31]

그가 항해를 떠났을 때, 그가 항해를 떠났을 때, 아버지가 저승으로 항해를 떠났을 때, 엔키가 저승으로 항해를 떠났을 때, 그를 향해 '작은 우박의 폭풍'이 일어났고, '큰 우박의 폭풍'이 일어났다. 작은 것은 주먹만 한 돌이었고, 큰 것은 숫돌만 했다. 엔키가 탄 작은 배의 용골(龍骨)은 거북이 들이받은 것처럼 흔들렸고, 뱃머리에 파도

56

57

---

[31] 길가메쉬 서사시 열두 토판에 포함되지 않은 수메르어 판본 중 하나다. 니푸르와 우르 및 다른 곳에서 수집된 몇 가지 판본을 사용했다. '우드 레아 우드 수-라 레아(ud re-a ud sus-ra2 re-a)'라는 관용구로 시작되는 수메르 문서는 인간의 '상투적인 화법'의 시초라고 할 수 있다. 거의 모든 이야기꾼은 '옛날 옛적에'와 같은 말로 옛이야기를 시작하곤 한다. 인류 문명 초기에 가장 '필요한 것들'은 아마도 흙으로 만든 벽돌이었을 것이다. 수메르 신들이 천지를 나누어 가졌던 때가 있었다. 신들의 대부 아누는 하늘로 올라가 천계를 차지했고, 그의 적통자 엔릴은 엔키가 주인이었던 땅을 차지했으며, 엔키는 바다로 내몰렸다. 그리고 저승(또는 하계)은 인안나의 언니인 에레쉬키갈(라)의 차지가 되었다. 이렇게 신들의 자리 이동이 있은 후에 이 문서의 사연은 수메르 신화의 풍운아 엔키가 저승으로 여행길에 오르는 장면으로 시작된다. 여기에서 '저승'이라는 의미로 사용된 수메르어는 '쿠르(kur)'다. 쿠르는 '산'이나 '고지대', '이방(異邦)의 땅'을 의미하기도 한다. 신들의 실권자 엔릴은 종종 '쿠르갈(kur-gal)'이라 불렸다. '위대한 산' 또는 '큰 산'이란 뜻이다.

57
배에 탄 신

약 4900~4400년 전의 유물. 배에
탄 신과 사지의 동물이 그려져 있
다. 이라크 바그다드박물관 소장.

56
수메르 신화의 풍운아 엔키

엔키의 주변에 물고기들이 그려져
있다. 에아로도 불린 그는 바다와
물과 늪지의 신이다. 영국박물관
소장. 사진 크리에이티브 코먼스.

가 일어 늑대처럼 엔키 왕을 집어삼킬 듯했고, 배의 뒷머리에서 일어난 파도는 사자처럼 그를 공격했다.

그때 나무 한 그루가 있었다. 훌루푸나무 한 그루가 있었다. 나무한 그루가 달랑 유프라테스 강둑에서 자라고 있었고, 유프라테스 강물을 마시고 있었다. 남풍이 불자 나무는 뿌리째 뽑혔고, 나뭇가지가 꺾여서 유프라테스강으로 쓸려 내려갔다.

안의 말씀을 경외하는 한 여자가 걸어다니고 있었다. 엔릴의 말씀을 경외하는 한 여자가 걸어다니고 있었다. 그녀는 그 나무를 우루크로 가져와 인안나의 울창한 정원에 들여놓았다. 그녀는 자신의 발로 나무를 심었는데, 손은 사용하지 않았다. 발로 물을 주었는데, 손은 사용하지 않았다. 그녀가 말했다.

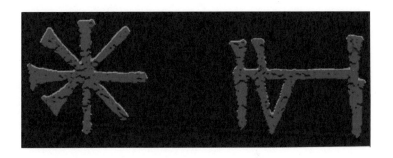

58 인안나의 설형문자

왼쪽 기호는 '신'을 의미하는 '딘기르'이고, 오른쪽 기호는 '인안나'다. 사진 조지프 페이건.

"이것이 언제 멋진 의자가 되어 내가 앉아볼까? 이것이 언제 멋진 침대가 되어 내가 누워볼까?"

5년, 10년이 흘러 나무는 크게 자랐다. 그러나 나무껍질은 갈라지지 않았다. 주문(呪文)에 둔한 뱀 한 마리가 나무뿌리에 자리를 잡고 있었고, 천둥새가 나뭇가지에 둥지를 틀고 있었다. 젊은 여자 유령이 나무줄기에 집을 지었다. 그녀는 즐거워서 웃었다. 그러나 신령스러운 인안나는 울었다!

새벽이 되어 지평선이 환해졌을 때, 동틀 녘이 되어 작은 새들이 소란스레 지저귀기 시작했을 때, 우투가 침실을 떠났을 때, 그의 누이 인안나가 젊은 용사 우투에게 말했다.

"오라버니. 운명이 정해진 뒤에, 수메르 땅에 풍요가 넘친 뒤에, 안이 하늘을 취한 뒤에, 물릴이 땅을 취한 뒤에, 저승이 가샨키갈라에게 선물로 주어진 뒤에 일어난 일이었어요. 그가 항해를 떠났을 때, 그가 항해를 떠났을 때, 아버지가 저승으로 항해를 떠났을 때, 암안키가 여행을 떠났을 때, 아버지 암안키를 향해 '작은 우박의 폭풍'이 일어났고, '큰 우박의 폭풍'이 일어났지요. 작은 것은 주먹만 한 돌이었고, 큰 것은 숫돌만 했어요. 암안키가 탄 작은 배의 용골은 거북이 들이받은 것처럼 흔들렸고, 뱃머리에 파도가 일어 늑대처럼 암안키를 집어삼킬 듯했고, 배의 뒷머리에서 일어난 파도는 사자처럼 그를 공격했어요. 그때 나무 한 그루가 있었지요. 훌루푸나무 한 그루였어요. 나무 한 그루가 달랑 유프라테스 강둑에서 자라고 있었고, 유프라테스 강물을 마시고 있었어요. 남풍이 불자 나무는 뿌리째 뽑혔고, 나뭇가지가 꺾여서 유프라테스강으로 쓸려 내려갔어요. 안의 말씀을 경외하는 내가 걸어다니고 있었죠. 물릴의 말씀을 경외하는 내가 걸어다니고 있었어요. 나는 그 나무를 우루크로 가져와 가산안나인 나의 울창한 정원에 들여놓았어요. 나는 내 발로 나무를 심었는데, 손은 사용하지 않았어요. 발로 물을 주었는데, 손은 사용하지 않았지요. 나는 말했죠. '이것이 언제 멋진 의자가 되어 내가 앉아볼까? 이것이 언제 멋진 침대가 되어 내가 누워볼까?' 5년, 10년이 흘러 나무는 크게 자랐어요. 그러나 나무껍질은 갈라지지 않았죠. 주문에 둔한 뱀 한 마리가 나무뿌리에 자리를 잡고, 천둥새가 나뭇가지에 둥지를 틀고 있었어요. 젊은 여자 유령이 나무줄기에 집을 지었어요. 그녀는 즐거워서 웃었죠. 그러나 신령스러운 나는 울었어요!"[32]

---

[32] 인안나가 사용하고 있는 단어 '물릴(mu-ul-lil₂)'은 엔릴을 가리키는 말로 여자들이 쓰는 말투다. 가샨키갈라(ga-sha-an-ki-gal-la-ra)는 에레쉬키갈(라)을 가리키며, 암안키(am-an-ki)는 엔키를, 가샨안나(ga-sha-an-na)는 인안나 자신을 가리키는 말이다. 또한 인안나가 우투를 '오라버니'라고 호칭한 것은 당연한 일이지만, 길가메쉬를 그렇게 부른 것은 좀 이상해 보일 수도 있겠다. 하지만 수메르의 신화적 전승에서 자주 나오는 '아버지', '어머니' 같은 호칭이 그렇게 부르고 듣는 당사자들 사이의 상황(존경의 대상이면 '계보'에 관계없이 그렇게 불렸다)에 따라 가능한 일이었던 것처럼, 인안나가 길가메쉬에게 '자신을 지지해줄 것을 부탁하는 상황'이므로 우루크 왕을 '오라버니'라고 부른 것은 전혀 이상하지 않다.

하지만 그녀의 오빠, 젊은 용사 우투는 이 일을 지지하지 않았다. 새벽이 되어 지평선이 환해졌을 때, 동틀 녘이 되어 작은 새들이 소란스레 지저귀기 시작할 때, 우투가 침실을 떠났을 때, 그의 누이 인 안나가 젊은 용사 길가메쉬에게 말했다.

"오라버니. 운명이 정해진 뒤에, 수메르 땅에 풍요가 넘친 뒤에, 안이 하늘을 취한 뒤에, 물릴이 땅을 취한 뒤에, 저승이 가산키갈라에게 선물로 주어진 뒤에 일어난 일이었어요. 그가 항해를 떠났을 때, 그가 항해를 떠났을 때, 아버지가 저승으로 항해를 떠났을 때, 암안키가 여행을 떠났을 때, 아버지 암안키를 향해 '작은 우박의 폭풍'이 일어났고, '큰 우박의 폭풍'이 일어났지요. 작은 것은 주먹만 한 돌이었고, 큰 것은 숫돌만 했어요. 암안키가 탄 작은 배의 용골은 거북이 들이받은 것처럼 흔들렸고, 뱃머리에 파도가 일어 늑대처럼 암안키를 집어삼킬 듯했고, 배의 뒷머리에서 일어난 파도는 사자처럼 그를 공격했어요. 그때 나무 한 그루가 있었지요. 홀루푸나무 한 그루였어요. 나무 한 그루가 달랑 유프라테스 강둑에서 자라고 있었고, 유프라테스 강물을 마시고 있었어요. 남풍이 불자 나무는 뿌리째 뽑혔고, 나뭇가지가 꺾여서 유프라테스강으로 쓸려 내려갔어요. 안의 말씀을 경외하는 내가 걸어다니고 있었죠. 물릴의 말씀을 경외하는 내가 걸어다니고 있었어요. 나는 그 나무를 우루크로 가져와 가산안나인 나의 울창한 정원에 들여놓았어요. 나는 내 발로 나무를 심었는데, 손은 사용하지 않았어요. 발로 물을 주었는데, 손은 사용하지 않았지요. 나는 말했죠. '이것이 언제 멋진 의자가 되어 내가

앉아볼까? 이것이 언제 멋진 침대가 되어 내가 누워볼까?' 5년, 10년
이 흘러 나무는 크게 자랐어요. 그러나 나무껍질은 갈라지지 않았
죠. 주문에 둔한 뱀 한 마리가 나무뿌리에 자리를 잡았고, 천둥새가
나뭇가지에 둥지를 틀고 있었어요. 젊은 여자 유령이 나무줄기에 집
을 지었어요. 그녀는 즐거워서 웃었죠. 그러나 신령스러운 나는 울
었어요!"

　여동생이 하는 말을 듣고 그녀의 오빠, 젊은 용사 길가메쉬가 이
일에 대해 그녀를 지지했다. 그는 50마나 무게의 벨트를 허리에 맸
다. 그에게 50마나는 30쉐켈 정도였다.[33] 그는 7달란트 7마나의 원
정용 청동 도끼를 들었다. 그는 나무뿌리에 살고 있던 주문이 통하
지 않는 뱀을 죽였다. 나뭇가지에 살고 있던 천둥새는 새끼들을 데
리고 산속으로 갔다. 나무줄기에 살고 있던 젊은 여자 유령은 집을
버리고 도주하여 황야에서 피신처를 찾았다.
　길가메쉬는 나무를 뿌리째 뽑아서 가지를 꺾었고, 그와 동행한 도

---

[33] 영웅 길가메쉬에게 '50마나는 30쉐켈 정도였다'는 것은 그가 50마나의 무게를 30쉐켈 정도
로 가볍게 다루었다는 뜻이다. 따라서 길가메쉬는 약 25킬로그램의 벨트를 약 250그램 정도로
가볍게 다루었다는 것이다. '7달란트 7마나'의 원정용 도끼의 무게는 어느 정도였을까. 1달란
트는 60파운드이며, 1파운드는 0.4536킬로그램이다. 그렇다면 7달란트는 7×60마나(파운드)이
며, 여기에 7마나를 더 합친 무게가 길가메쉬의 도끼 무게인 셈이다. 총 427마나다. 그런데 1마
나는 1파운드와 동일한 무게 단위이므로 결국 427마나는 427파운드, 환산하면 약 190여 킬로그
램이나 나가는 대단한 무게인 것이다. 길가메쉬는 키가 11완척, 즉 약 5미터 되는 거인이었다.
이 수메르의 영웅에게 약 25킬로그램의 벨트를 250그램 정도로 가볍게 다루었다는 표현은 적절
한 듯싶다.

시의 아들들이 가지를 치고 쌓았다. 그는 그 나무로 의자와 침대를 만들어 자신의 여동생, 성스러운 인안나에게 주었다. 또 뿌리로는 북(?)을 만들고, 가지로는 북채(?)를 만들었다.[34]

그는 넓은 광장에서 북을 연주했고, 연주를 결코 멈추고 싶지 않았고, 넓은 광장에서 자신을 찬양했으며, 그 찬양을 결코 멈추고 싶지 않았다. 도시의 젊은이들이 북을 연주하고 있었다. 한 무리의 과부들의 자식들이…… 그들은 한탄했다.

"아, 내 목! 아, 내 허리!"

아들을 둔 어머니는 아들에게 빵을 갖다주었고, 남동생을 둔 누이는 남동생에게 물을 부었다. 저녁이 지난 뒤에 그는 북이 놓였던 곳을 표시했고, 북을 앞으로 들고 집으로 가져갔다. 하지만 이른 아침

---

[34] 필경사들은 수메르어의 'ellag'와 'E.KID-ma/ekidma'를 악카드어로는 'pukku'와 'mikku'로 옮겨 쓰기도 했다. 이 두 단어에 대한 학자들의 해석은 '북과 북채,' '하키 퍽과 막대기,' '공과 막대기,' '막대와 줄' 등 다양하다. 이 책에서는 '북과 북채'를 선택했지만 그것이 무엇이든 '왕권의 상징'을 표현하고자 한 것으로 보인다. '북과 북채' 대신 '공과 막대'로 해석한다면 '북을 연주하고 있었다'는 '자치기'나 '폴로'와 유사한 놀이를 하고 있었다는 뜻으로도 생각할 수 있다. 인안나는 우루크의 여신이다. 길가메쉬가 그녀에게 북과 북채를 만들어준 이유는 '하늘과 땅의 여제'에 대한 예우를 갖추기 위함이었을 것이다. 그러나 후와와를 죽이고 하늘의 황소를 제거할 정도로 강력한 수메르의 왕이었던 길가메쉬에게 신들의 모임에서 내려진 결정은 '엔키두의 죽음'이라는 극형이었다. 절친한 친구이자 유일한 형제를 저승으로 보내야 하는 것은 길가메쉬가 갖고 있던 '힘의 몰락'일지도 모른다. 그리고 그의 북과 북채를 찾기 위해 저승으로 가고자 한 사람은 다름 아닌 엔키두였다. 이미 그는 죽은 목숨인 것이다.

에 그가 표시해둔 곳에서 과부들의 비난과 처녀들의 불만이 빗발쳐 그의 북과 북채는 저승 바닥으로 떨어졌다. 그의 손은 그곳에 닿질 않았다. 그는 손을 뻗어 그것들을 잡으려고 했으나 닿지 않았고, 발을 뻗어 시도했으나 마찬가지였다.

저승의 입구, 간지르 문 앞에 그는 앉아 있었다. 길가메쉬는 비통한 심정으로 눈물을 흘렸다.

"오, 내 북! 오, 내 북채! 오, 내 북! 나는 아직 그것의 매력을 만끽하지 못했고, 나는 아직 그 놀이에 물리지 않았다! 만일 내 북이 나를 위해 아직도 목수의 집에서 기다리고 있었다면! 나는 목수의 아내를 내 어머니처럼 대했을 텐데. 만일 그것이 아직도 그곳에서 나를 기다리고 있었다면! 나는 목수의 아이들을 내 어린 누이처럼 대했을 텐데. 만일 그것이 아직도 그곳에서 나를 기다리고 있었다면! 내 북이 저승으로 떨어졌다. 누가 날 위해 그것을 저승에서 되찾아올 수 있을까? 내 북채가 간지르로 떨어졌다. 누가 날 위해 그것을 저승에서 되찾아올 수 있을까?"

그의 종 엔키두가 길가메쉬에게 대답했다.

"나의 왕이시여, 당신은 눈물을 흘립니다. 무슨 이유로 당신 속을 태우십니까? 오늘 제가 저승에서 당신의 북을 되찾아오겠습니다, 제가 간지르에서 당신의 북채를 되찾아오겠습니다!"

"만일 오늘 네가 저승으로 내려간다면, 내가 충고하겠다! 내 가르침은 반드시 따라야 한다. 내가 네게 말하겠다! 내 말을 따라야 한다! 말끔한 옷을 입지 마라. 그들이 즉각 네가 이방인이라는 걸 눈치챌 것이다. 네 몸에 질 좋은 기름을 단지 통째로 붓지 마라. 그들이 너의 냄새를 맡고 에워쌀 것이다. 창을 저승으로 세게 던지지 마라. 창에 찔려 쓰러진 사람들이 너를 에워쌀 것이다. 산딸나무 막대기를 손에 들지 마라. 정령들이 네게 모욕당하고 있다고 느낄 것이다. 샌들을 신지 마라. 저승에서 큰 소리 내지 마라. 사랑하는 아내와 입을 맞추지 마라. 아무리 네 아내 때문에 화가 나더라도 손찌검을 하지 마라. 사랑하는 자식과 입을 맞추지 마라. 아무리 네 자식 때문에 화가 나더라도 손찌검을 하지 마라. 그로 인한 울부짖음은 너를 저승에 갇히게 할 것이다. 그곳에 누워 있는 여인, 그곳에 누워 있는 여인, 그곳에 누워 있는 닌아주의 어머니, 그녀의 고결한 어깨는 옷을 두르지 않고, 어떤 천도 그녀의 순결한 가슴을 덮지 않는다. 그녀는 곡괭이 같은 손가락으로 부추 같은 자신의 머리카락을 잡아 뜯는다."

그러나 엔키두는 주인의 말에 개의치 않았다. 엔키두가 깨끗한 옷을 입어서 그들이 금세 그가 이방인임을 알아챘다. 그가 질 좋은 기름을 단지 통째로 몸에 부어서 그들이 그 냄새를 맡고 그를 에워쌌다. 그가 저승에 창을 세게 던져서 그 창에 찔린 사람들이 그를 에워쌌다. 그가 산딸나무 막대기를 손에 들어서 정령들이 그에게 모욕당하고 있다고 느꼈다. 그가 샌들을 신었다. 그가 저승에서 소란을 피

59
엔키의 도시 에리두의 지구라트 유적. 사진 시카고 대학 근동연구소.

웠다. 그가 사랑하는 아내와 입을 맞추었고, 아내 때문에 화가 나서 아내에게 손찌검을 했다. 그가 사랑하는 자식과 입을 맞추었고, 자식 때문에 화가 나서 자식에게 손찌검을 했다. 그로 인한 자식의 울부짖음으로 그가 저승에 갇혔다.

용사 길가메쉬, 닌순의 아들은 곧장 엔릴의 신전 에쿠르로 발길을 옮겼다. 그는 엔릴 앞에서 눈물을 흘렸다.

"아버지 엔릴. 제 북이 저승에 떨어졌습니다. 제 북채가 간지르로 떨어졌습니다. 엔키두가 그것들을 되찾아오려고 내려갔습니다만 그는 저승에 갇혔습니다. 운명의 귀신에게도 잡히지 않았고 병마에게도 잡히지 않았습니다만 저승에 잡혔습니다. 인정사정없는 악마의 신 네르갈[35]이 그를 잡은 것이 아니라 저승이 그를 잡았습니다. 그는 전쟁터에서 남자답게 쓰러진 것이 아니라 저승에 잡힌 것입니다."

59   아버지 엔릴은 이 일에 대해 그를 지지하지 않았다. 그래서 길가메쉬는 에리두로 갔다. 에리두에서 그는 곧장 엔키의 신전으로 발길을 옮겼다. 그는 엔키 앞에서 눈물을 흘렸다.

---

[35] 네르갈은 저승의 신으로, '쿠르의 지배자'다. 인정사정없는 악마의 신인 그에게도 진한 감동의 러브 스토리가 있다. 어느 날 아누, 엔릴, 엔키 같은 큰 신들의 연회가 열리고 있었다. 그런데 저승의 여주 에레쉬키갈은 이 자리에 참석하지 못했다. 이에 아누의 심부름꾼 칵카가 기다란 하늘의 계단을 내려와 에레쉬키갈의 시종이자 '운명의 신'인 남타르를 데리고 하늘로 올라갔다. 신들이 모두 일어나 남타르를 환대했지만 유독 뒤편에 앉아 있던 '머리카락 없는 신'만이 그를 무시했다. 남타르가 하계로 돌아가 에레쉬키갈에게 이런 치욕을 보고하자, 여신은 화가 치밀어 '주변머리 없는 신'을 즉시 하계로 보내달라는 청을 상계에 올렸다. 그래서 천상에서 출경 당한 신이 바로 네르갈이었다. 하계에 당도한 네르갈을 보자 남타르는 길길이 날뛰었지만, 에레쉬키갈의 눈부신 자태에 네르갈은 그만 혼을 빼앗기고 말았다. 남신과 여신은 포옹했고 동침했다. 둘은 7일 밤, 7일 낮 동안 그렇게 나뒹굴었다. 그 후 네르갈의 행방이 묘연해지자 위에 있던 큰 신들이 노심초사했다. 네르갈은 사랑에 빠진 여신에게 신신당부하여 상계로 돌아갔으나, 다시 오겠다던 그는 감감무소식이었다. 여신은 아누에게 애걸복걸하여 연인을 돌려주면 그와 결혼하겠다고 떼를 썼고, 재차 하계로 내려온 네르갈은 엉뚱하게도 여신의 목을 베려고 달려들었다. 이때 사랑의 포로가 된 여신은 울부짖었다. "당신은 남편이 될 것이며, 저는 아내가 될 거예요. 당신에게 넓디넓은 하계의 전 영역을 지배하도록 해줄 것이며, '지혜의 서판'조차도 당신 손에 맡기겠어요." 이리하여 네르갈은 사랑 앞에 두 손을 들고 그녀의 뜻을 받아들였다.

"아버지 엔키. 제 북이 저승에 떨어졌습니다. 제 북채가 간지르로 떨어졌습니다. 엔키두가 그것들을 되찾아오려고 내려갔습니다만 그는 저승에 갇혔습니다. 운명의 귀신에게도 잡히지 않았고 병마에게도 잡히지 않았습니다만 저승에 잡혔습니다. 인정사정없는 악마 네르갈이 그를 잡은 것이 아니라 저승이 그를 잡았습니다. 그는 전쟁터에서 남자답게 쓰러진 것이 아니라 저승에 잡힌 것입니다."

아버지 엔키는 이 일에 대해 길가메쉬를 지지했다. 그는 닌갈이 낳은 아들, 젊은 용사 우투에게 말했다.

"즉각 저승에 있는 구멍을 열어라. 저승에서 그의 종을 데리고 오라!"

그가 저승의 구멍을 열고 저승에서 길가메쉬의 종 엔키두의 '혼'을 데려왔다. 그들은 서로 껴안고 입을 맞추었다. 그들은 서로에게 질문을 던지며 그리움을 달랬다.

"저승의 질서를 보았는가?"
"당신만이 내게 묻는 거라면, 나의 친구여. 당신만이 내게 묻는 거라면! 내가 만일 당신에게 저승의 질서를 말한다면, 앉아서 우세요! 나도 앉아 울겠습니다!…… (저를) 만져보니 기쁘시지요……. 낡은 옷처럼 벌레가 가득합니다……. 갈라진 틈에…… 먼지로 꽉 찼습니다."
"아!"

길가메쉬는 외마디를 지르며 먼지 위에 주저앉았다.

"너는 아들이 하나인 사람을 보았느냐?"

"그를 보았습니다."

"어떻게 지내고 있느냐?"

"그 사람은 자신의 벽을 뚫고 나온 나무못을 보고 심하게 울고 있습니다."

"아들이 둘인 사람을 보았느냐?"

"보았습니다."

"어떻게 지내고 있느냐?"

"그 사람은 벽돌 두 장 앞에 앉아 빵을 먹고 있습니다."

"아들이 셋인 사람을 보았느냐?"

"보았습니다."

"어떻게 지내고 있느냐?"

"그 사람은 말 안장 모양의 가죽 부대에 담긴 물을 마시고 있습니다."

"아들이 넷인 사람을 보았느냐?"

"보았습니다."

"어떻게 지내고 있느냐?"

"그의 마음이 멍에를 멜 네 마리 나귀를 가진 사람처럼 기쁩니다."

"아들이 다섯인 사람을 보았느냐?"

"보았습니다."

"어떻게 지내고 있느냐?"

"훌륭한 필경사처럼 그는 끈기 있고, 궁궐에 쉽게 들어갑니다."

"아들이 여섯인 사람을 보았느냐?"

"보았습니다."

"어떻게 지내고 있느냐?"

"그 사람은 농부처럼 쾌활합니다."

"아들이 일곱인 사람을 보았느냐?"

"보았습니다."

"어떻게 지내고 있느냐?"

"신들의 동료처럼 그는 옥좌에 앉아 판결문을 듣고 있습니다."

"왕궁의 내시를 보았느냐?"

"보았습니다."

"어떻게 지내고 있느냐?"

"쓸모없는 아라라 지팡이처럼 한구석에 세워져 있습니다."

"자식을 낳지 못하는 여자를 보았느냐?"

"보았습니다."

"어떻게 지내고 있느냐?"

"쓰레기처럼 가차 없이 버려져서 어느 남자에게도 즐거움을 주지 못합니다." 60

"아내의 옷을 벗겨보지 못한 젊은 남자를 보았느냐?"

"보았습니다."

"어떻게 지내고 있느냐?"

60
약 4600년 전 수메르 남자상

수염, 긴 머리, 벗은 상체, 주름 무늬의 치마, 손에 작은 그릇을 쥐고 있다. 눈은 검은 석회암 등으로 상감 처리했고, 머리와 수염은 역청으로 칠했으며, 양각 무늬의 단 위에 올라서 있다. 이라크 바그다드박물관 소장. 사진 크리에이티브 코먼스, ⓒOsama Shukir Muhammed Amin.

61
약 4600년 전 수메르 여자상

한쪽에만 절개선이 있는 긴 옷을 입고,
두 손을 모은 채 작고 납작한 단 위에 서
있다. 이라크 바그다드박물관 소장. 사진
크리에이티브 코먼스, ⓒOsama Shukir
Muhammed Amin.

"당신이 생명의 밧줄을 주었으나, 그것에다 눈물을 흘리고 있습니다."

"남편의 옷을 벗겨보지 못한 젊은 여자를 보았느냐?"

61 "보았습니다."

"어떻게 지내고 있느냐?"

"당신이 생명의 갈대 매트를 주었으나, 그것에다 눈물을 흘리고 있습니다."

"사자한테 잡아 먹힌 사람을 보았느냐?"

"보았습니다."

"어떻게 지내고 있느냐?"

"아, 내 손! 아, 내 발! 비참하게 소리치고 있습니다."

"지붕에서 떨어진 사람을 보았느냐?"

"보았습니다."

"어떻게 지내고 있느냐?"

"부서진 팔다리를 분간하지 못하고 있습니다."

"폭풍우에 휩쓸려간 한 사람을 보았느냐?"

"보았습니다."

"어떻게 지내고 있느냐?"

"음식으로부터 떨어져 있고, 물로부터 떨어져 있고, 그에게 제공된(?)—폭풍우로 휩쓸려온— 음식을 먹고, 그에게 제공된(?) 물을 마십니다. 그는 도시 밖에 살고 있습니다."

"자신의 아버지와 어머니의 말을 존중하지 않던 자를 보았느냐?"

"보았습니다."

"어떻게 지내고 있느냐?"

"'아, 내 몸! 아 내 팔다리!' 그는 울음을 멈추지 않습니다."

"자기 아버지와 어머니의 저주를 받은 자를 보았느냐?"

"보았습니다."

"어떻게 지내고 있느냐?"

"상속인 자리를 빼앗겼습니다. 그의 영혼은 방황하고 있습니다."

"나병에 걸린 사람을 보았느냐?"

"보았습니다."

"어떻게 지내고 있느냐?"

"나균(癩菌)이 그를 덮치듯 황소 같은 경련을 일으킵니다."

"전투에서 패한 사람을 보았느냐?"

"보았습니다."

"어떻게 지내고 있느냐?"

"그의 부모는 그의 머리를 붙들기 위해 그곳에 없고, 그의 아내는 울고 있습니다."

"장례 때 제물을 받지 못한 사람의 혼령을 보았느냐?"

"보았습니다."

"어떻게 지내고 있느냐?"

"손을 비비며 거리에 버려진 먹다 남은 음식과 빵 부스러기를 먹고 있습니다."

"물속에 뛰어들다가(?) 배의 판자에 부딪친 사람을 보았느냐?"

"보았습니다."

"어떻게 지내고 있느냐?"

"'아이고, 어머니!' 배의 판자를 뽑아내며 어머니를 향해 울고 있습니다…… 그는…… 갑판보…… '아이코'."

"결코 존재를 알지 못하는 나의 사산아들을 보았느냐?"

"보았습니다."

"어떻게 지내고 있느냐?"

"꿀과 버터기름이 충분한 금과 은으로 된 식탁에서 놀고 있습니다."

"한창때 죽은 사람을 보았느냐?"

"보았습니다."

"어떻게 지내고 있느냐?"

"신들의 침대 자리에 누워 있습니다."

"불에 탄 사람을 보았느냐?"

"보지 못했습니다."

"어떻게 지내고 있느냐?"

"그의 혼령은 없고, 그의 연기는 하늘로 올라갔습니다."

"맹세를 하는 동안 신에게 거짓말한 자를 보았느냐?"

"보았습니다."

"어떻게 지내고 있느냐?"

"그는 마시고…… 취한…… 저승으로 가는 입구(?)에 있는 제주(祭酒)하는 곳……."

"아버지와 어머니에게 물을 거절하는(?) 기르수의 시민을 보았느냐?"

"보았습니다."

62
기르수 1

수메르의 도시국가 중 하나였던 기르수
의 흔적. 길가메쉬 재위 시절에는 약
8,000명(추정)의 인구가 약 100에이커의
땅에서 살았다. 현재의 텔로 지역이다.
사진 시카고 대학 근동연구소.

63
기르수 2

수메르의 도시국가 중 하나였던 기르수
의 도기 유적. 사진 시카고 대학 근동연
구소.

"어떻게 지내고 있느냐?"

"그들 앞에 무수한 아모리인들이 있고, 그의 영혼은 ……할 수 없고 ……할 수도 없습니다. 저승으로 가는 입구(?)에 있는 제주하는 곳에서 아모리인들이……."

"수메르와 악카드의 시민들을 보았느냐?"

"보았습니다."

"어떻게 지내고 있느냐?"

"그들의 …… 장소의 물을 마십니다. 진흙투성이의 물을요."

"내 아버지와 내 어머니를 보았느냐?"

"보았습니다."

"어떻게 지내고 있느냐?"

"두 분 다 …… 장소의 물을 마십니다. 진흙투성이의 물을요."

그들은 우루크로 돌아갔다. 그들은 그들의 도시로 돌아갔다. 그들은 연장과 무기, 도끼와 창을 갖고 들어가서 그것들을 궁전에 잘 넣어두었다. 조상(彫像)을 보고 우루크의 젊은 남자와 여자 들이, 쿨아바의 나이든 남자와 여자 들이 기뻐했다. 우투가 그의 침실에 나타났을 때 길가메쉬는 고개를 들고 말했다.

"내 아버지, 내 어머니. 깨끗한 물을 마시세요!"

정오가 지나자마자 사람들이 엔키두 조상의 왕관을 만졌다. 길가메쉬는 상(喪)을 당한 장소에 털썩 주저앉았다. 그는 상을 당한 장소에 9일 동안 털썩 주저앉아 있었다. 우루크의 젊은 남자와 여자 들이, 쿨아바의 나이든 남자와 여자 들이 울었다. 그가 이렇게 말하고 나서 곧바로 기르수의 사람들을 물리쳤다.

"내 아버지, 내 어머니. 깨끗한 물을 마시세요!"

용사 길가메쉬, 닌순의 아들, 당신을 칭송하는 게 즐겁습니다!

THE EPIC OF
GILGAMESH

17

길가메쉬의 방황과 전갈 부부

산 입구는 이제 당신에게 열려 있소!

길가메쉬는 친구 엔키두를 위해 비통한 심정으로 울었다. 그는 대초원에서 방황하고 있었다.

"나는 죽을 것이다! 나도 엔키두와 다를 바 없겠지?! 너무나 슬픈 생각이 내 몸속을 파고드는구나! 죽음이 두렵다. 그래서 지금 대초원을 헤매고 있고…… 우바르투투의 아들 우트나피쉬팀의 구역[36]을 향해 곧바로 가리라."

---

[36] 우트나피쉬팀의 구역은 딜문이자 수메르 신들의 파라다이스다. 말하자면 신들의 정원인 것이다. '엔키와 닌후르쌍'으로 명명된 수메르 문서를 보면 딜문이 어떤 곳인가를 알 수 있다. 그곳은 거룩한 도시였고, 깨끗한 땅이였으며, 빛나는 낙원이었다. 수메르의 이상향은 그토록 거룩하고 깨끗하고 빛나던 딜문이었다. 병도, 폭력도, 늙음도 없는 그런 곳이었다. 수메르 신들의 무릉도원이었다. 이곳에 유일하게 살고 있는 인간이 바로 대홍수에서 살아남은 우트나피쉬팀이었다. 그는 길가메쉬의 조상이었다! 그러나 이 낙원에 부족한 것이 하나 있었는데, 그것은 물이었다. 이를 해결할 수 있는 수메르 만신전의 유일한 신은 엔키뿐이었다. 그는 물을 공급했고, 딜문 동산을 낙원으로 가꾸었다. 그래서인지 이 문서의 마지막 281행에서 필경사는 이렇게 기록하고 있다. "엔키를 찬양하라(d en-ki zas-miz)!" 수메르 신들의 파라다이스는 우투의 독수리가 웅크리고 있는 땅이었으며, '신들의 전차'를 타고 신들만이 승천할 수 있었던 곳이었다. '딜문 동산' 입구는 항상 험상궂은 경비병들이 밤낮으로 지키고 있었다. 딜문은 너무나도 완벽한 '지상천국'이었다. 까마귀가 깍깍 울지 않았고, 닭이 구구 울지 않았고, 사자가 굶주려 잡아먹지 않았고, 늑대가 양을 덮치지 않았고, 개가 어린 염소의 목을 따지 않았고, 돼지가 보리를 먹는 일조차 없었다. 홀로 된 여인이 지붕에 맥아를 얹어놓았으나 새들이 탐내 먹는 일도 없었고, 비둘기가 날개 밑으로 머리를 묻지 않았다. 눈병 있는 자가 '눈이 아파'라고 하지 않았고, 두통 있는 자가 '머리가 아파'라고 하지 않았고, 늙은 여자가 '나는 할미다'라고 하지 않았고, 늙은 남자가 '나는 할아비다'라고 하지 않았다. 처녀가 몸을 씻지 않아도 도시에서 내돌림당하지 않았고, 강을 건너는 자가 '힘들어'라고 하지 않았고, 전령이 급보를 알리려고 도시 주변을 뛰어다니지 않았고, 노래하는 자가 '일하러 갑시다'라고 부르지 않았고, 도시 변두리에서 곡하는 소리가 들리지 않았다.

길가메쉬는 해가 떨어진 뒤에야 산길로 접어들었는데, 그때 그는 사자를 보고 전율했다. 방랑자는 고개를 들어 달의 신 씬에게 기도했고…… 신들의 위대한 부인 닌갈…… 에게 애타게 호소하며 나아갔다.

"저를 지켜주소서……!"

그는 밤중에 잠을 자다가 꿈에서 깨어났다. 꿈속에서 한 용사가 살아 있음을 기뻐하고 있었다……. 그는 손에 도끼를 들고, 칼집에서 64 단검을 뽑았으며, 화살처럼 사자들을 급습하여 물리쳤다.

마슈라고 불리던 산이었다. 그가 마슈산에 도착했다. 그 산은 매 65 일같이 태양이 뜨고 지는 것을 감시하고, 산봉우리는 위로 천정(天頂)에까지 다다르며, 산기슭은 아래로 저승에까지 다다르고, 산 입구는 전갈들이 지키고 있었다. 그들은 살 떨리는 공포를 불러일으키는 존재였다. 그들을 쳐다본다는 것은 곧 죽음을 의미했다. 그들이 내뿜는 무서운 광채는 산을 엄습했고, 그들은 태양이 뜨고 지는 것을 감시했다.
길가메쉬가 그들을 보았을 때 무시무시한 공포가 자신의 얼굴을 덮었으나, 곧 평정을 되찾아 그들에게 다가갔다.
전갈이 자기 부인을 불렀다.

"우리에게 온 자, 그의 몸은 신들의 육체구나!"

64

단검과 칼집

약 4400년 전 황금과 청금석으로
만든 수메르인의 단검과 칼집. 이
라크 바그다드박물관 소장.

65

마슈(Mashu/Mashum)산 두 봉우리
사이의 샤마쉬. 마슈산은 '쌍둥이
봉우리의 산' 이라는 의미를 지니고
있다. 수메르어로 쌍둥이는 '마쉬
(maš)' 이다. 영국박물관 소장.

"3분의 2는 신이고, 3분의 1은 인간이군요."

남편 전갈이 신들의 자손 길가메쉬를 불러 질문을 던졌다.

"당신은 무슨 이유로 이렇게 먼 여행을 하오? 왜 내게 왔느냔 말이오? 당신은 천국의 바다를 건넜소. 그건 믿을 수 없는 일이오! 나는 당신이 온 이유를 알고 싶소……. 당신의 목적을 알고 싶소."

"나는 나의 조상 우트나피쉬팀 때문에 왔소이다. 그는 신들의 회합에 참석했고, 영생을 얻었소. 삶과 죽음에 대해 그에게 꼭 물어봐야겠소!"

"길가메쉬. 그곳에 간 '필멸의 인간'은 아무도 없었소. 그 산을 통과한 인간은 진정 없었소. 12리그 동안은 완전히 어둡지요……. 순전히 칠흑 같은 어둠뿐이오. 빛이라곤 한 줄기도 없소. 일출을 위해서…… 일몰을 위해서…… 일몰을 위해서……."

…………

"설령 참을 수 없는 슬픔이나 고통이 온다 해도, 그 어떤 폭염이 내리고 한파가 불어닥친다 해도…… 한숨 속에 울며불며 간다 해도…… 나는 계속 갈 것이다! 지금 당장! 문을 열어라!"

결국 전갈은 신들의 자손 길가메쉬에게 입산을 허락했다.

"가시오, 길가메쉬. 두려워 말고! 마슈산을 자유롭게 다니도록 허락하겠소! 당신은 산이든 산맥이든 모두 횡단할 수 있소……. 당신은 안전하게 갈 수 있소. 산의 입구는 이제 당신에게 열려 있소!"

이 말을 들었을 때, 남편 전갈의 이 말을 새겨들었을 때, 길가메쉬는 태양의 길을 따라 동쪽에서 서쪽으로 여행을 떠났다.

1리그를 갔다……. 칠흑 같은 어둠뿐 한 줄기 빛조차 없었다. 앞뒤로 아무것도 볼 수 없었다.

2리그를 갔다……. 칠흑 같은 어둠뿐 한 줄기 빛조차 없었다. 앞뒤로 아무것도 볼 수 없었다…….

4리그를 갔다……. 칠흑 같은 어둠뿐 한 줄기 빛조차 없었다. 앞뒤로 아무것도 볼 수 없었다.

5리그를 갔다……. 칠흑 같은 어둠뿐 한 줄기 빛조차 없었다. 앞뒤로 아무것도 볼 수 없었다.

6리그를 갔다……. 칠흑 같은 어둠뿐 한 줄기 빛조차 없었다. 앞뒤로 아무것도 볼 수 없었다.

7리그를 갔다……. 칠흑 같은 어둠뿐 한 줄기 빛조차 없었다. 앞뒤로 아무것도 볼 수 없었다.

8리그를 가서 그는 소리쳤다!……. 칠흑 같은 어둠뿐 한 줄기 빛조차 없었다. 앞뒤로 아무것도 볼 수 없었다.

9리그를 갔다……. 북풍이 불면서 얼굴을 핥았다. 칠흑 같은 어둠
뿐 한 줄기 빛조차 없었다. 앞뒤로 아무것도 볼 수 없었다.

10리그를 갔다……. 그는 일출의 순간이 다가옴을 알 수 있었다.

11리그를 갔을 때 태양이 떠오르는 그 앞에 다다랐다.

12리그를 갔을 때 태양은 환하게 타오르고 있었다…….

청금석 잎사귀가 달려 있었고, 과실이 달려 있었고, 보기에도 좋
았다…… 삼목…… 문석(文石)…… 바다의…… 청금석, 들장미와 가시
같은…… 홍옥수, 홍옥(紅玉), 적철석(赤鐵石)…… 마치…… 바다
의…… 녹옥(綠玉)!…… 길가메쉬는…… 계속 걸었다…… 눈을 들어
보니…….

신들의 정원이었다.

THE EPIC OF
GILGAMESH

18

씨두리의 충고

신들은 인간을 창조하면서 인간에게는 필멸의 삶을 배정했고,

자신들은 불멸의 삶을 가져갔지요.

……누군가의 음성이 들려왔다.

"야수들의 고깃덩어리를 먹고, 그들의 가죽을 입고 있는 오, 길가메쉬. 이런 일은, 그런 꼴로 여기까지 인간이 왔던 일은 예전에 없었다. 없었단 말이다! 내 바람이 바닷물을 말릴 때까지도 없을 것이다!"

기분이 몹시 상한 태양의 신 샤마쉬가 길가메쉬에게 가서 말을 건넸다.

"너는 네가 찾는 영생을 얻지 못할 것이다."

"여행이 끝난 뒤에, 대초원을 방황한 뒤에, 저는 제 머리를 땅속에 묻게 될까요? 그러고 나면 잠들고…… 영원히 잠든다? 안 돼! 제게 태양을 보여주십시오! 태양을 보고 빛에 물리도록 해주십시오! 빛이 충만하다면 어둠은 기죽어버립니다. 죽은 자라 할지라도 샤마쉬의 휘황찬란한 빛을 볼 수 있게 하소서!"

……바다 끄트머리에 위치한 여인숙을 지키는 씨두리라는 사람이 살고 있었다. 그녀는 강들이 합류하는 지점에 왕위에라도 올려진 듯 앉아 있었다. 그녀를 위해 술단지 받침대가 만들어졌고, 술을 발효시키는 황금으로 된 커다란 통도 만들어졌다. 그녀는 베일로 몸을 감싸고 있었는데…… 길가메쉬는 헤매고 있었다……. 그는 가죽옷을

66

66 씨두리의 설형문자

왼쪽에서 오른쪽으로 씨-두-리로 읽으면 된다. 사진 조지프 페이건.

입고 있었고…… 몸은 신들의 육체를 갖고 있었고…… 그렇지만 그의 마음 깊은 곳에는 슬픔이 자리잡고 있었다……. 좀 멀리 떨어진 곳에서 보면 여행자 같았지만.

여인숙 주인은 먼 거리에서 그를 유심히 바라보고 있었다. 그녀는 혼잣말로 이상하다는 듯 중얼거렸다.

"저자는 분명히 살인자일 거야! 저자가 지금 어디로 향하고 있는 거야!……."

자신을 향해 다가오고 있는 길가메쉬를 보고 당황한 그녀는 문을 닫고 빗장을 단단히 걸었다. 하지만 그녀의 호들갑에 귀가 간지러운 길가메쉬는 턱을 들어 그녀에게 시선을 고정한 채 말했다.

"여인숙을 돌보는 여인[37]이여. 당신이 날 보더니 문을 닫고 단단히 빗장을 거는 이유는 무엇 때문이오! 나를 들어가지 못하게 한다면 문을 부수고 빗장을 부러뜨려 버리겠소! 나는 대초원에서……."

씨두리는 갑작스런 방문자가 정말 어떤 존재인지 알고 싶었다.

"나는 길가메쉬요. 나는 산지기를 죽였소! 삼목산 숲속에 살던 훔바바를 없애버렸으며, 산길에 있던 사자들을 죽여버렸고, 하늘에서 내려온 황소와도 맞붙어 그를 처치해버렸소!"

"당신이 길가메쉬라면, 산지기를 죽인 자라면, 삼목산 숲속에 살던 훔바바를 없앤 자라면, 산길에 있던 사자를 죽여버린 자라면, 하늘에서 내려온 황소와도 맞붙어 그를 처치해버린 자라면, 참으로 그렇다면 당신 뺨이 수척한 이유는 무엇 때문이며, 당신 표정이 쓸쓸한 이유는 무엇 때문이죠? 당신 마음이 비참하고 당신 얼굴이 여윈

[37] 여인숙을 돌보는 여인 씨두리는 악카드 판테온에 등장하는 양조(釀造)와 지혜의 여신이다. 계통이 알쏭달쏭한 신으로 '양조장 안주인'이라는 별칭이 있고, 알려진 배우자는 아직까지 없으며, 알려진 신전도 없다. 상징적으로 본다면 포도주의 여신이다. 그녀는 성배(聖杯), 포도나무, 보리와 관련이 있다. 씨두리의 현실 감각—이승에서 살아가는 방법—을 감안해본다면 이 여신은 인안나/이쉬타르의 속성을 일부 지니고도 있다. 씨두리가 담근 술은 '망각의 지혜'를 가져다주었다. 불행한 과거도 잊어버리고, 불확실한 미래에 대한 두려움도 잊게 해주는 지극히 현실적인 '강력한 물의 지혜'다. 바다 끄트머리에 위치한 그녀의 여인숙에서 마실 수 있는 포도주는 인간의 머릿속에 드리워진 필멸의 두려움을 영원히 망각하게 해주는 저기, 저승 하데스(Hades) 주위에 흐르는 죽은 자의 혼이 마시면 생전의 일을 모두 잊게 해준다는 레테(Lethe)의 강물이 아닐까. 씨두리는 영생을 찾아 방황하는 길가메쉬가 몹시 안타깝다. 여신은 인간에게 영생은 없으니 지금 이 순간을 만끽하라고 충고하지만 불멸에 대한 욕망으로 가득 찬 고독한 여행자에게는 소용없는 이야기다.

67
사자를 죽이는 두 남자

약 5000년 전 우루크에서 제
작된 현무암 석비의 일부다.
치마를 입고 머리띠를 두른
두 남자와 사자로 보이는 네
마리 동물로, 두 사람은 사
자를 죽이고 있다. 한 사람
은 창을, 다른 한 사람은 활
을 사용하고 있다. 이라크
바그다드박물관 소장. 사진
ⓒSumerian Shakespeare.

이유는 무엇 때문이죠? 당신 마음 깊은 곳에 그런 비애가 서린 이유는 무엇 때문이죠? 먼 길을 오랫동안 여행한 사람처럼 추위와 더위에 얼굴을 그을린 까닭을 말해보세요!…… 대초원을 방황하는 진의를 말해보세요!"

"내 뺨이 수척해지지 말란 법 있소! 내 표정이 쓸쓸해지지 말란법 있소! 내 마음이 비참하고 내 얼굴이 여위지 말란 법 있소! 내 마음 깊은 곳에 그런 비애가 서리지 말란 법 있소! 먼 길을 오랫동안여행한 사람처럼 추위와 더위에 내 얼굴을 그을리지 말란 법 있소!…… 내가 대초원을 방황하지 말란 법이 있기나 하난 말이오! 나의 친구인 야생 당나귀를 쫓던 야생 나귀, 대초원의 흑표범, 엔키두가 죽었는데도! 우리는 함께 산으로 올라갔소. 함께 하늘의 황소를붙잡아 황천으로 보냈고, 삼목산 숲속에 살던 훔바바에게도 그랬소. 산길에 있던 사자들도 죽여버렸고! 나의 친구는 너무나도 사랑하는나와 함께 모든 역경을 이겨내고 살았던 엔키두였소. 인간의 운명이그에게 덮쳤소. 6일 낮, 7일 밤을 나는 그를 위해 애도했소. 나는 그의 코에서 구더기가 떨어져 나올 때까지 그를 땅에 묻도록 허락하지않았소. 나는 그의 모습 때문에 무서웠소! 죽음이 두려워지기 시작했고, 그래서 대초원을 방황하고 있는 것이오. 내 친구의 죽음이 부른 난제가 나를 압박했소! 그런 이유로 나는 대초원 구석구석에 긴행적을 남기며 방황하고 있었소. 내가 어떻게 조용히 있을 수 있겠소. 내가 어떻게 가만히 있을 수 있겠소! 사랑했던 나의 친구는 흙으로 돌아갔소. 나도 그처럼 되지 않겠소? 나도 누워, 다시는 결코 일어나지 못하지 않겠소?…… 하지만 오, 여인숙을 돌보는 여인이여. 내가 당신 얼굴을 보았기에 내가 죽음을 보지 않게 해주시오. 나는 그것이 정말로 무섭소!"

"길가메쉬. 자신을 방황으로 몰고 있는 까닭은 무엇 때문인가요? 당신이 찾고 있는 영생은 발견할 수 없어요. 신들은 인간을 창조하면서 인간에게는 필멸의 삶을 배정했고, 자신들은 불멸의 삶을 가져갔지요. 길가메쉬. 배를 채우세요. 매일 밤낮으로 즐기고, 매일 축제를 벌이고, 춤추고 노세요. 밤이건 낮이건 상관없이 말이에요. 옷은 눈부시고 깨끗하게 입고, 머리는 씻고 몸은 닦고, 당신의 손을 잡은 아이들을 돌보고, 당신 부인을 데리고 가서 당신에게서 즐거움을 찾도록 해주세요. 이것이 인간이 즐길 운명인 거예요. 그렇지만 영생은 인간의 몫이 아니지요."

"오, 여인숙을 돌보는 여인이여. 대체 그게 무슨 말이오? 내 마음은 나의 친구 엔키두 때문에 깊이 상처받았소. 오 여인이여. 당신은 여기 바닷가에 살고 있소. 당신은 바다 가장 먼 곳까지 볼 수 있고, 그 가운데 있는 모든 것을 볼 수 있소. 바다를 건너는 길을 내게 보여주시오. 우트나피쉬팀에게 가는 길은 대체 어디란 말이오? 내게 그리로 가는 이정표를 알려주오! 가능하다면 바다라도 건널 테니까. 불가능하다면 다시 대초원을 방황할 테니까."

"길가메쉬. 당신이 무슨 수를 쓴다 해도 갈 수 없어요. 태초 이래로 바다를 건너간 사람은 아무도 없었어요. 바다를 건널 수 있는 유일한 존재는 용맹스러운 샤마쉬뿐이며, 그를 제외하곤 아무도 그럴수 없지요! 바다를 횡단한다는 건 어렵고, 그 행로는 험난하답니다……. 그 도중에 '죽음의 바다'가 있어 접근을 허락하지 않아요! 설령 당신 길가메쉬가 바다를 건넌다고 가정한들 죽음의 바다에 도착하면 어떻게 할 건가요?! 그러나 길가메쉬. 저 너머에 우르샤나비가, 우트나피쉬팀의 뱃사공이 있어요. 그는 신비한 돌을 들고 숲에서 상앗대로 쓸 소나무를 자른답니다. 가보세요. 그가 당신 얼굴을 보게 하고 되도록 그와 함께 건너가고, 아니면 돌아가야 해요."

THE EPIC OF
GILGAMESH

19

뱃사공 우르샤나비의 도움

물러서시오, 길가메쉬. 첫 번째 상앗대를 잡으시오.

길가메쉬는 씨두리에게서 뱃사공에 대한 정보를 듣자 이내 도끼를 손에 들었고, 허리춤에 차고 있던 단검을 뽑았으며, 몰래 숲속으로 내려갔다. 그는 화살처럼 빠르게 잠입했다. 숲속에서 싸우는 소리가 들리고 있었다. 우르샤나비[38]는 눈을 날카롭게 뜨고 보았다……. 단검이 번쩍이고, 도끼는 소리를 내고 있었다. 사태를 감지한 우르샤나비는 소리 나는 방향으로 뛰어갔다. 둘이 치고받고 하다가 길가메쉬는 바다를 건너는 데 없어서는 안 될 '신비한 돌'을 깨서 드넓은 바닷속으로 던져버렸다. 그것은 자신의 뜻을 스스로 꺾는 셈이 되고 말았다!

---

[38] 바다, 바다를 건너는 일, 바다를 건너면 만날 수 있는 영생자, 그리고 영생할 수 있는 정보를 얻을 수 있는 곳. 우루크 왕은 거지꼴로 방랑자가 되어 온 천지를 떠돌면서 바다를 건너려는 일념으로 여기까지 왔다. 영생하고 싶은 욕망에 이끌려 '죽음의 바다'를 건너려는 것이다. 인간의 창조주는 엔키다. 그는 원래 땅(ki)의 지배자(en)였으나, 엔릴에게 그 지위를 넘겨준 수메르 신화의 풍운아다. 고대인들에게 더 많이 알려진 그의 또 다른 이름은 에아(E.A)로, 일명 '물의 신'이다. 에아는 바다의 빗장을 걸고 대양을 지키는 신이다! 그에게 붙여진 '40'이라는 숫자는 안/아누의 '60'과 엔릴/엘릴의 '50'에 이어 서열 제3위다. 아누의 '60'으로 보면 그의 '40'은 60의 '3분의 2'에 해당한다! 말놀이를 한다면 엔키/에아는 아누의 유전자 3분의 2를 갖고 태어난 신인 것이다. 길가메쉬는 어떠한가. 그 역시 마찬가지다! 3분의 2는 신이며, 3분의 1은 인간이다. 차라리 완전한 인간으로 태어났거나 혹은 완전한 신으로 태어났다면 우루크 왕에게 이런 방랑은 없었을지도 모른다. 3분의 2는 '샤나비(Shanabi)'라고 한다! 엔키는 인간의 창조주일 뿐만 아니라 여러 신과 인간의 구세주다. 인안나 같은 강력한 신도 하계로 가서 송장이 되어 있을 때, 그녀에게 자비를 베푼 신은 그뿐이다. 인간을 죽음의 수렁에서 건져내는 역할을 한 신도 분명 그뿐이다! 아누의 '3분의 2'인 바다의 신 엔키/에아는 3분의 2라는 불완전한 신 길가메쉬가 '바다'를 건너 영생자를 만나러가려는 꿈이라도 실현시켜주기 위해 우르-'샤나비'를 보내준 것은 아닐까. 엔키가 비록 인간에게 영생을 주지는 않았으나 우트나피쉬팀이 영생자가 된 일이 그의 도움으로 이루어진 일이라는 걸 기억한다면 뱃사공 우르샤나비는 엔키의 수하(手下)인 것이다.

"당신 이름이 무엇이오? 제발 말해주시오. 나는 '멀리 있는 자' 우트나피쉬팀의 하인 우르-샤나비올시다!"

"나는 길가메쉬라고 하오만, 아누의 벌을 받고 우루크에서 온 사람이오. 산에서 태양이 뜨는 먼 길을 지나 예까지 왔소. 이제 내가 당신 얼굴을 보았으니 날 좀 우트나피쉬팀에게 데려다주시오!"

"당신 뺨이 수척한 이유는 무엇 때문이며, 당신 표정이 쓸쓸한 이유는 무엇 때문이오? 당신 마음이 비참하고 당신 얼굴이 여윈 이유는 무엇 때문이오? 당신 마음 깊은 곳에 그런 비애가 서린 이유는 무엇 때문이오? 먼 길을 오랫동안 여행한 사람처럼 추위와 더위에 얼굴을 그을린 까닭을 말해보시오!…… 대초원을 방황하는 진의를 말해보시오!"

"우르샤나비, 내 뺨이 수척해지지 말란 법 있소! 내 표정이 쓸쓸해지지 말란 법 있소! 내 마음이 비참하고 내 얼굴이 여위지 말란 법 있소! 내 마음 깊은 곳에 그런 비애가 서리지 말란 법 있소! 먼 길을 오랫동안 여행한 사람처럼 추위와 더위에 내 얼굴을 그을리지 말란 법 있소!…… 내가 대초원을 방황하지 말란 법이 있기나 하단 말이오! 나의 친구인 야생 당나귀를 쫓던 야생 나귀, 대초원의 흑표범, 엔키두가 죽었는데도! 우리는 함께 산으로 올라갔소. 함께 하늘의 황소를 붙잡아 황천으로 보냈고, 삼목산 숲속에 살던 훔바바에게도 그랬소. 산길에 있던 사자들도 죽여버렸고! 나의 친구는 너무나도

68
사자상

야 5400~5200년 전, 메소포타미아
남부 수메르의 도시국가에서 제식
때 신전에서 사용된 것으로 보이는
사자상 석제 용기. 이때 가장 큰 도
시국가였던 우루크 중심부에는 기
념비적인 신전 건물들이 있었고,
이것과 유사한 아름다운 유물들이
발견되었다. 여러 유물에서 자주
눈에 띄는 사자는 가금(家禽)을 공
격하는 모습으로 그려졌다. 메소포
타미아 미술은 무질서한 야만성과
신성한 질서의 대립을 표현하는 특
징을 갖고 있다. 영국박물관 소장.

사랑하는, 나와 함께 모든 역경을 이겨내고 살았던 엔키두였소. 인간의 운명이 그에게 덮쳤소. 6일 낮, 7일 밤을 나는 그를 위해 애도했소. 나는 그의 코에서 구더기가 떨어져 나올 때까지 그를 땅에 묻도록 허락하지 않았소. 나는 그의 모습 때문에 무서웠소! 죽음이 두려워지기 시작했고, 그래서 대초원을 방황하고 있는 것이오. 내 친구의 죽음이 부른 난제가 나를 압박했소! 그런 이유로 나는 대초원 구석구석에 긴 행적을 남기며 방황하고 있었소. 내가 어떻게 조용히 있을 수 있겠소. 내가 어떻게 가만히 있을 수 있겠소! 사랑했던 나의 친구는 흙으로 돌아갔소. 나도 그처럼 되지 않겠소? 나도 누워, 다시는 결코 일어나지 못하지 않겠소? 자, 자, 우르샤나비. 우트나피쉬팀에게 가는 길은 대체 어디란 말이오?! 이정표는 어디에 있소! 내게 좀 알려주시오! 내게 길을 터주시오! 가능하다면 바다라도 건널 테니까. 불가능하다면 다시 대초원을 방황할 테니까."

"길가메쉬. 바다를 건너는 일을 방해한 것은 다름 아닌 당신 손이오! 당신이 '신비한 돌'을 깨버렸고, 장대도 뽑아버렸소. 그렇게 된 거요! 길가메쉬. 신비한 돌은 내가 죽음의 바다를 건널 때마다 그 물을 손으로 만지지 않도록 도와주는 것이라서, 매번 지니고 다녔는데 당신이 깨버렸소! 길가메쉬. 당신은 도끼를 들고 숲속으로 내려가서 길이가 각각 60큐빗이나 되는 상앗대로 쓸 장대 300개를 잘라버렸소. 그것들의 껍질을 벗기고 손잡이를 만들어 내 배로 가져오시오!"

길가메쉬는 이 말을 듣고 도끼를 손에 들고, 허리춤에서 단검을 뽑아 쥐고, 숲속으로 들어가 뱃사공이 지시한 대로 했다.

길가메쉬와 우르샤나비가 배에 올랐고, 배를 진수시키고 항해를 시작했다. 그들은 한 달 반이나 걸릴 거리를 단 3일 만에 항해했고, 마침내 죽음의 바다에 도착했을 때 우르샤나비가 입을 열었다.

"물러서시오, 길가메쉬. 첫 번째 상앗대를 잡으시오. 하지만 당신 손을 죽음의 바다에 닿게 하면 절대로 안 됩니다……! 두 번째 대를 잡으시오, 길가메쉬. 세 번째, 네 번째 대를, 다섯 번째 대를 잡으시오, 길가메쉬. 여섯 번째, 일곱 번째 대를, 여덟 번째를 잡으시오, 길가메쉬. 아홉 번째, 열 번째 대를, 열한 번째를 잡으시오, 길가메쉬. 열두 번째 대를!"

길가메쉬는 120개의 장대를 상앗대로 모두 썼다. 그때 그는 허리띠를 풀고 옷을 벗어 손으로 잡아서, 돛대를 대신할 자신의 팔을 높이 들어올렸다.

우트나피쉬팀이 멀리서 길가메쉬를 보고 있었다. 그는 혼잣말로 중얼거렸다.

"어째서 '배의 신비한 돌'이 깨진 거지? 뱃사공은 타지 않고, 아니, 저자는 대체 누구야? 이리 오는 저자는 내 사람이 아니잖아?…… 내 사람이 아닌데…… 아무리 봐도 아닌데…… 아무리 봐도……."

THE EPIC OF
GILGAMESH

20

우트나피쉬팀과의 조우

바로 그런 이유로 제가 '멀리 있는 자' 라고 불리는
우트나피쉬팀 당신을 만나기 위해 길을 떠날 수밖에 없었던 것입니다.

마침내 길가메쉬는 자신의 조상이자 유일무이한 영생자인 우트나
피쉬팀을 만났다. '멀리 있는 자' 우트나피쉬팀이 방랑자의 모습을
보고 질문을 던졌다.

"네 뺨이 수척한 이유는 무엇이며, 네 표정이 쓸쓸한 이유는 무엇
이더냐? 네 마음이 비참하고 네 얼굴이 여윈 이유는 무엇이더냐? 네
마음 깊은 곳에 그런 비애가 서린 이유는 무엇이더냐? 먼 길을 오랫
동안 여행한 사람처럼 추위와 더위에 얼굴을 그을린 까닭을 말해보
거라!…… 대초원을 방황했던 진의를 말해보거라!"

"제 뺨이 수척해지지 말란 법 있습니까! 제 표정이 쓸쓸해지지 말
란 법 있습니까! 제 마음이 비참하고 제 얼굴이 여위지 말란 법 있습
니까! 제 마음 깊은 곳에 그런 비애가 서리지 말란 법 있습니까! 먼
길을 오랫동안 여행한 사람처럼 추위와 더위에 제 얼굴을 그을리지
말란 법 있습니까!…… 제가 대초원을 방랑하지 말란 법이 있기나 하
냔 말입니다?! 저의 친구, 야생 당나귀를 쫓던 야생 나귀, 대초원의
흑표범, 엔키두가 죽었는데도 말입니다! 우리는 함께 산으로 올라갔
습니다. 함께 하늘의 황소를 붙잡아 황천으로 보냈고, 삼목산 숲속
에 살고 있던 훔바바에게도 그랬습니다. 산길에 있던 사자들도 죽여
버렸지요! 저의 친구는 너무나도 사랑하는, 저와 함께 모든 역경을
이겨내고 살았던 엔키두였습니다. 인간의 운명이 그에게 덮쳤습니
다. 6일 낮, 7일 밤을 그를 위해 애도했습니다. 저는 그의 코에서 구
더기가 떨어져 나올 때까지 그를 땅에 묻도록 허락하지 않았습니다.

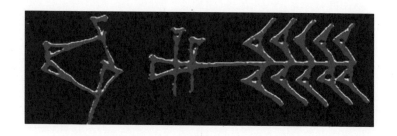

69
수메르어 우드-지(UD.ZI). 우트나피쉬팀을 말한다. 사진 조지프 페이건.

70
우트나피쉬팀을 가리키는 악카드어의 설형문자. 왼쪽부터 '우트-나-피-이쉬-팀' 이라고 읽는다. 사진 조지프 페이건.

71
우트나피쉬팀은 필경사들에 의해 '우타나피쉬팀(ú-ta-na-pi-ish-tim /Utanapishtim)' 으로 기록되기도 했다. 사진 조지프 페이건.

저는 그의 모습 때문에 무서웠어요! 죽음이 두려워지기 시작했고, 그래서 대초원을 방황하고 있었던 것입니다. 제 친구의 죽음이 부른 난제가 저를 압박했습니다! 그런 이유로 저는 대초원 구석구석에 긴 행적을 남기며 방황했습니다. 제가 어떻게 조용히 있을 수 있겠어요. 제가 어떻게 가만히 있을 수 있겠어요! 사랑했던 저의 친구는 흙으로 돌아갔습니다. 언젠가 저도 그처럼 되지 않겠습니까? 저도 누워, 다시는 결코 일어나지 못하지 않겠느냔 말입니다!⋯⋯ 바로 그런 이유로 제가 '멀리 있는 자'라고 불리는 우트나피쉬팀 당신을 만나기 위해 길을 떠날 수밖에 없었던 것입니다. 저는 산이란 산들은 모두 돌았고, 알다가도 모를 산들을 넘었으며, 바다란 바다는 모두 건넜습니다⋯⋯. 얼굴이 거칠어진 건 바로 그 때문입니다! 잠도 자지 못했고 고생도 이만저만이 아니었습니다. 근육통으로 아프지 않은 곳이 없습니다. 옷이 다 너덜거릴 때까지 주막집 주인을 만나지 못했습니다. 저는 곰을 죽였고, 하이에나, 사자, 흑표범, 호랑이, 수사슴, 야생 염소, 그리고 대초원의 야수들을 죽였습니다. 그들의 고기를 먹고, 그들의 가죽으로 제 몸을 덮었습니다. '슬픔의 문'은 빗장을 걸어야 하고, 송진과 역청으로 봉해야 합니다! 저를 위해⋯⋯."

"길가메쉬, 너는 왜 슬픔이 가득한가? 신과 인간이 결합한 육체로 창조된 너다! 신들이 네 아버지와 네 어머니 같은 역할을 해준 너다! 오, 길가메쉬. 어찌하여 비애를 질질 끌고 다니는가? 너는 한 때⋯⋯[39] 길가메쉬⋯⋯ 아둔한 자⋯⋯ 신들은 그들의 회합에 자리 하나를 배치했다⋯⋯. 하지만 그들은 아둔한 자에게 버터 대신 맥주 찌

꺼기를 주었고, 밀기울과 싸구려 밀가루를…… 미개인들이나 입는
허리 감개로 걸치고…… 그리고…… 장식 띠에는……. 그는 ……가 없
기 때문이며, …… 충고의 말도 갖지 않기 때문이다……. 그 점을 주의
하라, 길가메쉬. ……그들의 주인…… 씬…… 달이 저물고…… 신들은
불면의…… 그들은 고통스러웠고, 잠 못 이루는…… 오래전 그것은
확정되어 있었다……. 너는 네 자신을 괴롭히고…… 네 도움…… 만일

---

[39] '너는 한때……'를 시작으로 토판이 많이 깨져 있어 정확한 해독이 불가능하지만 그 내용은
얼마든지 추측할 수 있다. 인간에게 영생을 주지 않은 신, 땅에서 살아남기 위해 소란을 떨었던
인간, 그런 소음으로 인해 불면의 고통을 받은 신, 대홍수는 이미 확정되어 있었고, 인간은 그런
사실을 알지 못한 채 죽음의 물난리를 겪어야만 했던 슬픔의 세월. 그런데 태초에 인간은 영생할
수 있는 기회가 있었다. 선악과를 따 먹고 지혜로워진 인간은 생명나무의 열매를 따 먹을 틈을
노리고 있었다. 신은 '신들 중 하나'처럼 똑똑해진 최초의 인간이 영생자가 될까 봐 두려워 낙원
에서 내쫓아버렸다. 신들은 인간을 창조했지만 결코 그들처럼 영생의 길을 허락하지 않았다.
최초의 인간은 아다파였다! 그는 엔키의 충실한 아들이었고, 엔키의 도시인 에리두의 사제였
다. 엔키를 섬기려고 '노동의 나날'을 보내던 아다파는 어느 날, 잔잔한 바다에서 낚시를 하다
가 남풍에 배가 뒤집혀 표류하는 신세가 되었다. 그가 홧김에 남풍의 날개를 부러뜨렸더니 뜨거
운 대지 위로 시원한 바람이 불지 않았다. 이에 하늘의 아버지 아누는 근심했고, 그의 부하는 아
다파가 한 짓을 고하기에 이르렀다. 엔키는 아누의 '아다파 호출'에 대비하고 있었다. 그는 아
들에게 머리카락을 흐트러뜨리게 하고, 상복을 입히고, 주의사항을 일러주었다. 하늘로 올라간
아다파는 천계의 신이 제공하는 빵과 물을 먹거나 마시길 거부했다. 그것은 엔키가 내린 여러
주의사항 중에 가장 핵심적인 내용이었다. 아다파는 불멸의 양식을 먹지 않았다. 그러나 가련한
필멸자는 신들이 준 옷을 입었고, 신들이 준 기름을 몸에 발랐다. 사람의 행동을 유심히 바라보
며 웃고 있던 아누는 '누가' 그렇게 행동하도록 지시했는지를 아다파에게 물었다. 그는 아버지
엔키의 명령을 따랐을 뿐이라고 대답했다. 엔키는 하늘에서 주는 음식을 먹으면 '반드시 죽는
다'라고 말했던 것이다. 아누는 분노했다. 그는 큰 신들의 생각을 잘 알고 있는 밀사를 땅으로
파견하여 엔키를 만나 상의하도록 했다. 아다파는 땅으로 돌아왔다. 에리두로 돌아온 아다파의
운명은 병을 치유하는 탁월한 능력을 가진 사제 계보의 시작이었다. 그것은 아누가 내린 결정이
었다.

길가메쉬…… 신들의 신전…… 거룩한 신들의 신전…… 신들…… 인간, 그들은 그의 운명으로 ……을 가져왔다. 너는 쉼 없이 고생하면서 무엇을 얻고자 하는가! 고생 끝에 네 자신이 완전히 지쳐버리면, 너는 네 몸을 슬픔으로 가득 채우고 너의 긴 인생 항로를 조급히 끝내는 길로 접어든다! 인간, 그들의 자손들은 갈대처럼 부러진다. 잘생긴 젊은이나 귀여운 소녀 들도 죽음은…… 아무도 죽음을 알 수 없고, 아무도 죽음의 얼굴을 볼 수 없고, 아무도 죽음의 소리를 들을 수 없다. 비정한 죽음은 인간을 꺾어버린다. 얼마나 오랫동안 우리가 가정을 이끌고 갈 수 있겠는가! 얼마나 오랫동안 우리가 유언장에 침을 바르겠는가! 얼마나 오랫동안 형제들이 상속받은 재산을 나

72 니푸르의 유적지에서 발견된 모래 속의 갈대들. 사진 시카고 대학 근동연구소.

누어 갖겠는가! 얼마나 오랫동안 증오심이 마음속에 남겠는가! 얼마나 오랫동안 홍수로 일어난 강물이 흘러넘칠 것이며, 잠자리들이 강물 위에서 표류할 것인가! '태양의 얼굴'을 바라보는 얼굴은 결코 영원히 존재할 수 없는 법. 잠자는 자와 죽은 자는 얼마나 똑같은가! 죽음의 형상은 그 무엇으로도 표현할 수 없도다! 바로 그것이다. 너는 인간이다! 범인이든 귀인이든, 꼭 한 번은 인생의 종착역에 도착하고, 하나처럼 모두 모여든다. 엔릴이 찬성을 표한 뒤에 아눈나키 위대한 신들이 소집되어, 운명의 여신 맘메툼이 운명을 선포하고 신들과 함께 운명을 결정한다. 신들이 삶과 죽음을 지정해두었지만, 그들은 '죽음의 날'을 결코 발설하지 않는다."

THE EPIC OF
GILGAMESH

21

우트나피쉬팀의 홍수 이야기

길가메쉬, 내가 너에게 숨겨진 사실을 말해주리라.

신들의 비밀을 네게 말해주리라!

길가메쉬가 '멀리 있는 자' 우트나피쉬팀에게 말했다.

"우트나피쉬팀이여. 제가 당신을 바라보고 있습니다만 당신 모습은 특별하지 않습니다. 당신은 저와 같습니다! 당신 자체로는 별다를 것이 없습니다. 당신은 저와 같습니다! 저는 당신을 위대한 용사로 생각했었습니다. 그러나 당신은 등을 대고 편안히 기대어 있습니다. 말해주십시오. 어떻게 당신이 신들의 회합에 나설 수 있었는지를! 그리고 어떻게 영생을 얻게 되었는지를!"

"길가메쉬, 내가 너에게 숨겨진 사실을 말해주리라. 신들의 비밀을 네게 말해주리라! 너도 분명히 알고 있는 슈루파크라는 도시가 유프라테스 강둑에 있었지. 정말로 오래된 도시였고, 그곳에 신들이 살고 있었다네. 위대한 신들이 사람에게 홍수로 벌을 주기로 마음을 굳혔는데, 그들의 아버지 아누가 비밀을 지킬 것을 맹세했지. 용감한 엔릴은 그들의 고문관이었으며, 닌우르타는 그들의 의전관이었고, 엔누기는 그들의 운하 감독관이었는데, 지혜의 왕자 에아가 그들과 함께 맹세했네. 그런 그가 그들이 나눈 대화를 갈대 담에 대고 반복해서 말했지.

'갈대 담, 갈대 담! 담이여, 담이여![40] 오, 슈루파크의 사람이여. 우바르투투의 아들이여, 집을 부수고 배를 만들어라! 재산을 포기하고 생명을 찾아라! 소유물을 내버리고 생명을 유지하라! 살아 있는 모든 생명은 배에 태우고, 네가 만들어야 할 배는 그 치수를 각각 똑

73
열한 번째 점토판 1

길가메쉬 서사시 중에서 가장 유
명한 열한 번째 설형문자 점토판.
길가메쉬와 우트나피쉬팀의 만남이
기록되어 있다. 영국의 외교관이자 고
고학자인 레이어드(A.H. Layard)가 발
굴했다. 영국박물관 소장.

74
열한 번째 점토판 2

길가메쉬가 '길가미쉬'로,
우트나피쉬팀이 '우타나피
쉬팀'으로 등장하는 또 다른
길가메쉬 서사시 열한 번째
점토판. 영국박물관 소장.

같이 해야 한다. 즉, 그 길이는 너비와 같게 하고, 압수처럼 지붕을
해 덮어라.'

그래서 나는 상황을 알아차리고 나의 주님 에아에게 말했지.

'나의 주님이시여. 당신이 제게 주신 명령이 이와 같으니 저는 유
념하고 그대로 따르겠습니다. 하지만 도시 사람들에게, 주민들에게,
장자들에게 뭐라고 답해야 할까요?'

---

[40] 고대의 필경사들이 우트나피쉬팀 대신 사용한 그의 이름은 두 가지가 더 있다. 아트라하시
스와 지우쑤드라. 엔키/에아가 우트나피쉬팀에게 '갈대 담'을 운운하며 신들의 천기를 누설했
지만, 우트나피쉬팀의 다른 이름 아트라하시스에게는 무엇이라고 했을까. 에아의 좋은 꿈을 꾼
듯, 주인에게 해몽을 부탁했다. '무슨 꿈인지 일러주십시오. 장차 무슨 일이 일어날지 들려주십
시오.' 그의 애원을 듣고 에아는 종을 신전으로 불러들여 벽 뒤에 숨어 있도록 했다. 신이 '갈대
벽'에게 말하는 것처럼 가장하여 그의 종과 사전에 짜놓은 작전의 제1보는, '침방으로 찾아뵐까
요?'라고 종으로 하여금 자신에게 물어달라는 것이었다. 그리고 누설하기를, '벽, 내 말을 들어
라. 갈대 벽, 내 말을 잘 새겨들어라. 집을 부수고 배를 만들어라. 재산을 포기하고 목숨을 건져
라. 네가 만들어야 하는 배는 가로와 세로를 동일한 치수로 하라······ 압수를 본떠 지붕을 덮어
라. 그러면 태양이 그 안을 들여다보지 못할 것이다. 층은 위와 아래로 두어라. 맞물리는 자리는
단단히 매어두어라. 아스팔트는 끈적끈적해야 효력이 생겨난다'는 식이었다. 대홍수 이전의 마
지막 통치자였던 우바르투투의 아들 우트나피쉬팀처럼 엔키에게서 천기누설의 값진 정보를 얻
은 또 하나의 인물이 있었으니, '지우쑤드라'가 바로 그 주인공이다. 노아의 원조가 우트나피쉬
팀과 아트라하시스라면, 이들 모두의 진짜 원조는 수메르인 '지우쑤드라' 다! 그의 신은 에아의
또 다른 이름 엔키다. 지우쑤드라는 매일같이 엔키에게 제사를 드리며 답변을 기다렸다. 그러던
어느 날, 비몽사몽간에 누군가가 그에게 나타났다. '하늘과 땅의 이름으로 맹세를 했다. 신들은
모임에 왔다. 벽 옆에 서서 귀를 기울여 들어라. 벽에 대고 내가 말하겠으니 내 말을 잘 새겨들
어라. 내가 일러주는 말을 명심하라. 신들이 일으킨 홍수가 생명의 주발을 이 땅에서 쓸어버릴
것이다. 모든 인간의 씨를 없애기로 정해졌고, 신들의 회의에서 결정한 판결에 반대할 순 없다.
안과 엔릴의 명령이 뒤바뀐 적은 결코 없다.' 구세주 엔키의 음성이었다.

에아가 그의 종인 내게 명을 내렸지.

'그러면 너는 그들에게 이렇게 말하라. 엔릴이 나를 싫어하는 게 분명해져서 나는 당신들의 도시에 살 수 없다.[41] 엔릴의 땅에 발을 붙일 수 없다. 나는 내 주님 에아가 살고 있는 압수로 내려갈 것이다. 그는 당신들에게 풍요를 비처럼 내릴 것이며, 수많은 새와 물고

---

[41] 아트라하시스의 경우는 이러했다. 그는 장자들을 자기 집 문전에 모아놓고 심정을 토로(吐露)했다. '내 신 에아가 여러분의 신 엔릴과 한마음이 아닙니다. 에아 신과 엔릴 신은 상대방에게 분풀이를 합니다. 그들이 나를 내 집에서 내쳤습니다. 내가 변함없이 에아를 받들었더니 그분이 이번 사태를 내게 일러주셨습니다. 나는 앞으로 이곳에서 더는 살 수 없습니다. 엔릴 신의 땅에 발을 내려놓을 수가 없습니다. 그러니 나는 압수로 가서 나의 신 에아와 함께 지내야 합니다. 이는 그가 내게 해준 충고입니다.' 이에 장자들이 각자 고민하고 서로 눈치를 보다가 입과 생각을 모아서였겠으나, 종국에는 목수들이 도끼를 들고 나타났고, 갈대를 다룰 줄 아는 노동자들이 돌을 들고 다가섰고, 아이들까지도 아스팔트를 들고 달려왔고, 심지어 빈자(貧者)들도 이것저것 필요한 물품을 가지고 합세하기까지 하였다.

75
아트라하시스 서사시 점토판 1

약 3900~3700년 전 고(古)바빌로니아 시기에 만들어진 아트라하시스 서사시 점토판의 일부. 길가메쉬 서사시의 대홍수 이야기나 아트라하시스 서사시의 대홍수 이야기는 모두 성서의 대홍수 이야기보다 훨씬 이전에 쓰였다. 성서의 노아는 우트나피쉬팀이나 아트라하시스의 변형이다. 사진 쇼엔 컬렉션.

기를 줄 것이다! 그는 당신들에게 풍성한 수확을 가져다줄 것이며, 아침에는 빵 덩어리들이 억수로 쏟아져내릴 것이며, 저녁에는 밀가루가 비처럼 내릴 것이다!'

그러자 막 여명이 밝아오고, 땅의 사람들이 내 주위로 모여들었지. 목수가 도끼를 들고 왔고, 갈대밭 노동자가 돌을 들고 왔고, ……젊은 사람들은…… 뛰어 돌아다니고, 아이들이 역청을 들고 왔고, 가난한 사람들도 필요한 것들을 무엇이든 가져왔어. 5일째 되는 날, 나는 배의 윤곽을 잡았지. 전체 바닥 면적은 1이쿠였어. 벽의 높이는 각각 10가르였고, 지붕 모서리 역시 10가르였네. 외부 윤곽을 잡아 도면을 그렸지. 갑판 층으로는 여섯을 두고, 그것을 다시 일곱 부분으로 나누었고, 내부는 아홉 부분으로 나누었고, 그 중앙에 물을 막는 마개를 두었어. 나는 삿대를 검사하고, 그것을 필요한 곳에 두었다네. 가공하지 않은 역청 3샤르를 가마에 퍼부었고, 역청 3샤르를 그 속에 퍼부었고, 하역 노동자들이 3샤르 통의 기름을 가져왔고, 그 외에 뱃사람이 1샤르의 기름을 집어넣었고, 뱃사람이 2샤르의 기름을 저장해두었다네. 사람들에게 먹일 황소를 도살했고, 매일같이 양을 잡아 죽였지. 작업자들에게 술, 맥주, 기름, 포도주를 강물처럼 내주었고, 그래서 그들은 신년 축제처럼 파티를 벌였지. 나는 연고 통을 열어 손에 연고를 발랐어. 해거름에 배가 완성되었네. 진수(進水)는 무척 어려웠네.[42] 사람들은 배의 3분의 2가 물속으로 들어갈 때까지 도르래 바퀴를 교환하는 일을 반복해야만 했다네. 내가 가지고 있는 모든 것을 실었지. 가지고 있는 모든 은을 실었고, 가지고 있는 모든 금을 실었어. 가지고 있는 모든 생명들을 실었고, 모든 일가친척들을 배에 오르게 했고, 들판의 모든 야수와 동물과 장인을 태웠네. 샤마쉬가 '그때'를 정해주었지.

[42] 진수를 앞둔 아트라하시스의 심정은 어떠했을까? 구세주 에아가 일러준 그대로의 기기묘묘한 배를 기어코 만들어낸 아트라하시스는 생명이 붙어 있는 것이라면 무엇이든 일단 가져오게 해서 그중 깨끗하고 살찐 동물을 골라 배에 태웠고, 하늘을 나는 새들과 들판의 가축들과 들짐승들을 배에 태웠고, 사람들을 초대하여 잔치를 벌였다. 그는 자신의 가족들도 배에 실어 목숨을 잡아두려고 했는데, 그때 사람들이 즐거이 먹고 마시고 있었으나 아트라하시스만은 그러하질 못했다. 그는 태산 같은 근심으로 들락날락했고, 앉아 있을 수도 없었고, 웅크리고 있을 수도 없었고, 가슴이 터질 듯했고, 쓸개즙을 토해내는 극도의 고통을 겪고 있던 중이었다. 아다드 신이 서서히 움직여 으르렁거리고 있었다. 아트라하시스는 아스팔트를 가져오게 하여 출입구를 봉하고, 그 안쪽의 빗장을 걸으니, 아다드는 때마침 뇌공(雷公) 역할에 충실하고 있었다. 그때 바람이 거세게 불기 시작했고, 배의 밧줄은 끊어졌으니, 아트라하시스의 방주는 어두운 항해를 시작했다.

76
아트라하시스 서사시 점토판 2

약 3700~3600년 전 씨파르에서 제작된 것으로 추정되는 아트라하시스 서사시 점토판 일부. 아트라하시스는 '신들이 인간 대신에'로 시작하는 '아트라하시스 서사시'에 등장하는 영웅이며, 우트나피쉬팀은 길가메쉬 서사시 열 번째 토판에 나오는 영웅이고, 지우쑤드라는 '수메르 홍수 이야기'에 나오는 영웅으로, 이름만 다를 뿐 동일 인물이다. 영국박물관 소장.

'아침에 나는 빵 덩어리가 빗발치듯 내리게 할 것이며, 저녁에는 밀가루가 비처럼 내리게 할 것이다! 그러면 배 안으로 들어가 입구를 봉하라!'

그 정해진 때가 왔지. 아침에 그가 빵 덩어리를 빗발치듯 내리게 했고, 저녁에는 밀가루를 비처럼 내리게 했어. 나는 날씨 상황을 주시했네. 보기에도 끔찍한 폭풍이었어! 나는 배 안으로 들어가서 입구를 봉했지. 선원 푸주르아무리에게 '위대한 집'과 모든 짐의 항해를 맡겼다네. 새벽이 되어 세상이 밝아지기 시작하자, 지평선에서 검은 구름이 떠올랐지. 아다드가 그 속에서 으르렁대고 있었고, 그보다 슐라트와 하니쉬가 앞장서서 산과 땅 위로 폭풍의 전령처럼 일어났어. 에라갈이 배를 매어둔 장대를 뽑았고, 닌우르타가 앞으로 나와 제방을 터뜨렸네. 아눈나키 신들이 횃불을 위로 들었고, 그 불꽃으로 땅은 환했어. 아다드가 몰고 오는 기절할 것 같은 전조가 하늘을 덮쳤고, 빛나던 모든 것이 어둠으로 변해버렸어……. 땅은 단지처럼 깨졌지. 하루 종일 남풍이 불었고…… 거세게 불었고, 산들을 물속에 잠수시켰고, 전쟁처럼 사람들에게 불어닥쳤어. 형이 동생을 볼 수 없었고, 하늘에서 보면 어떤 인간도 더 이상 보이지 않았지. 심지어 신들도 홍수의 공포로 충격을 받아서 물러났으며, 아누의 하늘로 올라갔네. 신들은 개처럼 움츠리고 외벽에 웅크렸어. 이쉬타르가 분만하는 여자처럼 비명을 질렀고, 달콤한 목소리를 지닌 신들의 여왕이 울부짖었네.[43]

'아, 옛날이 흙으로 돌아갔구나. 내가 신들의 회합에서 사악한 일을 논했기 때문이다! 어찌하려고 신들의 회합에서 사악한 일을 말하여 내 사람들이 대재앙으로 파멸되는 것을 변호했단 말인가! 내가 내 사랑하는 사람들을 낳았는데, 이제 그들을 그렇게 많은 물고기처럼 바다에 채웠구나!'

아눈나키 큰 신들이 그녀와 함께 울고 있었고, 신들은 초라하게

---

[43] 아트라하시스 쪽에서도 여신의 울부짖음이 있었다. 어머니 닌투는 제정신을 잃었고, 그녀의 손으로 낳은 자식들이 바로 눈앞에서 휩쓸려가는 참혹한 광경을 목격한 위대한 '마미'의 천 갈래 만 갈래 찢어진 애간장은 허옇게 말라 서리 긴 듯, 그녀의 입술이 타들어가고 있었다. 큰 신들은 몽땅 갈증이며 굶주림 같은 고통에 시달려 맥없이 앉아 있었다. 다만 그렇게 고양이 앞에 잔뜩 겁먹은 쥐 신세가 되어 있었다. 여신은 어미의 아픔으로 울면서 그저 바라보고만 있었다. 산파의 신 닌투가 탄식하며, '대낮이 저토록 컴컴해져 버리다니 이게 대체 웬일이며, 다시 그토록 어두워지다니 이게 대체 웬일이며, 어쩌다가 내가 신들의 모임에서, 그들과 장단(長短)을 맞추어 그 무시무시한 파멸을 논했을꼬. 내가 그런 말을 내뱉을 만큼이나 엘릴은 강한 자였는고. 아니면 그가 내 말을 혼동시키기라도 했단 말인가. 내가 직접 몸으로 바로 옆에서 그들이 애타게 울부짖는 소리를 들었노라. 내가 도와줄 틈도 없이 내 자식들이 파리 떼 모양이 되었구나. 슬프게 우는 집 앞에 앉아 있는 이유로, 복받치는 내 울음은 멈추었노라. 저택 같은 봉헌소에서 넉넉히 살기라도 하듯, 하늘로나 올라가버릴까. 결단을 내린 아누는 어디 있느냐. 신들의 자식들이 그의 명령에 쪼르르 방정스럽게 따라버렸단 말이냐. 그가 심사숙고하지 않고 홍수를 불러일으켜서 내 사람들을 개죽음으로 몰아갔단 말이냐, 정녕'이라고 말했었다. 닌투가 울며불며 난리를 치고 있었다. 바다에는 폭풍이 몰아치고 있었고, 잠자리가 떼거지로 몰려 있기라도 하듯 자그마한 사지들은 뗏목처럼 강가에 널려 있었고, 강을 메우고 있었으며, 강 언덕에 던져져 있었다. 그녀는 그들을 보았고, 보면 가슴이 미어져서 울음이 터져 나왔고, 구슬피 울고 울다 지쳐 있었고, 울고 울다 분통이 나 있었고, 이 땅을 위해 신들도 그녀와 동무하여 울고 있었다. 슬픔에 지쳐버린 그녀는 술이라도 마시고 싶었다. 신들은 넋을 잃고 울고 있었다. 신들의 입술은 소갈증 환자의 그것처럼 터져 있었다. 허기져서 배가 아팠다. 7일 밤낮으로 쏟아지니 폭우요, 불어대니 폭풍이요, 밀려드니 홍수였다.

앉아서 울고 있었고, 슬픔에 젖어 흐느끼고 있었고, 입술이 타고 있었고, 갈증으로 말라 있었네. 6일 낮, 7일 밤 동안 바람과 홍수가 몰려왔고, 폭풍이 땅을 쓸어버렸지. 7일째 되던 날, 산통으로 몸부림치는 여인처럼 몰아쳤던 폭풍과 홍수는 공격을 멈추었어. 바다는 고요해졌고, 정적이 흘렀으며, 폭풍과 홍수는 멈추었어. 나는 날씨를 관찰했지. 조용해졌고, 모든 인간은 흙으로 변해 있었네! 지형은 지붕처럼 납작해져 있었어. 내가 배의 구멍을 열자 빛이 내 뺨으로 쏟아졌지! 나는 무릎을 꿇었고, 앉아서 울고 있었고, 뺨에 눈물을 줄줄 흘리고 있었네. 모든 방향을 살폈으나 모든 곳이 바다였다네. 12리 그 거리에 한 섬이 나타났지. 배는 니무쉬산에 단단히 걸려 있었어. 니무쉬산이 배를 잡고 놓아주지 않았지. 첫째 날과 둘째 날, 니무쉬산은 배를 잡고 움직이지 못하게 했고. 셋째 날과 넷째 날, 니무쉬산은 배를 잡고 움직이지 못하게 했어. 다섯째 날과 여섯째 날에도 니무쉬산은 배를 잡고 움직이지 못하게 했지. 일곱째 날이 되었을 때, 나는 비둘기 한 마리를 꺼내 날려보냈네. 비둘기가 날아갔다가 다시 왔지. 앉을 만한 자리가 보이지 않아서 내게 돌아온 것일세. 나는 다시 제비 한 마리를 꺼내 날려보냈네. 제비가 날아갔다가 다시 왔지. 앉을 만한 자리가 보이지 않아서 내게 돌아온 것일세. 나는 다시 까마귀 한 마리를 꺼내서 날려보냈지. 까마귀가 가서 물에 빠지는 것을 보았네. 까마귀는 먹이를 찾아 먹었고, 주변을 돌아다녔고, 깍깍거리더니 내게 돌아오지 않았어. 그래서 나는 사방으로 모든 동물을 놓아주었고, 사방으로 제물을 바쳤지. 산꼭대기에서 제주(祭酒)를 따랐고, 14개의 제기(祭器)들을 차려놓았고, 그 밑에 갈대, 삼목, 은 매화(銀梅花)를 쌓았다네. 신들이 그 향기를 맡았고, 향기로운 냄새를 맡았고, 파리처럼 번제물로 모여들었네. 그때 위대한 여왕이 도착했지. 그녀는 아누가 그녀의 욕망을 충족시켜 주려고 만든 멋진 보석을 들어올렸네.

'오, 여기 모인 신들이여. 내가 이 청금석 목걸이를 결코 잊지 않듯이 나는 이 날을 마음속에 새겨둘 것이며, 영원히 잊지 않을 것이오! 신들은 번제(燔祭)에 오시오. 그러나 엔릴은 오지 마시오. 그는 심사숙고하지 않고 홍수를 일으켜 내 사람들을 전멸시키게 했소.'

그럴 즈음에 엔릴도 도착했다네. 그가 배를 보더니 화를 냈고, 이기기 신들을 보더니 격노했지.

'누가 살아남았다는 거야? 그 파멸에서 생존할 사람은 아무도 없어!'

닌우르타가 용사 엔릴에게 말했네.

'에아가 아니라면 누가 그런 일을 꾸밀 수 있겠습니까? 모든 계략을 알고 있는 자는 에아뿐입니다!'

에아가 용사 엔릴에게 말했네.

'오, 용감한 자여. 당신은 신들 중 가장 현명합니다. 그런데 어찌해서 분별없이 홍수를 일으켰소? 죄인에게 그 죄를 처벌하고, 범죄자에게 그 범죄를 처벌하시오. 그렇지만 모든 사람이 죽지 않도록 관대하고, 사람들이 파멸되지 않도록 인내하시오. 홍수를 일으킨 대신 사자가 나타나 인간을 줄였더라면! 홍수를 일으킨 대신 늑대가 나타나 인간을 줄였더라면! 홍수를 일으킨 대신 기근이 생겨나 사람을 줄였더라면! 홍수를 일으킨 대신 역병이 일어나 역신(疫神) 에라가 일어나 사람을 줄였더라면! 큰 신들의 비밀을 폭로한 것은 내가 아닙니다. 나는 단지 우트나피쉬팀에게 나타나 꿈을 보여주었는데, 그가 신들의 비밀을 들었을 뿐입니다. 그러니 이제! 그에 대해 심사

---

[44] 동일한 장면의 지우쑤드라 쪽을 살펴보자.

지우쑤드라 왕은
안과 엔릴 앞에 엎드렸다.
안과 엔릴은 지우쑤드라를 따뜻하게 맞이했다…….
그들은 그에게 신과 같은 생명을 주었고,
신처럼 살 수 있는 영원한 생명을 하사했다.
그때에, 그들은 지우쑤드라 왕에게
기어다니는 작은 동물들과 인간의 씨를 보호하게 하여
산 넘어 멀리, 딜문 땅, 태양이 뜨는 곳에서 살게 했다.

zi-ud-su₃-ra₂ lugal-am₃
igi an ᵈen-lil₂-la₂-šeᵌ giri₁₇ ki su-ub ba-gubˑ
an ᵈen-lil₂ zi-ud-su₃-ra₂ mi₂-e-/ešᵌˑ [······ dug₄ ······]
til₃ diĝir-gin₇ mu-un-na-šum₂-mu
zi da-ri₂ diĝir-gin₇ mu-un-<na>-ab-ed₃-de₃
ud-ba zi-ud-su₃-ra₂ lugal-am₃
mu niĝ₂-gilim-ma numun nam-lu₂-ulu₃ uru₃ ak
kur-bal kur dilmun-na ki ᵈutu ed₂-šeᵌ mu-un-til₃-eš

77

니푸르 대홍수 점토판

수메르의 현인 지우쑤드라가 대홍수에서
살아남은 이야기가 수메르어로 기록되어
있는 점토판. 약 3800년 전 니푸르에 있었
던 학교 유적지에서 발굴되었다. 따라서
필경사들이 기술한 이 작품은 그 시절에 이
미 학교에서 쓰이던 교재였을 것이다. 그리고
지우쑤드라의 이야기는 이 작품보다도 앞서 생겨난,
아주 오랫동안 전해 내려온 수메르 홍수 이야기인 것이다. 여
기에는 대홍수에 관한 내용뿐 아니라 인간과 동물의 창조, 대홍수
이전 도시들과 통치자들 이름도 기록되어 있다. 대홍수의 영웅은 수메르의 왕이자 엔키를 섬
기는 사제였던 지우쑤드라다. 많은 학자는 홍수에 관한 메소포타미아의 기록물들이 성서의 노
아와 대홍수판에 영향을 준 것으로 주장하고 있다. 펜실베이니아 주립대학 소장.

숙고해야 할 때입니다!'

　엔릴이 배 안으로 올라와서 내 손을 잡고, 나를 일으켰지. 그는 내
아내도 일으켜서 내 곁에 무릎을 꿇게 했어. 그는 우리 이마에 손을
대고, 우리 사이에 서서, 우릴 축복해주었네.[44]

　'예전에 우트나피쉬팀은 인간이었다. 그러나 이제 우트나피쉬팀
과 그의 아내는 우리 신들처럼 되었다! 우트나피쉬팀은 멀리 있는
곳, 강 입구에 살게 되리라.'

　그래서 신들은 나를 데리고 가서 강 입구, 멀리 있는 곳에 살게 한
것이란 말일세."

THE EPIC OF
GILGAMESH

22

왕의 귀환

우르샤나비! 누굴 위해 내 심장의 피를 다 쏟아부었단 말이오!

"이제 그대가 찾고 있는 영생을 위해 누가 신들을 모이게 할 것인가! 잠깐! 너는 6일 낮과 7일 밤을 잠들어서는 안 된다."

길가메쉬가 다리 사이에 머리를 끼고 앉자마자 안개 같은 잠이 그를 덮치고 있었다. 우트나피쉬팀이 아내에게 말했다.

"저기를 좀 보시오! 그 사람, 영생을 갈구하던 젊은이를! 안개 같은 잠이 그를 덮치고 있소!"

"그가 일어나도록 건드려보세요. 그가 왔던 길로 다시 안전하게 보냅시다. 그가 떠났던 문을 통해 자신의 땅으로 돌아가게 해줍시다."

"인간은 믿을 수 없소. 당신을 속일 거요. 자, 그에게 줄 빵을 구워 매일같이 그의 머리맡에 두고, 매일같이 그가 누운 날들을 벽에다 적어둡시다."

그녀는 매일같이 빵을 구워 길가메쉬의 머리맡에 두었고, 그가 누워 있던 날들을 벽에 적어두었다.

첫 번째 빵은 딱딱했고, 두 번째 빵은 말라비틀어졌고, 세 번째 빵은 축축했고, 네 번째 빵은 하얗게 변했고, 다섯 번째 빵은 납색의 곰팡이가 폈고, 여섯 번째 빵은 여전히 신선했고, 일곱 번째 빵이 익고 있을 때 우트나피쉬팀이 그를 흔들어 깨웠다. 길가메쉬가 말했다.[45]

"잠이 막 쏟아지는 순간, 당신께서 저를 흔들어 깨우셨습니다!"

"그렇지 않다, 길가메쉬. 여길 보고 매일 네게 준 빵을 세어보라! 벽에 적어둔 것이 무엇인지 알 수 있을 것이다! 첫 번째 빵은 딱딱했고, 두 번째 빵은 말라비틀어졌고, 세 번째 빵은 축축했고, 네 번째

---

[45] 빵을 굽는다는 것은 시간의 흐름을 의미한다. 길가메쉬가 잠이 들었고, 그때부터 굽기 시작한 빵이 일곱 차례까지 이어져 익고 있을 때 젊은이는 잠이 깬다. 수메르인들과 그 후손들에게 '일곱'이라는 숫자는 어떤 의미였을까? 우루크의 기초를 세운 현인들은 '일곱'이었다. 미개인 엔키두가 샴하트로부터 '지혜'를 얻고 난 뒤 보다 인간다운 인간이 되기 위해 마셨던 맥주는 '일곱' 단지였다. 엔릴이 후와와에게 신산을 지키라고 내준 후광은 '일곱' 개였다. 길가메쉬가 삼목산으로 가서 후와와와 한바탕 싸움을 벌이기 위해 무기를 만들면서 빗장을 걸어둔 우루크 성문은 '일곱'이었다. 길가메쉬를 삼목산으로 안내하라고 우투가 안겨준 전사는 '일곱'이었고, 그가 마음속에 품어두었던 삼목을 발견한 것도 '일곱' 번째 산을 넘고 나서였다. 이쉬타르는 그녀가 사랑했던 힘센 사자를 버리기 위해 '일곱' 번씩, '일곱' 번이나 구덩이를 팠다. 길가메쉬와 엔키두의 혼령 간의 대화 중에 저승에 있는 죽은 자 가운데서 아들이 '일곱'인 사람은, 신들의 동료처럼 옥좌에 앉아 판결문을 듣고 있는 복을 누린다. 대홍수로 인해 니무쉬산이 배를 잡고 움직이지 못하게 했을 때, 우트나피쉬팀이 비둘기 한 마리를 꺼내 날려보낸 건, '일곱'째 날이었다. 어디 그뿐인가. 인간의 운명을 결정하는 수메르의 큰 신은 안, 엔릴, 엔키, 닌투, 우투, 난나, 인안나 등 '일곱'이었다. 인안나는 '일곱' 마리 사자가 끄는 전차에 올라탔으며, 신들의 신령스러운 힘인 '일곱'의 메(ME)를 소유했고, 하계를 떠날 때 버렸던 그녀의 신전의 수도 '일곱'이었다. 큰 신들이 작은 신들에게 가한 노동은 '일곱' 배나 과한 것이었다. 이 때문에 신들은 원시 노동자인 인간을 창조했고, 작은 신들은 노동에서 해방되었다. 엔키가 인간을 창조하기에 앞서 미리 만들어낸 '출산의 여신'의 수도 '일곱'이었다. 엔키는 창조의 실험실에서 닌마흐가 실수로 빚어낸 기형아들에게 빵을 먹이고 각각 직업을 정해주는 사랑을 베풀었는데, 그때 그들의 수는 '일곱'이었다. 엔키와 닌투가 창조해낸 첫 번째 사람의 수는 남자 '일곱'과 여자 '일곱'이었다. 잔혹한 엔릴이 대홍수로 인간을 절멸시키기 전에 굶주림을 인간에게 던져 인간 대청소를 시도한 적이 있었다. 구세주 엔키가 구원의 손길을 뻗친 때는 살아남은 자의 모습이 죽은 자의 모습처럼 보이던 '일곱' 번째 해가 되어서였다. 신들에게나 인간에게나 '일곱'은 대변화의 숫자였다. 특히 인간에게 '일곱은 행운의 숫자'였다!

빵은 하얗게 변했고, 다섯 번째 빵은 납색의 곰팡이가 폈고, 여섯 번째 빵은 여전히 신선했고, 일곱 번째 빵이 익고 있을 때 내가 너를 흔들어 깨웠다."

"아, 이럴 수가! 저는 어떻게 해야 할까요? 우트나피쉬팀이시여, 저는 어디로 가야 합니까? '죽음의 도둑'이 제 육체를 붙잡고 있습니다. 제 침실에는 죽음이 머물러 있고, 제가 발걸음을 떼어놓는 곳마다 죽음이 도사리고 있습니다!"

우트나피쉬팀은 빈손으로 집으로 돌아가게 된 그에게 별다른 답변이 없었고, 그 대신 뱃사공 우르샤나비를 저주하며 지시를 내렸다.

"항구가 너를 거부하고, 정박지가 너를 거부하기를! 네가 걷곤 했던 해안선이 너를 거부하기를! 네가 앞서 걸으며 이리로 데려온 자는 몸이 지저분한 머리털로 덮여 있고, 동물 가죽이 그의 아름다운 피부를 더럽혔다. 그를 데려가라, 우르샤나비. 몸 씻는 곳으로 데려가라. 그의 지저분한 머리털을 물속의 눈처럼 씻겨라. 그가 동물 가죽을 던져버려 바다에 쓸려가게 하고, 그의 몸을 좋은 기름으로 발라 촉촉하게 하고, 새로 만든 머리띠를 두르게 하고, 그에게 어울리는 왕실 복장을 입게 하라! 그가 자신의 도시에 다다를 때까지, 여정을 끝마칠 때까지 그의 왕실 복장이 때가 묻지 않고 완벽하게 새것이 되도록 하라!"

우르샤나비는 길가메쉬를 데리고 몸을 씻는 곳으로 갔다. 그는 지저분한 머리털을 물속의 눈처럼 씻었고, 그가 동물 가죽을 던져버리자 바다가 그것을 쓸어갔으며, 좋은 기름으로 몸을 촉촉하게 만들었고, 새로 만든 머리띠를 둘렀으며, 자신에게 어울리는 왕실 복장을 입었다. 그의 도시에 다다를 때까지, 여정을 끝마칠 때까지 그의 왕실 복장은 때가 묻지 않고 완벽하게 새것으로 남아 있었다.

길가메쉬와 우르샤나비가 배를 잡아당겨 띄워서 항해를 떠났다. '멀리 있는 자' 우트나피쉬팀의 아내가 남편에게 말했다.

"길가메쉬는 여기까지 오느라고 지쳤어요. 진이 다 빠졌지요. 자기 땅으로 돌아가는 그에게 무엇을 선물하실 거죠?"

그때 길가메쉬는 삿대를 들어올려 배를 해안가에 댔다. 우트나피쉬팀이 그에게 말했다.

"길가메쉬. 너는 심히 지친 상태로 이곳에 왔다. 네 땅으로 돌아가는 네게 무엇을 선물할고? 네게 비밀을 말해주겠다, 길가메쉬. 음…… 무언가 하면…… 식물이 하나 있는데…… 가시덤불 같은…… 그 가시는 장미처럼 네 손을 찌를 것이다. 네 손이 그 식물에 닿으면 너는 다시 젊은이가 될 것이다!"

이 말을 듣자마자 길가메쉬는 압수로 가는 통로를 열었고, 자신의 다리에 무거운 돌을 묶었으며, 돌에 끌려 물속 깊은 곳까지 내려갔

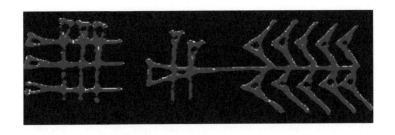

78 '생명의 식물'을 의미하는 수메르의 설형문자

생명의 식물, 즉 불로초를 의미하는 기호를 읽어보자. 왼쪽 기호는 우(ú)로 식물이라는 뜻이
다. 악카드어로는 샴뭄(šammum)이라고도 한다. 오른쪽의 지(zi)는 생명이다. 악카드어로는
나피쉬툼(napištum)이라고도 한다. 사진 조지프 페이건.

다. 손은 찔렸지만 식물을 움켜잡았다. 발에 묶인 돌을 끊어버리자
파도가 그를 해안가로 쓸어갔다. 길가메쉬가 뱃사공 우르샤나비에
게 말했다.

"우르샤나비, 이건 특별한 식물로 노쇠 현상을 막아준다오! 사람
은 다시 원기를 찾을 수 있소! 우루크성으로 이것을 갖고 가서 노인
에게 먹여 실험해보겠소. 식물의 이름은 '늙은이가 젊은이로 되다'로
불릴 것이오. 그리고 나는 이것을 먹을 것이며, 내 젊은 시절로 돌아
갈 것이오."

그들은 20리그를 가서 음식을 먹었고, 30리그를 가니 밤이 되어
휴식을 취했다. 길가메쉬는 샘 하나를 발견했는데, 물은 상당히 차
가웠다. 그는 샘으로 내려가 목욕을 했다. 그때 뱀 한 마리가 식물의

79

의문의 아담과 이브

약 4200~4100년 전 '아담과 이브'로 '추정' 되는 원통형 인장과 이것을 굴려 찍어낸 점토판.
나무, 뱀, 남자와 여자, 영락없이 히브리족의 창세기 〈베레쉬트〉에 나오는 에덴동산의 전설과
비슷해 보인다. 그러나 이는 큰 착각일 수 있다. 이런 장면은 제작 당시 인장에 나타난 일반적
인 모습ㅡ'뿔 달린 관'을 쓴 남신이 그의 여신도를 맞이하는 장면ㅡ이었다. 둘 사이에 있는 대
추야자나무와 뱀은 다산과 풍요를 의미하는지도 모른다. 배경이 정말 에덴동산쯤으로 생각된
다면 수메르의 낙원인 딜문에 있던 '엔키와 닌후르쌍'으로 새겨두는 것이 더욱 타당하다. 뱀
은 엔키계의 상징이나 다름없다. 창조주 엔키는 인간에게 지혜는 주었으나 영생을 줄 마음은
전혀 없었다. 길가메쉬가 불로초를 먹고 젊음을 되찾아 영생을 누릴까 봐 두려운 나머지 엔키
가 뱀으로 잠시 몸을 바꿔 '생명의 식물'을 강탈한 것은 아닐까. 아담과 이브의 창조주 야훼가
그들의 영생을 두려워했듯이! 영국박물관 소장.

향기를 맡고 몰래 올라와 그것을 갖고 달아났다. 그사이 뱀은 외피를 벗었고, 길가메쉬는 그 자리에 털썩 주저앉아 울고 있었다. 그의 두 뺨에 눈물이 흘러내렸다.

"오, 뱃사공이여! 말 좀 해주오! 누구를 위해 내 손이 그토록 고생했단 말이오. 우르샤나비! 누구를 위해 내 심장의 피를 다 쏟아부었단 말이오! 나는 정말이지 아무런 소득도 얻지 못하고 '땅의 명물'에게 좋은 일만 시켜주었소! 이제 높은 파도가 그것을 20리그나 멀리 떠내려 보낼 것이오! 나는 '압수의 통로'를 열었을 때, 장비들을 모두 버렸소. 내가 어떻게 이정표를 찾을 수 있겠소! 돌아가서 배를 해안가에 놓고 가겠소!"

20리그를 더 가서 그들은 음식을 먹었고, 30리그를 더 가니 밤이 되어 휴식을 취했다. 둘은 우루크성에 도착했다. 길가메쉬가 뱃사공 우르샤나비에게 말했다.

"우르샤나비, 성벽에 올라 우루크로 들어가서 거닐어보오. 진정 그곳을 거닐어보오. 토대를 살펴보고 석공술을 눈여겨보시오. 가마로 구워낸 벽돌이 아니던가요? 정말 훌륭하지 않은가요? 일곱 현인들이 그 기초를 세웠소이다. 1평방 마일은 도시며, 1평방 마일은 대추야자나무 숲이 우거진 정원이며, 1평방 마일은 점토 채석지며, 0.5평방 마일은 이쉬타르 신전이 점하고 있으니, 우루크의 규모는 3.5평방 마일이오!"

THE EPIC OF
GILGAMESH

23

길가메쉬의 죽음

그러나 너는 분노로 얽힌 마음을 갖고 저승에 가서는 안 된다!

위대한 야생 황소가 누워서 결코 다시 일어나지 않는다.

길가메쉬 왕이 누워서 결코 다시 일어나지 않는다.

힘으로 보면 독보적인 존재였던 그가 누워서 결코 다시 일어나지
않는다.

견대(肩帶)를 갖추어 입던 영웅이 누워서 결코 다시 일어나지 않
는다.

악을 줄게 한 그가 누워서 결코 다시 일어나지 않는다.

가장 지혜로운 말을 구사하던 그가 누워서 결코 다시 일어나지 않
는다.

여러 국가를 점유했던 그가 누워서 결코 다시 일어나지 않는다.

산에 오르는 법을 알았던 그가 누워서 결코 다시 일어나지 않는다.

쿨아바의 통치자인 그가 누워서 결코 다시 일어나지 않는다.

그는 임종에 들어 누워서 결코 다시 일어나지 않는다.

그는 '탄식의 침상'에 누워서 결코 다시 일어나지 않는다.

일어설 수도 없고, 앉을 수도 없는 그는 탄식한다.

먹을 수도 없고, 마실 수도 없는 그는 탄식한다.

남타르의 빗장에 순식간에 잡힌 그는 일어설 수 없다.

수조에 갇힌 물고기처럼……

덫에 걸린 가젤영양처럼,

그는 침상에서 손도 발도 없는 남타르에게 잡혔다.

젊은 왕, 길가메쉬는 임종을 맞이하고 있었다……. 길가메쉬가 신

80
고통에 휩싸인 사람 1

엔릴의 도시 니푸르의 한 신전에서
발굴된 유물이다.
사진 시카고 대학 근동연구소.

81
고통에 휩싸인 사람 2

엔릴의 도시 니푸르의 한 신전에서
발굴된 유물이다.
사진 시카고 대학 근동연구소.

들이 모임을 여는 특별한 장소에 도착한 뒤, 신들이 길가메쉬에게 말해주었다.

"너의 경우는 이렇다. 땅이란 땅은 모두 여행했고, 진귀한 나무인 삼목을 산에서 베어왔으며, 후와와를 그의 숲에서 죽인 후에 너는 미래를 위해, 다가올 날들을 위해 많은 석비(石碑)를 세웠다. 여러 신의 신전을 발견한 너는 지우쑤드라가 사는 거처까지 갔었다. 그 당시 영원히 잊혔던 수메르의 신성한 권능과 관례와 제의(祭儀)가 나라로 이어져, 손을 씻고 입을 씻는 의식을 정확하게 실행되었고…… 나라에 안정을 가져왔다."

엔릴의 충고가 엔키에게 전해졌다. 그러자 엔키가 신들의 대부 안과 신들의 실권자 엔릴에게 답했다.

"옛날에, 옛날 옛적에, 먼 옛날 옛 밤에, 옛날, 옛날 한 옛날에 신들의 모임에서 인간의 씨를 홍수로 쓸어버리기로 결정한 후에 우리들 중에서 나만이 유일하게 '생명' 편을 들어서 지우쑤드라가 비록 한 인간이지만 살아남게 되었습니다. 그런데 당신들은 나를 하늘과 땅에 맹세하게 했고…… 어떤 인간도 더 이상 영생을 허락받지 못하게 되었습니다. 자, 우리가 길가메쉬를 돌이켜보면 그가 그의 어머니 때문에 죽음에서 벗어날 수는 없겠는지요?"[46]

또 다른 신이 발언했다.

"길가메쉬 혼령을 하계의 죽은 자들 사이에서 그곳의 통치자가 되게 합시다. 그를 혼령들 사이에서도 걸출한 존재가 되게 합시다. 그러면 그는 판결을 내리고 언도할 것이며, 그가 한 말은 닌기쉬지다와 두무지의 말처럼 무게가 실릴 것입니다."

그러자 젊은 왕 길가메쉬는 모든 인간의 운명 때문에 우울해졌다. 그때 '어느 신'의 음성이 들렸다.

"너는 절망해서는 안 된다. 의기소침해서는 안 된다……. 아눈나 신들, 위대한 신들이 장례식의 제물 앞에 앉아 있는 곳으로 어서 가라. 사제들과 여사제들[47]이 누워 있는 곳으로…… 네 아버지가 누워 있는 곳으로, 네 할아버지가 누워 있는 곳으로, 네 어머니가 누워 있는 곳으로, 네 누이들이 누워 있는 곳으로…… 네 귀중한 친구가, 너의 동료가, 너의 친구 엔키두가, 너의 어린 동무가 누워 있는 곳으

---

[46] 이제껏 눈요기한 길가메쉬 서사시는 그의 죽음이라는 마지막 점토서판을 이해하기 위한 긴 여정이었다. 길가메쉬 서사시 열두 토판에 없는 이 귀중한 수메르어 판본에서 우루크 왕은 그가 비록 여신 닌순의 자식으로 신의 유전자 3분의 2를 갖고 태어났으나 인간의 유전자 3분의 1을 갖고 태어난 반신반인이었기에, 비록 여신 닌순이 그의 어머니라고 해서 죽음을 면할 수는 없는 한 인간의 비참한 말로가 기다리고 있었던 것이다. 인간의 창조주며 구세주인 아버지 엔키는 인간에게 '지혜를 주었으나 영생은 주지 않았다'고는 할지라도 영웅이 이승을 떠나는 마지막 죽음의 자리에 가서는, 대홍수가 일어나기 직전처럼 신들의 대부 안과 신들의 실권자 엔릴에게 대들어 '그가 꼭 죽어야 하는 겁니까?' 라는 반론을 일단 제기한 후 그의 조상 우트나피쉬팀/지우쑤드라에게도 그랬듯이 조심스럽게 길가메쉬의 꿈속에 찾아와 평온하게 죽음에 대비하라고 귀를 열어주는 자비를 베풀었다.

로, 그리고 왕에 의해 큰 도시로 임명된 통치자가 누워 있는 곳으로, 군대의 하사관들이 누워 있는 곳으로, 부대장들이 누워 있는 곳으로…… 누이들 집에서 누이들이 너를 마중할 것이다. 네 보석이 너를 마중할 것이다. 네 귀중한 것들이 너를 마중할 것이다. 네 도시의 장자들이 너를 마중할 것이다. 너는 절망해서는 안 된다. 의기소침해서는 안 된다."

"그는 이제 아눈나 신들 사이에 속하게 될 것이다. 그는 위대한 신들의 벗으로 속하게 될 것이다……. 하계의 죽은 자들 사이에서 그곳의 통치자가 될 것이다. 그는 판결을 내리고 언도할 것이며, 그가 한 말은 닌기쉬지다와 두무지의 말처럼 무게가 실릴 것이다."

바로 그때 젊은 왕 길가메쉬가 깨어났다……. 그의 눈…… 꿈……!
…… 꿈……!
…………

---

[47] 수메르에는 신분 높은 사제 엔(en), 애도하는 사제 갈라(gala), 정화를 담당하는 사제 아브리그(abrig), 정결한 옷을 입고 신을 섬기거나 제물을 바치는 사제 구두(gudu₄/gudug/guda), 마귀를 쫓아내는 주문을 옮거나 정결례를 담당하는 사제 이쉬브(išib), 순결한 여사제 루쿠르(lukur), 신이나 통치자의 상을 닦는 정화 사제 루-아-투(lu-a-tu₅), 신분 높은 여사제 닌-딘기(르)(nin-dingir), 정화를 담당하는 여사제 닌-이쉬브(nin-išib) 등 다양한 사제들과 여사제들이 있었다. 사제들은 인간의 오욕칠정과 희로애락에 시시콜콜 관여하며 권세를 누렸겠지만 그들도 역시 저승으로 가야만 했다. 그런 저승의 주인은 네르갈이었고, 여주인은 에레쉬키갈이었으며, 운명의 신 남타르는 저승사자였으며, 저승 입구를 지키던 신은 네티였다.

"내가 다시 예전의 나처럼 내 어머니 닌순의 무릎 위에 앉을 수 있을까?……"

누딤무드 신이 그에게 꿈을 보여주었던 것이다.

"우투의 아들, 꿈의 신 씨시그가 어둠의 세계에, 저승에 있는 그를 위해 빛을 제공할 것이다."

"오, 길가메쉬! 큰 산이며 신들의 아버지인 엔릴은 왕권을 네 운명으로 주었으나 영생은 주지 않았다. 길가메쉬, 이것이 바로 네 꿈의 의미였다. 그렇다 하여 슬퍼해서도, 절망해서도, 의기소침해서도 안 된다. 너는 이것이 인간이 갖고 있는 고난의 길임을 분명히 들었을 것이다. 너는 이것이 너의 탯줄이 잘린 순간부터 품고 있던 일임을 분명히 들었을 것이다. 인간의 가장 어두운 날이 이제 너를 기다린다. 인간의 가장 고독한 장소가 이제 너를 기다린다. 멈추지 않는 밀물의 파도가 이제 너를 기다린다. 피할 수 없는 전투가 이제 너를 기다린다. 그로 인한 작은 접전이 이제 너를 기다린다. 그러나 너는 분노로 얽힌 마음을 갖고 저승에 가서는 안 된다……."

"하늘의 새들은…… 피할 수 없다. 깊은 물속의 물고기는…… 그물을 펼치는 젊은 어부가 너를 잡을 것이다(?). 저승의 ……에서 ……로 올라가는 사람을 본 적이 있느냐? 너와 같은 운명을 타고난 왕은 일찍이 없었다. 누가…… 인간들 사이에서 누가, 그들이 누구일지라도 너처럼……. ……저승의 직위…… 너는…… 너의 혼령…… 판결을 내리……."

"아눈나 신들이, 위대한 신들이 장례식의 제물 앞에 앉아 있는 곳으로 어서 가라. 사제들과 여사제들이 누워 있는 곳으로…… 네 아버지가 누워 있는 곳으로, 네 할아버지가 누워 있는 곳으로, 네 어머니가 누워 있는 곳으로, 네 누이들이 누워 있는 곳으로…… 네 귀중한 친구가, 너의 동료가, 너의 친구 엔키두가, 너의 어린 동무가 누워 있는 곳으로, 그리고 왕에 의해 큰 도시로 임명된 통치자가 누워 있는 곳으로, 군대의 하사관들이 누워 있는 곳으로, 부대장들이 누워 있는 곳으로…… 위대한 집 아라리…… 누이들 집에서 누이들이 너를 마중할 것이다. 네 보석이 너를 마중할 것이다. 네 귀중한 것들이 너를 마중할 것이다. 네 도시의 장자들이 너를 마중할 것이다. 너는 절망해서는 안 된다. 의기소침해서는 안 된다."

"그는 이제 아눈나 신들 사이에 속하게 될 것이다. 그는 위대한 신들의 벗으로 속하게 될 것이다……."

왕의 설계사가 그의 무덤을 ……처럼 도안했다. 그의 신 엔키는 그에게 꿈의 해결책이 놓인 곳을 보여주었다……. 단지 왕의…… 만이 그 환상을 풀어낼 수 있었다. 신은 강제로 그의 도시에서 군대를 소집했다. 전령이 모든 땅에 뿔 나팔로 신호를 보냈다.

"우루크여, 일어나라! 유프라테스강을 열어라! 쿨아바여, 일어나라! 유프라테스 강물을 다른 곳으로 돌려라!"

우루크의 모병(募兵)은 홍수였다. 쿨아바의 모병은 구름에 덮인 하늘이었다. 그 사이에 첫 달이 채 지나지도 않아서…… 닷새나 열흘이 채 지나지도 않아서 그들은 유프라테스강을 열었고, 높은 수위의 방향을 틀었다. 우투가 그 윤곽을 경이롭게 바라보았다.

유프라테스강의 물이 줄어들자마자 돌로 된 그의 무덤이 강바닥에서 모습을 드러냈다. 무덤의 벽도 돌로 세워졌다. 문짝은 출입구의 장붓구멍에 끼워져 있었다. 빗장과 문지방도 단단한 돌이었다. 문의 회전축도 단단한 돌이었다. 그것들은 황금 기둥에 끼여 있었다. 무거운 돌덩어리가 움직여서…… 거무스름한 흙으로 덮여 있었다……. 앞날을 위해…… 무덤을 찾은 사람은 그 내부를 발견하지 못해야 한다. 그는 우루크 중심부에 견고한 집을 세웠다.

그의 사랑하는 아내, 그의 사랑하는 아이들, 그의 사랑하는 애첩과 후실들, 그의 사랑하는 악사들, 술 따르는 자와…… 그의 사랑하는 이발사, 그의 사랑하는…… 그의 사랑하는 궁궐 신하들과 하인들과 그가 아끼던 물건들이 우루크 중심부에 있는 지성소에서 마치 ……하듯 각자의 자리에 눕혀 있었다.[48]

……길가메쉬 왕은 절망했고 의기소침했다.

모든 이에게, 어느 누구라도 앞날을 위해 장례 의식용 상(像)이

82
83

만들어지고, 신들의 신전에 모아둔다. 한때 불렸던 그들의 이름은
망각 속으로 가라앉지 않는다.

엔릴의 윗누이 아루루는 그와 같은 목적으로 그들에게 후손을 제
공한다. 그들의 상은 앞날을 위해 만들어졌고, 그들은 땅에서 이름
이 불린다.

---

[48] 4800년 전쯤, 길가메쉬가 우루크 제1왕조의 다섯 번째 왕위에 올랐다. 2003년 4월 29일 영
국 BBC 방송 인터넷판에 매우 흥미로운 기사가 올랐다. 이 기사를 소개하면 이렇다. 이라크에
있는 고고학자들은 역사상 가장 오래된 책의 주제인 길가메쉬 왕의 잃어버린 무덤을 그들이 발
굴했을지도 모른다고 믿고 있다. 길가메쉬 왕은 이라크라는 나라 이름의 유래가 된 도시국가 우
루크를 다스렸던 고대 수메르인들의 전설적인 영웅이었으며, 그의 웅대하고 파란만장한 삶은
수메르 문자로 점토판에 기록되었다. 최근 독일 학자들이 이끄는 발굴단은 한때 유프라테스강
이 흘렀던 곳에서 길가메쉬 왕의 것으로 추정되는 무덤을 포함한 우루크 도시 전체의 흔적을 발
견했다. 뮌헨에 있는 바이에른 역사유적연구국의 요르크 파스빈더는 이것이 길가메쉬 왕의 무
덤이라고 단정하기는 이르지만 '서사시에 묘사된 것과 매우 흡사하다'고 말했다. 서사시에 따르
면, 길가메쉬 왕은 그가 죽은 뒤 유프라테스강의 물이 두 갈래로 갈라지자 강 밑에 축조된 무덤
에 안장되었다. 파스빈더는 '우리는 도시 바로 바깥쪽에 옛날 유프라테스강이 있던 자리의 한
복판에서 도시의 흔적과 매장지로 보이는 건축물을 찾아냈다'면서 이라크의 사막 지하에서 이
처럼 놀라운 고대 도시를 발견한 것은 첨단 기술 덕분이었다고 말했다. 그는 토양이 자화(磁化)
할 때 나타나는 각기 다른 반응으로 땅속을 들여다볼 수 있다면서 이런 작업으로 나타난 자기장
기록을 디지털 영상으로 전환한 결과 '우루크 도시 전체의 구조가 드러났다'고 설명했다. 그는
유프라테스강 바닥의 진흙 벽돌과 침전물의 차이로 '매우 자세하게 구조를 알 수 있었다'고 말
했다. 파스빈더는 '가장 놀라운 사실은 길가메쉬 서사시에 이미 묘사된 구조물들이 이번에 발
견된 것이라'고 말하고, 우리는 100헥타르(100만㎡) 이상에서 발굴 작업을 벌인 결과 서사시에
묘사된 정원 구조물과 야외 구조물들, 그리고 바빌론 시대의 집들을 발견했다고 말했다. 그는
발굴된 유적 중에서도 '특히 놀라운 것은 믿을 수 없을 만큼 정교한 운하 체계였다'고 밝히고,
운하 내부에서 홍수로 집들이 부서졌음을 보여주는 구조물 흔적도 찾아냈다. 이 도시는 사막 한
복판의 베니스라고도 할 수 있다고 말했다. 그리고 길가메쉬의 죽음은 동시에 그의 부인과 자식
을 비롯하여 왕이 사랑하던 사람들과 아끼던 물건이 함께 무덤 속으로 '각자의 자리에 묻히는'
순장(殉葬)으로 치러진 것으로 보인다.

82
니푸르에서 발굴된 한 악카드인의 무덤에서 발견된 부장품. 금,
은, 청금석, 홍옥수, 마노(瑪瑙) 등이다. 사진 시카고 대학 근동연
구소.

83
4400년 전 수메르인의 해골

금과 청금석으로 치장되어 있으며, 치아가 뚜렷하게 남아 있어 인
상적이다. 이라크 바그다드박물관 소장.

닌아주의 어머니, 에레쉬키갈라. 당신을 찬송하는 일은 즐겁습니다!

길가메쉬, 닌순의 아들은 저승의 신들과 위대한 조상신들에게 '알현용 선물'을 내밀었다. 거룩한 땅의 아눈나 신들에게, 거룩한 땅의 위대한 왕자들에게, 죽은 사제들과 죽은 여사제들에게 선물을 내밀었다.

……그와 필적할 만한 왕이 태어난 적은 결코 없었다.

길가메쉬, 쿨아바의 주님. 당신을 칭송하는 일은 즐겁습니다!

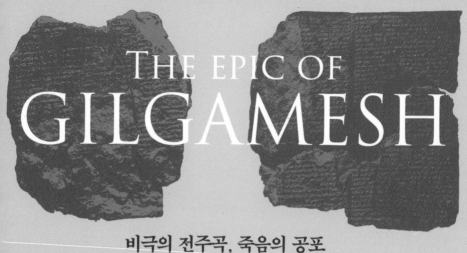

THE EPIC OF
GILGAMESH

비극의 전주곡, 죽음의 공포

아, 이럴 수가! 저는 어떻게 해야 할까요?
우트나퍼쉬팀이시여, 저는 어디로 가야 합니까?
죽음의 도둑이 제 육체를 붙잡고 있습니다.
제 침실에는 죽음이 머물러 있고,
제가 발걸음을 떼어놓는 곳마다
죽음이 도사리고 있습니다!

3

보헤미아 프라하 출생의 독일 시인 릴케(Rainer Maria Rilke)는 길가메쉬 서사시를 '죽음의 공포에 대한 서사시(das Epos der Todesfurcht)'라고 했다. 1916년 그는 길가메쉬 서사시의 초기 악카드어 번역본 중 하나를 접했다. 시인은 깊이 감동을 받아서 거의 기쁨과 경이로움에 취해버렸다. 그는 만나는 모든 사람에게 서사시의 스토리를 반복했고, '길가메쉬는 굉장하다!'라고 말했다. 길가메쉬 서사시는 '죽음의 공포에 관한 가장 위대한 서사시'다. 인류 역사상 이보다 더 오래된 서사시는 존재하지 않을 뿐더러 길가메쉬를 비롯한 등장인물들이 나누는 '죽음'에 관한 대사는 그야말로 사람의 뼛속까지 파고들 만큼 절절하기 때문이다. 그토록 오랜 옛날에 쓰였음에도 '죽음의 공포에 대한 전율'은 지금도 강렬하다. 게다가 영생을 향한 한 인간의 집념, 피 끓는 우정이 행간에서 꽃을 피우고 있다. 더더욱 '가장 위대한' 것은 길가메쉬 서사시가 히브리 신화와 그리스 신화에 영향을 미친 '최초의 신화'라는 점이다.

THE EPIC OF
GILGAMESH

1

초야권

옛날 야만 시대의 영웅은 동포들을 살육하는 행위를 했다.
오늘날 문명사회에서의 참다운 영웅이란
동포에게 봉사하고 그들을 구원해주는 사람들이다.

—카네기(Andrew Carnegie)

우루크의 통치자 길가메쉬는 폭군이다. 신화적 존재에서 실존 인물로 인류 앞에 나타난 길가메쉬는 기록으로 본다면 최초로 초야권(初夜權, Ius Primae Noctis)을 행사한 왕인 셈이다. 첫날밤, 새신랑 대신 새 신부를 모두 다 차지하는 왕이다. 처녀들의 침대 속으로 기어 들어가 성욕을 채우던 왕이다. 그는 거만하게 도시를 활보하던 11 완척의 거인이다.

"……도시는 그가 쌓아놓은 망신으로 가득 차 있습니다! 그가 강요하는 이상한 풍습으로, 도시 사람들은 저항할 힘을 잃었습니다. 우루크의 왕을 위해 바뀌지 말아야 할 규율이 바뀌었고, 악용되었고, 관행이 변해버렸습니다. 사람들의 새 신부는 누구나 그의 차지입니다. 견고한 성벽으로 둘러싸인 우루크의 왕 길가메쉬의 차지랍니다! 그는 새 신부가 누구이건 간에 전혀 상관하지 않고 같이 누울 수 있습니다. 새신랑이 그녀와 눕기도 전에 말입니다……." 1

중세의 영주나 귀족, 심지어 성직자나 승려 들까지도 동참했다는 초야권은 놀랍게도 수메르의 왕 길가메쉬에게서 시작되었다! 여성의 생식 능력에 대한 주술적인 신앙으로, 처녀막을 위험시하여 결혼 전에 미리 그것을 파열시키던 관습이 초야권이라는 제도로 발전했다는 설이 있다. 바빌로니아 여성은 결혼 전에 이름 모를 나그네에게 몸을 의탁했고, 고대 로마의 신부는 남근상(男根像)에, 그것도 그저 그런 남근상이 아닌 '신(神)의 남근상'에 올라가 그 무릎 위에 걸터앉았다. 여자가 일생에 한 번, 결혼 전에 신전이나 사원에서 매

1
남자와 여자

약 4600~4300년 전 수메르의 강력한 신 엔릴의 도시 니푸르에 있던 인안나 여신의 신전에서
발굴된 여자와 남자의 석고상. 이라크 바그다드박물관 소장.

음하는 종교적인 습속은 서아시아와 인도에서 널리 행해졌다. 인도의 '지식을 갖춘 사제'로 카스트의 최고 계급인 브라만은 일반인에게 그 막강한 권위를 휘둘렀다. 토후들이 도덕적 절제에는 아랑곳하지 않고 근친상간에다 남색(男色)까지 즐기면서도 보다 자극적인 놀이를 얻고자 할 때에는 브라만에게 '고견'을 청하곤 했다. 인도의 종교 성전이라는 마누법전에 의하면 브라만에게는 '즐기는 것'이 허락되었다. 지역에 따라서 그들에 의해 초야권도 행해졌으며, 불임 치료를 위해 신전에서 하룻밤 머물면서 신의 대리인에게서 모든 '사랑의 기술'을 선물로 받은 여성들도 있었다. 성직자는 신의 대리인이었기에 동침한 처녀에게 풍성한 생식 능력을 줄 수 있을 뿐만 아니라 처녀막의 출혈로 신랑에게 생길지도 모를 재앙을 이겨낼 수 있는 유일한 존재라는 믿음이 있었다.

길가메쉬는 신의 대리인일 뿐만 아니라 그 자신 스스로도 3분의 2는 신이다. 초야권은 우루크라는 거대한 도시에서 처음부터 신들이 정해준 길가메쉬 혼자만의 권리다.

"신들이 정해놓은 운명입니다. 그들의 지혜와 뜻대로, 그가 태어난 순간부터 정해져 있는 일입니다. 탯줄이 잘려진 순간부터죠."

신들이 대사제이자 왕인 그들의 대리인에게 부여했던 초야권은 '가진 자'의 권리로 변질되어 '가지지 못한 자'의 딸들을 농락해왔다. 길가메쉬 시절보다 약 4600년이 지난 1786년 5월 1일 오스트리아 빈에서 초연된 모차르트(W. A. Mozart) 작곡의 희가극(喜歌劇) 〈피가로의 결혼(Le Nozze di Figaro)〉에는 '신성한 초야권'은 '변질된 초야권'으로 등장한다.

프레스토(presto)의 서곡이 울리고 1막이 오르면, 알마비바(Almaviva) 백작의 성안에 있는 방이 보인다. 피가로는 백작의 하인으로, 백작 부인의 시녀 수잔나(Susanna)와 곧 결혼할 사이다. 그들의 결혼은 백작이 결혼 지참금을 대주어 가능하게 된 것이다. 둘은 백작의 방과 백작 부인의 방 사이에 위치한 그들의 신방을 단장한다. 행복한 이중창이 울려 퍼진다. 그러나 수잔나는 백작이 초야권을 행사하려는 흑심을 알게 된다. 그녀는 백작이 결혼 지참금을 대주고 방을 기꺼이 빌려준 배경에 백작의 시커먼 속내가 도사리고 있음을 알아채고, 피가로에게 정신을 바짝 차리라고 말한다. 혼자 남게 된 피가로는 '백작, 그대가 춤추기를 원할지라도(Se vuol ballare, Sig-nor Contino)'로 시작되는 유명한 카바티나(cavatina)를 부른다. 극은 4막에서 백작이 잘못을 뉘우치고 용서를 구하면서 결혼 잔치를 축하하러 가자는 노래와 함께 즐거운 합창으로 끝맺는다.

그러나 신들이 부여했다던 길가메쉬의 초야권도 '신성하지만은 않다.' 그는 연일 밤낮을 가리지 않고 무자비한 성폭력을 휘두른다. 젊은 우루크 왕은 초야권을 남발한다. 그에게 알마비바 백작처럼 잘못을 뉘우치고 용서를 구하는 일은 결코 일어나지 않는다.

"길가메쉬는 분명 우루크의 목자(牧者)인데도! 용감하고, 고귀하고, 멋지고, 현명한데도! 그의 욕망이 워낙 크기 때문에 어머니의 품으로 자유롭게 갈 수 있는 딸은 아무도 없다. 전투 경험이 많은 군인의 딸이건, 젊은 사람의 신부이건 상관없이!"

우루크 사람들에게 절실했던 건 '자유'였을 것이다. 〈피가로의 결혼〉이 초연된 지 110년이 지난 1996년 아카데미 영화제에서 '우리 민족에게 자유를 달라!'고 외치는 〈브레이브하트(Braveheart)〉가 작품상을 받았다. 감독상까지 받은 제작 · 감독 · 주연의 멜 깁슨(Mel Gibson)이 동원한 소재는 바로 초야권이었다. 이 영화는 스코틀랜드의 전설적인 기사 윌리엄 월리스(William Wallace)의 사랑과 투쟁을 그린 대서사시로 13세기 말 섬나라 영국을 배경으로 하고 있다. 북부의 스코틀랜드 왕국에서 왕권을 이을 후손이 끊어지자, 남부에 있던 잉글랜드 왕국의 포악하기 그지없는 에드워드 1세(King Edward I)는 스코틀랜드의 왕위를 차지하려고 혈안이 되어 있었다. 그는 스코틀랜드의 귀족들을 구슬리기 위해 땅과 작위를 보장해주고, 초야권까지 안겨주었다. 이에 영웅 윌리엄 월리스가 분연히 일어나 잉글랜드 왕국에 저항했지만, 종국에 그의 사지는 찢겨지고 만다. 그는 조국 스코틀랜드의 자유와 평화를 외치며 숭고하게 죽어간다. 그러나 1314년 스코틀랜드는 자유를 쟁취한다.

길가메쉬는 '자유가 아니면 죽음을 달라'고 외치면서 자유를 위해 목숨을 초개처럼 버리는 영웅이 아니다. 오히려 초야권으로 자기 백성들을 괴롭히는, 우루크 사람들에게 자유를 주기보다는 자유를 억

압하는 '철부지 통치자'다.

"그에게 무기를 들고 대항할 만한 상대는 아무도 없습니다. 아무
런 이유 없이 우루크 젊은이들이 그에게 시달리고 있습니다."

이 문제를 해결할 수 있는 존재는 단지 신들뿐이다. 그리고 길가
메쉬의 폭정에 견디다 못한 우루크 사람들의 한탄을 들은 신들조차
도 곤혹스러워한다.

"폭풍이 일렁이는 가슴은 폭풍이 일렁이는 가슴으로 상대해야 하
는 법!"

신들은 어머니 아루루에게 길가메쉬의 '맞상대'를 만들어서 우루
크에 평화를 가져다 달라고 간청한다. '처음부터 서사시의 주인공을
영웅이 아닌 폭군으로 묘사하고 있는 이유는 무엇일까?'라는 의구심
은 또 다른 주인공 엔키두가 탄생하게 된 동기를 부여하는 것으로
일단락된다.

길가메쉬의 초야권은 신성하지 않다. 그는 아직 '사랑다운 사랑'
을 모르는 젊은이일 뿐이다. 성욕을 채우기 위해 쉴 새 없이 밤낮으
로 폭력을 휘두르는 청년일 뿐이다.

THE EPIC OF
GILGAMESH

2

여자

남자들을 낙원에서 끌어낸 것이 여자라면,
남자를 다시 낙원으로 인도할 수 있는 자도 여자요, 여자뿐이다.

— 허버트(Edward Herbert)

신들의 어머니 아루루는 동시에 인간의 어머니이기도 하다. 모신 (母神)은 신들의 재촉으로 '폭풍이 일렁이는 가슴'을 지닌 원시인을 만들어낸다.

'그는 문명화된 땅에 대해서는 아무것도 모르고 있었다.'

길가메쉬의 폭정을 막아내기 위해 탄생한 엔키두는 한마디로 원시인이며 미개인이다. 그를 '인간답게' 개조하는 작업에 여자가 투입된다. 야생 인간을 개화하는 방법은 무엇이었을까?

"샴하트, 저기 그가 있다! 팔짱을 풀고 당신의 성적 매력을 발산하여 그가 빠져들게 하라. 바로 저자이니까, 수줍어하지 말고 어서

2
모신(母神)상
약 7000년 전의 북부 메소포타미아의 유물로 다소 과장된 팔과 가슴은 모신 숭배사상을 짐작하게 한다. 영국박물관 소장. 사진 크리에이티브 코먼스, © Zunkir.

그의 사랑을 흔쾌히 받아들여라! 알몸을 그에게 보여주어 그가 당신을 갖게 하라. 그가 가까이 오면 옷을 벗고 그와 함께 누워 야성만을 지닌 그에게 당신의 솜씨를 가르쳐주어라. 그가 당신을 사랑하게 된다면 그의 야성이 사라져서 그의 동료인 야수들이 그를 가까이하지 않을 것이며, 그는 욕망에 이끌려 당신 위에서 신음할 것이다."

엔키두는 길가메쉬가 보낸 신전의 여자로부터 6일 낮, 7일 밤 동안 '진짜' 성교육을 받는다. 그런 과정을 거친 후에야 그의 몸은 직립보행을 하는 인간이 된다.

'엔키두는 자신의 집과 숲속을 잊고 있었다. 원시인은 한껏 만족감을 느낀 뒤 다시 야수들에게 돌아갔다. 하지만 영양들은 그를 보고 달아났고, 야수들도 달아났다. 엔키두는 그들을 따라갔으나 여자에게 정력을 모두 쏟았기 때문에 힘이 없었다. 야수들이 달아나는 동안 그의 무릎이 말을 듣지 않아 뛸 수 없었다. 그의 몸은 느려서 예전처럼 빠르지 못했으나 이해력은 사람처럼 넓어졌다.'

원시인의 진화에 가장 크게 기여한 존재는 여자다. 이제 사람다운 사람, 이지력을 소유한 인간이 된 엔키두는 더 이상 '동물' 같은 원시인이 아니다.

"당신은 지혜로워졌어요, 엔키두. 이제 당신은 신처럼 되었어요."

히브리족의 창세기 〈베레쉬트〉의 작가 역시 '선과 악을 구별하는 나무'에서 열매를 따 먹은 인간이 신처럼 된 '일'을 기록하고 있다. 신은 원래 인간에게 선과 악을 구별하는 정도의 지혜조차 주려고 하지 않았다. 하지만 '여자의 유혹'은 남자를 흔들었고, 인간은 '신만이 갖고 있던 지혜'를 얻게 되었다.

"그래? 네가 벌거벗었다고 누가 말해주었느냐? 내가 경고한 그 나무에서 따 먹었단 말이냐?"

"저와 함께 지내라고 만들어주신 그 여자가 나무에서 따서 제게 주어서 먹었습니다."

"보아라. 사람이 선과 악을 아는 우리들 중 하나처럼 되고 말았다."

인간의 신비한 성적 에너지는 창조적 에너지일지도 모른다. 월트 휘트먼(Walt Whitman)의 믿음처럼 만물에는 내적으로 성적 충동이 있어 그것이 새로운 개체를 만들어내며 앞으로 전진하는 원동력이 되는 것일지도 모른다.

충동 그리고 충동 그리고 충동,
항상 배회하는 세상의 충동.
어둠 속에서 나와 양성(兩性)이 진행한다.

항시 실체와 생성을, 항상 섹스를.

— 휘트먼의 시, 〈나 자신의 노래(Song of Myself)〉에서

그러나 창조적 에너지가 아닌 난잡한 성, 그것은 무지다. 바다의 조수처럼 일어나는 단순한 성적 욕망, 그리고 수간(獸姦). 여기에는 '원시'만이 존재할 뿐이다. '올바르고 정당한 섹스.' 그것은 인간이 진화하는 결정적인 요소였고, 애당초 신들만이 알고 있던 지혜, '육체와 영혼의 결합'이었다.

성은 육체와 영혼 모두를 포함한다.
의미, 증거, 순결, 우아, 결과, 공포,
노래, 명령, 건강, 자부심, 모성의 신비, 정액,
땅 위의 모든 희망, 선행, 증여, 모든 정열, 사랑, 미, 기쁨,
땅 위의 모든 정부, 재판관, 신들, 추종받는 사람들,
이 모든 것들이 성의 일부이며, 성을 정당화하는 존재로서 성 속에 포함된다.

—휘트먼의 시, 〈한 여자가 나를 기다린다(A Woman Waits for Me)〉에서

인간이 에덴의 동산에서 내쫓긴 이유는 신들처럼 '알게 된 이후' 다시 신들처럼 영생을 얻으면 안 되겠다는 '신의 걱정' 때문이었고, 대홍수라는 극단적인 방법으로 인간을 죽음으로 몰고 간 이유 역시 '신들의 아들들과 인간의 딸들' 사이에 벌어진 '섹스' 때문이었다. 신들의 입장에서 본다면 그것은 일종의 '신들의 수간'이었다. 신은 선

과 악을 구별할 줄 아는 지혜를 얻게 된 인간에게 고운 시선을 보낼 수 없었다. 신은 인간이 지혜롭게 되는 걸 원하지 않았다. 일단 한번 마음이 뒤틀린 신은 인간에게 원죄라는 굴레를 씌워버렸다.

원시의 엔키두는 수간의 상태에 놓여 있다. 여자는 엔키두에게 '신처럼' 제대로 알게 된 지혜를 선물함으로써 그를 '미개'에서 구출하고 문명권으로 인도하는 일을 자청한다.

"음식을 드세요, 엔키두. 그것을 먹어야 살아갈 수 있어요. 맥주를 마셔요. 땅에서 살아가는 관습이에요."

여신은 '사람'을 만들고, 여자는 '성'을 가르쳐준다. 그리고 영생자 우트나피쉬팀을 찾아나선 길가메쉬가 영생을 구하는 일에 실패한 채 고향으로 돌아갈 수밖에 없는 처지에 놓였을 때, 여자 —우트나피쉬팀의 아내— 는 여행자에게 동정심을 느낀다.

"길가메쉬는 여기까지 오느라고 지쳤어요. 진이 다 빠졌지요. 자기 땅으로 돌아가는 그에게 무엇을 선물하실 거죠?!"

여신 인안나는 길가메쉬에게 사랑을 강요한다. 사랑을 쟁취하지 못한 여신은 내면에 깔려 있는 질투심과 복수심이 발동하여 애증의 살인극을 벌이기로 한다.

3
이쉬타르상

악카드인을 비롯한 셈족들이 이쉬타르라고 불렀던 약 3700년 전의 점
토 유물. 그러나 이 여신의 실체는 악카드 이전 시대인 수메르의 여신
인안나다. 그녀는 남신들과 남자들을 때로는 유혹하고 때로는 희롱하
고 때로는 속이면서 자신만의 영역을 넓혀 수메르 곳곳에 그녀의 신전
이 세워지지 않은 곳이 없었다. 미모와 계략, 사랑과 질투, 그리고 과감
한 전투의 여신 인안나는 여성의 모든 장단점을 갖춘 존재였다. 사진
예일 대학.

"아버지, 저에게 하늘의 황소를 주세요. 그러면 길가메쉬를 그의 집에서 없애버릴 수 있어요."

사랑과 전쟁의 여신은 영웅을 괴롭히지만 그녀의 계획은 실패로 돌아간다. 다른 여신 씨두리는 '매우 현실적인 쾌락'을 남자에게 주입하려고 노력한다. 길가메쉬는 오로지 일편단심으로 영생을 찾는 일에만 몰두한다. 그러나 여인숙을 지키는 포도주의 여신은 여행자에게 현실을 일러주는 데 주력한다.

"길가메쉬. 자신을 방황으로 몰고 있는 까닭은 무엇 때문인가요? 당신이 찾고 있는 영생은 발견할 수 없어요. 신들은 인간을 창조하면서 인간에게는 필멸의 삶을 배정했고, 자신들은 불멸의 삶을 가져갔지요. 길가메쉬, 배를 채우세요. 매일 밤낮으로 즐기고, 매일 축제를 벌이고, 춤추고 노세요. 밤이건 낮이건 상관없이 말이에요. 옷은 눈부시고 깨끗하게 입고, 머리와 몸은 씻고, 당신의 손을 잡은 아이들을 돌보고, 당신 부인을 데리고 가서 당신에게서 즐거움을 찾도록 해주세요. 이것이 인간이 즐길 운명인 거예요. 그렇지만 영생은 인간의 몫이 아니지요."

현실에서의 안주. 여신이 권하는 삶은 어머니가 바라는 삶이오, 누이가 내미는 삶이오, 아내가 원하는 삶이오, 딸이 갖고 싶은 삶이다. 그것은 필멸의 인간에게는 진실이다.

4
슈루파크의 교훈

약 4600년 전 기록된 '슈루파크의 교훈' 이라고 명명된 점토판의 일부. 사진 쇼엔 컬렉션.

5
우루크의 여인상

약 5000년 전 흰색 대리석으로 조각된 우루크의 여인상. 우루크의 여신 인안나 상으로 보는 견해도 있으나 불확실하다. 2003년 부시 미국 대통령이 이라크를 침공하면서 약탈되었다가 되찾았다. 이라크 바그다드박물관 소장. 사진 크리에이티브 코먼스, ⒸOsama Shukir Muhammed Amin.

가치 있는 것은 아무것도 없지만 인생은 달콤해야 한다.

—약 4500년 전 수메르 점토판, '슈루파크의 교훈' 중에서

인생에서 가장 소중한 것은 '달콤한 삶'뿐이라고 여신은 강조한다. 여자의 현실 의식은 남자보다 월등하다. 여자는 현실에 대응하여 완전하게 변할 수 있는 무서운 재능의 소유자다. 어쩌면 이것이 지금까지 인간이 생명을 부지할 수 있었던 원초적인 힘이었는지도 모른다. 여행자는 여자의 동정을 받아 불로초를 얻게 되지만, 종내 여인숙 안주인의 말이 옳았다. 인간은 인생이라는 '여인숙'에 잠시 머물다 사라질 수밖에 없는 유한한 생명일 뿐이다. 그런데 한 성녀가 현실의 집착에서 벗어나라고 말한다.

인생은 낯선 여인숙에서의 하룻밤이다.

—테레사(Theresa of Calcutta)

인생이란 낯선 타향에서 보내는 단 하룻밤 동안의 귀양살이라고 말한다. 그렇지만 포도주의 여신은 현실을 똑바로 보고 즐기라고, 인간에게 영생은 없으니 맘껏 즐기면서 살라고 유혹한다. '낯선 여인숙에서의 하룻밤'일망정 맘껏 그렇게 살라고 유혹한다. 여신의 속성을 물려받은 여자는 남자를 유혹하는 유일한 존재인 동시에 남자의 유약함을 동정으로 감싸는 존재다. 여자는 생명의 자궁으로 인간을 끝없이 지탱해주는 '땅의 지배자'며 '현실의 지배자'다. 그리고 그들은 '사람의 어머니'다.

어머니는 태양처럼 사람을 탄생시킨다.

— 약 4500년 전 수메르 점토판, '슈루파크의 교훈' 중에서

여신과 여자는 샴하트처럼 성의 지혜를 가르쳐주고, 아루루처럼
자식을 낳고, 인안나처럼 사랑하고 질투하며, 우트나피쉬팀의 아
내처럼 동정하고, 씨두리처럼 현실적인 충고를 던지고 있는 것이
다. 그리고 괴물 후와와를 죽이기 위해 원정길에 나서는 아들 길가
메쉬를 걱정하는 여신 닌순의 기도에서는 짙은 모성애를 느낄 수
있다.

"오, 샤마쉬여. 무슨 연고로 제 자식 길가메쉬에게 그런 들뜬 마음
을 심어놓으셨나요?"

여자를 정복한다는 것은 이 세상에서 가장 무모한 짓이다. 차라리
그들에게 정복당하는 것이 가장 현실적이고 안전한 길이다. 열등한
존재가 우등한 존재를 넘어서는 일은 불필요하기 때문이다. 여자의
정확한 통찰력은 언제나 남자의 생을 이끈다. 톨스토이(Lev
Nikloaevich Tolstoi)의 말처럼, 여자는 남자에게 '아무리 연구를 계
속해도 항상 새로운 존재'일 수밖에 없다! 여자, 이 살아 있는 신화의
보따리를 풀고자 한다면 그들을 더욱 사랑하는 길밖에 없다! 이 땅
의 천국과 지옥은 그들의 손안에 있기 때문이다.

THE EPIC OF
GILGAMESH

3

죽음

신들은 삶과 죽음을 지정해두었지만 죽음의 날을 결코 발설하지 않는다.

—우트나피쉬팀(Utnapishtim)

여신에 의해 태어나 여자에게 끌려다닌 남자가 있다. 그 남자를 기다리는 남자 역시 여신에 의해 태어난 자다. 아루루에 의해 태어난 엔키두는 샴하트라는 여자에게 끌려다니면서 '제대로 된 성(性)을 알게 된 후'에 '원시'와 '미개'에서 탈출해 여신 닌순에게서 태어난 길가메쉬에게 다가가고 있다. 그러나 여자의 유혹은 아직도 진행 중이다. 그것은 문명을 향한 유혹이다.

"그렇다면 왕이 당신의 얼굴을 볼 수 있도록 같이 가세요. 길가메쉬에게 안내해드릴게요. 그가 어디에 있는지 내가 잘 아니까, 어서 가요, 엔키두. 우루크성으로. 그곳에서는 모든 사람이 호화로운 나들이옷을 입고 있고, 매일같이 축제가 열리고, 수금과 북이 끊임없이 연주된답니다. 몸을 파는 여자들은 귀엽게 편히 서서 관능미를 자랑하고, 만면에 미소를 띠며, 위대한 신들마저 밤잠을 자지 못하고 안달하게 만듭니다! 엔키두, 당신은 사람이 사는 법을 알지 못합니다. 내가 당신에게 인생의 기쁨과 슬픔을 한껏 지닌 길가메쉬를 보여드리겠습니다."

6

잘생긴 청년 길가메쉬는 엔키두라는 상대를 맞이한다. 폭풍이 일렁이는 가슴은 폭풍이 일렁이는 가슴을 만난다. 엔키두가 새 신부의 방으로 들어가려는 길가메쉬의 발길을 막아서서 둘은 충돌하지만 이내 그들은 친구가 되고 형제가 된다. 길가메쉬의 초야권은 더 이상 행해지지 않는다. 그의 폭력에 대한 우루크 사람들의 걱정은 엔키두의 출현으로 깨끗이 해소된다. 그러나 우루크 왕은 성숙한 어른

6 죽음의 땅이 되어버린 우루크의 폐허. 2003년 말부터 2004년 초에 걸쳐 촬영한 우루크 유적지 1. 사진 시카고 대학 근동연구소.

이라기보다는 여전히 젊은 청년으로만 보인다. 젊은이들이 그렇듯둘은 금세 절친한 사이가 된다.

젊은 왕에게 두려움은 없다. 그는 명성을 날리기 위해 엔릴이 삼목산을 지키라고 임명한 산지기 후와와/훔바바를 죽이려고 한다. 그런데 이 일은 정상적인 성인(成人)의 입장에서 본다면 너무도 무모한 일이다. 삼목산 산지기는 무시무시한 일곱 후광의 소유자로, 쳐다보는 것만으로도 위험천만하다. 그의 음성만 울려도 금방 거대한 홍수가 밀려들 듯하다. 불덩어리의 입과 죽음의 숨을 가진 괴물 훔바바가 지키고 있는 숲으로 들어가면 누구든지 여지없이 병으로 쓰러진다. 그곳으로 발길을 옮길 수 있는 담력을 지닌 사람은 아무도 없다. 수메르 동편 자그로스산맥으로 감히 떠날 사람은 정말 아무도 없다. 영웅이 아니라면 불가능한 일이다.

내 아들아. 해가 뜨는 곳으로 홀로 여행을 떠나지 말거라.

— 약 4500년 전 수메르 점토판, '슈루파크의 교훈' 중에서

그렇지만 길가메쉬는 '죽음을 향한 원정'을 강행하려고 한다. 그에게는 죽음보다 명성이라는 욕망이 더 크기 때문이다. 이 때문에 그가 영웅처럼 보일 수도 있겠으나, 그 속을 들여다보면 그것은 젊은 시절 한번쯤 객쩍게 부려보는 혈기처럼 보인다. 왕은 사후의 명성에 강하게 집착하면 곧 죽게 된다는 생각을 하지 못하는 '미성숙인'이다.

홈바바의 괴력을 익히 아는 엔키두는 눈물을 흘리며 떨고 있다. 길가메쉬는 친구에게 만용에 가까운 말을 던지며 자신의 의지를 피력한다.

"친구여, 그대는 어찌 쓸데없는 반대만 하는가? 대체 하늘에 오를 수 있는 자가 어디 있단 말인가? 신들은 샤마쉬와 함께 영생을 누리는 반면 인간의 수명은 이미 정해져 있거늘. 사람이 무엇을 해본들 일순간의 바람보다 더 하겠는가. 그대마저 죽음이 두려운 것이지. 그대의 용력(勇力)은 모두 어디로 갔는가? 내가 앞설 걸세. 그대는 나에게 '두려워하지 말고 계속 가세요'라고 소리쳐도 된다네. 내가

쓰러지면 난 나의 이름을 알릴 걸세. 그러면 사람들이 '무시무시한 훔바바와 대결한 길가메쉬'라고 말할 테니. 그대는 황야에서 자랐고, 갑자기 달려드는 사자를 대처하는 법도 알고 있네. 젊은이들이 그대의 면전에서 달아났네. 그대는 쓸데없는 말만 하고 있네. 그렇게 약해서야 어디, 원! 마음이 아프네. 내가 삼나무를 베어야겠어. 나의 이름을 영원히 알려야겠어."

길가메쉬는 마치 '인생'을 다 살아본 사람이라도 된 듯, 자신은 벌써 진짜 영웅이라도 된 듯 죽음에 연연하지 않는다고 주장하면서 엔키두의 '비겁'을 조소한다. 범인은 할 수 있는 일을 하지 않는다. 그는 할 수 없는 일만 추구한다. 그러나 영웅은 스스로 할 수 있는 일을 실제로 해낸 사람이다. 젊은 왕은 할 수 없는 일을 추구하는 범인일 뿐이다. 그는 아직 죽음의 실체를 모른다. 우루크성의 고매한 장로들은 일제히 일어나서 왕에게 충고한다.

"길가메쉬, 당신은 아직 젊소. 그래서 너무 감정에만 치우쳐 있고, 스스로 하는 말조차 모르며, 야욕에만 사로잡혀 있는 것이오. 자신이 무엇을 하려는지도 모르고 말이외다."

우루크 왕은 장로들의 조언을 듣고 엔키두에게 빈정거리는 말투로 대응한다.

"이보게, 친구. 자네도 저들과 똑같은 말을 할 거가? '나는 죽음이

7 우루크의 폐허

2003년 말부터 2004년 초에 걸쳐 촬영한 우루크 유적지 2. 사진 시카고 대학 근동연구소.

두렵다'라고. 응?"

태산처럼 무거운 죽음이 젊은이에게는 한낱 새털보다 가볍게 생각된다. 죽음의 끄나풀이 그를 두를 때의 불안을 알지 못한다. 아니, 무시한다. 저승의 사슬이 그를 묶을 때의 슬픔을 알지 못한다. 아니, 무시한다. 죽음 앞에서의 고통을 무시한다. 아예 무시한다. 닌순은 아들의 위험한 여행길을 위해 태양의 신에게 기도를 올린다. 아들도 거룩한 신에게 기도를 올린다. 엔키두는 다시 한번 반대한다. 그러나 이미 사태를 돌이킬 수 없음을 잘 알고 있는 우루크의 장로들은 '어린' 왕에게 근심 어린 마지막 조언을 아끼지 않는다.

"자신의 힘만을 너무 믿지 마시오. 주변을 항상 살피고 주의하시오. 엔키두를 당신 앞에 세우시오. 그는 그곳에 가본 적이 있어 길눈이 밝지요. 그는 숲으로 가는 길을 익히 알고 있소. 훔바바의 계략도 모두 다 알고 있소. 앞선 자는 동료를 구할 것이며, 멀리 넓게 볼 수 있어 자기 자신도 보호할 수 있는 법이오……."

엔키두도 얼떨결에 친구의 의견에 동의하지만 그 역시 '젊은이'였기에 이성보다는 감정이 앞서 친구의 결정을 받아들인다. 청년기의 젊은이들이 흔히 그렇듯, 엔키두는 자신이 여행의 위험성을 경고한 일은 까마득히 잊어버리고 친구의 '객기'에 마음이 움직인다.

"좋습니다. 당신의 뜻대로 길을 나서겠습니다. 두려움을 접어두고 저를 보세요. 저는 숲에 자신의 집을 만든 자가 살고 있는 곳을, 그가 항시 다니는 길목을 잘 알고 있습니다. 저와 함께 가는 자는 두려울 게 없습니다. 제가 무사히 데려올 것입니다. 자, 이젠 두려워 마십시오."

삼목산 여행길에 나서는 서사시의 수메르어 판본에 보면, 길가메쉬는 길을 떠나기 전에 엔키두의 권유로 우투에게 먼저 기도를 올린다. 산에 관한 결정권은 우투에게 있었기 때문이다. 원정에 대한 지지를 호소하는 주인공에게 태양의 신은 호락호락 찬성표를 던지지 않는다. 그것은 신 우투조차도 걱정할 만큼 위험천만한 일이다.

"젊은이. 너는 이미 고귀한 권한을 갖고 있다. 그런데 산속에서 무엇을 더 원한단 말이냐?"

"우투여. 제가 당신께 드릴 말씀이 있습니다. 당신께서 귀 기울여 들어주실 말씀이 있습니다! 부탁드립니다. 들어주십시오! 제가 사는 도시에서 사람들이 죽고 있습니다. 마음이 고뇌로 가득 차 있습니다. 사람들이 사라집니다. 그 때문에 저는 비애를 느낍니다. 제가 목을 길게 빼고 도시의 성벽 너머로 바라보면, 시체들이 강을 따라 넘쳐흐르고 있습니다. 제가 본 것이 바로 그것이었습니다. 그런 일은 제게도 일어날 것입니다. 그것이 현실입니다. 어느 누구도 하늘에 닿을 만큼 키가 크지 못합니다. 어느 누구도 산 위로 펼칠 만큼 몸이 넓지 못합니다. 인간은 자신의 마지막 생명을 넘어설 수 없기 때문에 저는 산속으로 떠나길 원합니다. 저는 제 명성을 세우겠습니다. 저는 어떤 명성도 세워지지 않은 그곳에 신들의 명성을 세우겠습니다."

아직 죽음의 두려움을 한 번도 '직접' 체험하지 못한 길가메쉬가 주장하는 명분은 그럴듯하게 들린다. 젊은 그는 마치 죽음을 완전히 이해한다는 투로 태양의 신에게 허락을 구한다. 자신에게는 죽음보다 명성이 중요하다며 영웅처럼 신을 설득한다. 너그러운 성품을 지닌 우투는 그에게 일곱 용사를 붙여준다. 게다가 길가메쉬는 우루크의 미혼 남자 50명도 데리고 떠난다.

다시 악카드어 판본을 보면, 길가메쉬와 엔키두가 훔바바의 숲속으로 잠입하는 장면이 나오고, 이어 훔바바의 괴성이 울린다.

"멍청이와 얼간이는 서로에게 제대로 된 충고를 해주어야 하거늘, 쯧쯧. 한데 너, 길가메쉬, 여기까지 나를 찾아온 이유가 무엇이냐! 한번 해볼 테냐, 엔키두. 제 아비가 누구인지도 모르는 피라미 같은 놈! 제 어미의 젖을 빨지 않는 거북이나 자라와 진배없는 놈! 네놈이 아주 어렸을 때 나는 널 보았지만 네 근처에는 가지 않았었지. 내가 너 같은 놈을 없앤다 하여 내 배가 부를 리 없다. 네가 길가메쉬를 내 앞으로 안내했으니까. 네 이놈, 게 섯거라. 이런 미련한 놈! 길가메쉬, 너도 게 섯거라. 네 머리를 자르고 네 목도 잘라버릴 테다! 날카롭게 외치는 독수리와 콘도르가 너를 잡아먹게 하겠다!"

그토록 기고만장하게 원정을 주장하고 재촉하던 길가메쉬는 단 한 번의 괴성에 떨고 만다.

"나의 친구. 훔바바의 얼굴이 계속 변하고 있다! 우리가 그를 처치하려고 걸어오긴 했지만…… 금세 내 마음이……."

"나의 친구여. 당신은 왜 연약하게 우는소리를 하나요? 그러니까 나까지 흔들리잖아요."

수메르어 판본에 보면 후와와의 괴력 앞에 길가메쉬 일행은 잠 속에 빠져 정신을 잃는다. 길가메쉬가 간신히 정신을 차렸을 때 후와와가 내던지던 죽음의 시선이 어깨와 고환조차도 움츠러들 정도로 그를 꼼짝하지 못하게 만든다. 용감무쌍하게 삼목산 원정을 나섰던 우루크 왕은 이제는 반대로 살길을 찾아야만 한다. 그는 영웅이 아니라 '꼼수'를 써야 하는 상황에 빠져 있는 것이다. 그리고 그 방법은 자신의 누이를 후와와에게 팔아먹는 일이다. 치졸한 속임수에 후와와는 일곱 후광을 잃는다. 거기에서 길가메쉬의 영웅다운 모습은 아무리 눈을 씻고 봐도 찾을 수 없다. 그래도 후와와는 길가메쉬를 영웅으로 대접하고 있었던 모양이다. 그는 '영웅의 비영웅적인 꼬락서니'로 인해 좌절한다.

"영웅이 ……속이는 행동을 하다니!"

악카드어 판본에서도 길가메쉬는 스스로의 힘과 용기로 홈바바를 제압하지 못한다. 태양의 신 샤마쉬가 싸움판에 끼어든다. 그가 일으킨 열세 가지 바람은 길가메쉬를 구해내고 상황을 역전시킨다.

길가메쉬와 엔키두는 후와와를, 즉 홈바바를 죽인다. 길가메쉬는 우루크로 돌아오지만 그는 진정한 영웅이 아니다. 자신의 힘만으로 상대를 제압한 것도 아니고, 그렇다고 명성을 쌓은 것도 아니다. 또 '죽음'이 진정 무엇인지 알지 못하고, 인생이 진정 무엇인지 알지 못한 채 아무런 소득도 없이 돌아오는 길가메쉬를 기다리고 있는 것은 엔릴의 불호령뿐이다.

8 우루크의 폐허

2003년 말부터 2004년 초에 걸쳐 촬영한 우루크 유적지 3. 사진 시카고 대학 근동연구소.

"왜 이 따위 짓을 했나?"

8 길가메쉬와 엔키두는 하늘의 황소까지 죽인다. 그들의 손에 죽은 신은 저승의 여신 에레쉬키갈의 남편이다. 순간, 젊은 우루크 왕은 위대한 영웅이라도 된 듯 오만스럽기만 하다.

"가장 용감한 남자는 누구인가? 가장 대담한 사내는 누구인가? 길가메쉬가 남자들 중 가장 용감하고, 사내들 중 가장 대담하다!"

그는 왕궁에서 축전을 열며 자축하지만, 그것은 죽음으로 가는

'비극의 전주곡'이 되고 만다.

신들은 길가메쉬 일행이 삼목산에서 삼목을 잘라내고 훔바바를 죽인 사건과 하늘의 황소를 죽인 사건을 간과하지 않는다. 그리고 엔키두만을 단두대에 올린다. 이런 신들의 결정은 엔키두의 꿈을 통해 전달된다.

"오 형제여. 내 동생! 어찌하여 신들이 나는 놔주고 너에게만 대가를 치르게 하는 것일까?"

"그 때문에 이제 내가 유령이 되어야 하고, 죽은 자들의 유령과 동석하여 정말로 내 사랑하는 형님을 이제 더는 볼 수 없게 된다니…… ……"

죽음을 전혀 두려워하지 않던 길가메쉬. 훔바바를 죽이려고 삼목산으로 떠나기 직전 원정을 거부하던 엔키두에게 '그까짓 죽음이 뭐가 그리 대수냐'며 호언장담하던 길가메쉬. 죽음은 이제 '젊은' 길가메쉬에게 서서히 종잡을 수 없는 공포로 변한다.

"친구여…… 꿈은 무섭긴 하나 미래를 내다보는 중요한 척도라네. ……무척 두렵겠으나 꿈은 앞날을 생각한다면 값진 것일세. 신들은 살아 있는 존재에게 슬픔을 남기고, 꿈은 살아 있는 존재에게 고통을 남긴다네. 나는 자네를 위해 큰 신들에게 기도하고 간청할 것일세. ……인간은 가끔 운명의 시간이 오기도 전에 죽어야만 한다네."

엔키두는 침상에 누운 지 열이틀 만에 죽는다. 죽음은 이제 길가메쉬에게 그가 핏대를 올려가며 주장했던 명성과는 전혀 상관없는 '도저히 극복할 수 없는 대상'으로 다가서며 그의 목을 조이기 시작한다. 그리고 그것은 철없이 삼목산으로 원정을 떠나 엔릴의 산지기를 죽이고, 하늘의 황소를 죽여서 얻게 된 '사랑하는 친구이며, 형제인 엔키두의 죽음'에서부터다.

"엔키두. 네 어머니와 아버지처럼 나는 너를 애도하노라……. 들으시오, 오 우루크 장자들이여. 들으시오, 사람들아! 나는 나의 친구 엔키두를 애도하노라! 나는 대곡(大哭)하는 자들처럼 통곡한다. ……나의 친구, 엔키두여. 민첩한 노새, 산에 사는 매우 빠른 야생 나귀, 대초원의 흑표범이여! 우리는 함께 산으로 갔고, 하늘의 황소와 싸워 그를 죽였고, 삼목산에 살고 있던 훔바바를 전복했거늘 이제 너를 잡고 있는 것이 겨우 이런 정도의 잠이란 말인가? 너는 빛을 잃게 되었고, 내 말을 듣지 않는구나!"

길가메쉬의 통곡이 우루크 땅 위로 울려 퍼지지만 엔키두의 눈은 움직이지 않는다. 길가메쉬가 그의 심장을 만져보았으나 뛰지 않는다. 그는 친구의 얼굴을 신부의 얼굴처럼 덮어주고, 독수리처럼 그의 주변을 맴돌며, 새끼를 빼앗긴 암사자처럼 앞뒤를 서성인다. 그는 자신의 머리칼을 잘라 땅 위에 뿌리고, 자신의 멋진 옷을 찢어 험

오스럽다는 듯 던져버린다. 젊은 왕 길가메쉬는 이것으로 절망한다. 왕에게 희망은 사라지고 미래는 짙은 안개로 가려진다. 그리고 왕은 거지꼴이 되어 대초원을 떠돌며 죽음 앞에 절규한다.

"나는 죽을 것이다! 나도 엔키두와 다를 바 없겠지. 너무나 슬픈 생각이 내 몸속을 파고드는구나! 죽음이 두렵다. 그래서 지금 대초원을 헤매고 있고……."

방랑자는 그의 조상이며, 유일무이한 영생자인 우트나피쉬팀이 사는 구역을 향해 곧바로 가기로 결심한다. 그의 심중에는 오로지 죽음을 극복하고 영생의 길을 찾으려는 욕망으로 가득 차 있다. 초야권을 남발하던 거만과 삼목산으로 가려는 만용은 그 어디에서도 찾을 길 없다. 자신의 판단 착오로 가장 사랑하는 친구를 잃은 그는 죽음이 두려워 방황하는 그저 그런 필멸의 평범한 인간일 뿐 더는 왕도 영웅도 아니다. 길가메쉬가 혼신의 힘을 다해 찾아간 마슈산 입구에서 만난 전갈(경비병) 부부가 그런 그를 이해하지 못하는 건 당연하다.

"당신은 무슨 이유로 이렇게 먼 여행을 했소? 왜 내게 왔느냔 말이오? 당신은 천국의 바다를 건넜소. 그건 믿을 수 없는 일이오! 나는 당신이 온 이유를 알고 싶소……. 당신의 목적을 알고 싶소."

"나는 나의 조상 우트나피쉬팀 때문에 왔소이다. 그는 신들의 회합에 참석했고, 영생을 얻었소. 삶과 죽음에 대해 그에게 꼭 물어봐야겠소!"

"길가메쉬. 그곳에 간 '필멸의 인간'은 결코 아무도 없었소. 그 산을 통과한 인간은 진정 없었소."

더는 물러날 곳이 없는 여행자의 의지는 결연하다.

"설령 참을 수 없는 슬픔이나 고통이 온다 해도, 그 어떤 폭염이 내리고 한파가 불어닥친다 해도…… 한숨 속에 울며불며 간다 해도…… 나는 계속 갈 것이다! 지금 당장! 문을 열어라!"

결국 전갈 부부는 길가메쉬에게 산의 입구를 열어준다. 여행자는 칠흑 같은 어둠의 천지에서 오랫동안 방황한다. 그러다가 태양이 환하게 떠오르면서 신들의 호화찬란한 정원이 눈앞에 나타난다. 그러나 엔키두의 죽음이 가져다준 충격으로 그에게 '신들의 정원' 따윈 안중에도 없다. 그의 목표는 오직 하나, 신기루 같은 영생의 방도를 찾는 것일 뿐. 이 대목에서 길가메쉬에게 언제나 우호적이었던 태양의 신 샤마쉬의 갑작스런 음성은 절망적인 앞날을 예고하는 듯하다.

"야수들의 고깃덩어리를 먹고, 그들의 가죽을 입고 있는 오, 길가메쉬. 이런 일은, 그런 꼴로 여기까지 인간이 왔던 일은 예전에 없었다. 없었단 말이다! 내 바람이 바닷물을 말릴 때까지도 없을 것이다!

너는 네가 찾는 영생을 얻지 못할 것이다."

"여행이 끝난 뒤에, 대초원을 방황한 뒤에, 저는 제 머리를 땅속에 묻게 될까요? 그리고 나면 잠들고…… 영원히 잠든다? 안 돼!"

길가메쉬는 여전히 젊은이다. 성숙하여 어른이 되면 누구든지 다 받아들이는 죽음을 거절한다. 그는 죽음을 용납할 수 없다. 그래서 그는 다시 샤마쉬 앞에서 절규하는 것이다. 절대로 죽을 수 없다고.

바다 끄트머리에서 만난 여인숙의 안주인 씨두리도 길가메쉬의 속내를 알 길이 없다. 영생을 학수고대하는 방랑자의 속내를 진정 알 길이 없다.

"대초원을 방황하는 진의를 말해보시오!"

"사랑했던 나의 친구는 흙으로 돌아갔소. 나도 그처럼 되지 않겠소? 나도 누워, 다시는 결코 일어나지 못하지 않겠소?…… 하지만 오, 여인숙을 돌보는 여인이여. 내가 당신 얼굴을 보았기에 내가 죽음을 보지 않게 해주시오. 나는 그것이 정말로 무섭소!"

길가메쉬의 절규는 점점 심해진다. 씨두리가 '현실로의 안주'를 권유하지만 영생에 목맨 자에게 그런 말은 들리지 않는다.

"신들은 인간을 창조하면서 인간에게는 필멸의 삶을 배정했고, 자신들은 불멸의 삶을 가져갔지요. 길가메쉬. 배를 채우세요.…… 이것이 인간이 즐길 운명인 거예요. 그렇지만 영생은 인간의 몫이 아니지요."

"오, 여인숙을 돌보는 여인이여. 대체 그게 무슨 말이오? 내 마음은 나의 친구 엔키두 때문에 깊이 상처받았소."

씨두리는 그에게 뱃사공 우르샤나비를 소개한다. 길가메쉬와 우르샤나비는 우여곡절 끝에 죽음의 바다를 건너 우트나피쉬팀에게 다가선다. 영생자를 만난 그의 절규는 이제 막바지에 이르고 그의 마음은 슬픔만이 가득하다.

"……제가 어떻게 조용히 있을 수 있겠어요. 제가 어떻게 가만히 있을 수 있겠어요! 사랑했던 저의 친구는 흙으로 돌아갔습니다. 언젠가 저도 그처럼 되지 않겠습니까? 저도 누워, 다시는 결코 일어나지 못하지 않겠느냔 말입니다!…… 바로 그런 이유로 제가 '멀리 있는 자'라고 불리는 우트나피쉬팀 당신을 만나기 위해 길을 떠날 수밖에 없었던 것입니다. 저는 산이란 산들은 모두 돌았고, 알다가도 모를 산들을 넘었으며, 바다란 바다는 모두 건넜습니다……. '슬픔의 문'은 빗장을 걸어야 하고, 송진과 역청으로 봉해야 합니다! 저를 위해……."

"너는 쉼 없이 고생하면서 무엇을 얻고자 하는가! 고생 끝에 네 자신이 완전히 지쳐버리면, 너는 네 몸을 슬픔으로 가득 채우고 너의 긴 인생 항로를 조급히 끝내는 길로 접어든다! 인간, 그들의 자손들은 갈대처럼 부러진다. 잘생긴 젊은이나 귀여운 소녀 들도 죽음은…… 아무도 죽음을 알 수 없고, 아무도 죽음의 얼굴을 볼 수 없고, 아무도 죽음의 소리를 들을 수 없다. 비정한 죽음은 인간을 꺾어버린다. 얼마나 오랫동안 우리가 가정을 이끌고 갈 수 있겠는가! 얼마나 오랫동안 우리가 유언장에 침을 바르겠는가! 얼마나 오랫동안 형제들이 상속받은 재산을 나누어 갖겠는가! 얼마나 오랫동안 증오심이 마음속에 남겠는가! 얼마나 오랫동안 홍수로 일어난 강물이 흘러넘칠 것이며, 잠자리들이 강물 위에서 표류할 것인가! '태양의 얼굴'을 바라보는 얼굴은 결코 영원히 존재할 수 없는 법. 잠자는 자와 죽은 자는 얼마나 똑같은가! 죽음의 형상은 그 무엇으로도 표현할 수 없도다! 바로 그것이다. 너는 인간이다! 범인이든 귀인이든, 꼭 한 번은 인생의 종착역에 도착하고, 하나처럼 모두 모여든다. 엔릴이 찬성을 표한 뒤에 아눈나키 위대한 신들이 소집되어, 운명의 여신 맘메툼이 운명을 선포하고 신들과 함께 운명을 결정한다. 신들이 삶과 죽음을 지정해두었지만, 그들은 '죽음의 날'을 결코 발설하지 않는다."

길가메쉬는 영생자의 말을 이해할 수 없다. 자신은 어느 누구도 올 수 없고, 온 적도 없는 영생자의 땅을 찾아냈는데도 희망은 보이지 않는다. 그의 의문은 풀리지 않는다.

"당신 모습은 특별하지 않습니다. 당신은 저와 같습니다!…… 말해주십시오.…… 어떻게 영생을 얻게 되었는지를!"

영생자는 그가 신들의 땅에서 유일하게 불멸의 인간이 된 사연을 전부 말해준다. 그런 뒤 그는 길가메쉬에게 극복하기 어려운 숙제를 던진다.

"이제 그대가 찾고 있는 영생을 위해 누가 신들을 모이게 할 것인가! 잠깐! 너는 6일 낮과 7일 밤을 잠들어서는 안 된다."

여행자는 안타깝게도 안개처럼 덮친 잠의 유혹을 견디지 못한다. 그는 7일 밤을 꼬박 잠에 빠져든다. 꿈이 없는 잠, 죽음보다 깊은 잠. 그에게 영생의 길은 멀어진다. 이것으로 끝이란 말인가.

"아, 이럴 수가! 저는 어떻게 해야 할까요? 우트나피쉬팀이시여, 저는 어디로 가야 합니까? '죽음의 도둑'이 제 육체를 붙잡고 있습니다. 제 침실에는 죽음이 머물러 있고, 제가 발걸음을 떼어놓는 곳마다 죽음이 도사리고 있습니다!"

이에 영생자는 한마디 대꾸도 않는다. 생로병사의 순리를 역행하는 길은 없는가. 이 대목에서 우트나피쉬팀의 아내는 남편으로 하여금 '손에 닿으면 다시 젊은이가 되는 식물'을 길가메쉬에게 선물하도록 권유한다. 절호의 기회를 잡은 우루크 왕은 곧장 바닷속으로 들어가 불로초를 획득하지만 이내 그것을 뱀에게 강탈당한다.

"오, 뱃사공이여! 말 좀 해주오! 누구를 위해 내 손이 그토록 고생했단 말이오. 우르샤나비! 누구를 위해 내 심장의 피를 다 쏟아부었단 말이오! 나는 정말이지 아무런 소득도 얻지 못하고 '땅의 명물'에게 좋은 일만 시켜주었소!"

영생할 수도 젊음을 유지할 수도 없다. 젊은 길가메쉬는 '인생의 진실'을 깨닫는다. 성인이라면 누구나 다 알고 있는 사실을 이제야 비로소 알게 된다. 성인이라면 누구나 다 받아들이는 진리를 이제야 비로소 깨우친다. 성인을 향한 통과의례처럼.

위대한 야생 황소, 왕, 힘으로 보면 독보적인 존재, 견대를 갖추어 입던 영웅, 악을 줄게 한 자, 가장 지혜로운 말을 구사한 자, 여러 국가를 점유했던 자, 산에 오르는 법을 알았던 자, 쿨아바의 통치자는 이제 죽음 앞에 무기력하기만 하다. 탄식해도 소용없다. 그는 수조에 갇힌 물고기처럼, 덫에 걸린 가젤처럼 저승의 신이며, 운명의 신인 남타르에게 잡히고 만다. 인간의 창조주이며 구세주인 엔키가, 누딤무드가 그에게 '죽음에 대처하는 법'을 일러준다.

"오, 길가메쉬! 큰 산이며 신들의 아버지인 엔릴은 왕권을 네 운명으로 주었으나 영생은 주지 않았다. 길가메쉬, 이것이 바로 네 꿈의 의미였다. 그렇다 하여 슬퍼해서도, 절망해서도, 의기소침해서도 안 된다. 너는 이것이 인간이 갖고 있는 고난의 길임을 분명히 들었을 것이다. 너는 이것이 너의 탯줄이 잘린 순간부터 품고 있던 일임을 분명히 들었을 것이다. 인간의 가장 어두운 날이 이제 너를 기다린다. 인간의 가장 고독한 장소가 이제 너를 기다린다. 멈추지 않는 밀물의 파도가 이제 너를 기다린다. 피할 수 없는 전투가 이제 너를 기다린다. 그로 인한 작은 접전이 이제 너를 기다린다. 그러나 너는 분노로 얽힌 마음을 갖고 저승에 가서는 안 된다……."

살아 있던 그는 지금 죽었고,
살아 있던 우리는 지금 죽어간다.
약간씩 견디어내면서.

— 엘리엇(T.S. Eliot)의 시, 〈황무지(The Waste Land)〉에서

범인의 죽음은 세상과의 작별에 불과하다. 영웅의 죽음은 어떠한가. 그것은 다름 아닌 '신화의 시작을 알리는 통과의례'다.

영웅이라는 칭호가 누구보다도 잘 어울리는 왕이 있었다. 약 2330여 년 전 마케도니아 왕에 등극했고, 겨우 32년 동안 땅에 살았던 알렉산드로스(Alexandros) 대왕은 신화와도 같은 업적을 남기고 바빌론에서 죽었다. 그가 생전에 한 말이 있다.

"용감하게 살다가 불멸의 업적을 남기고 죽는 것은 아름다운 일이다."

2330여 년 전이라면 정말 오랜 옛날이다. 그런 알렉산드로스로부터 '다시' 약 2480년 전, 진정한 영웅이 되었던 수메르의 우루크 왕이 있었다! '최초의 영웅' 길가메쉬는 죽었다. 공교롭게도 알렉산드로스 사후 수메르 땅은 암흑으로 변해버렸다. 그것은 후진 문명과의 절연이었다! 그리고 수메르는 인간의 의식 속에서 완전히 잊혔다.

신은 생명과 죽음, 행복과 불행을 인간 앞에 내놓는다. 그러나 범인이든 영웅이든 그들을 기다리는 것은 단지 작은 무덤일 뿐이다. 무서워라! 무서워라! 그러나 처녀가 시집가는 날 호기심과 설렘과 벅찬 마음에 가슴이 떨리듯 그런 가슴을 안고 죽음을 맞이하지는 못할망정, 엔키의 말처럼 슬퍼하거나 절망하거나 의기소침할 것도 없이 다만 '분노로 얽힌 마음'만은 땅 위에 내려놓고 흙으로 돌아갈 일이다.

THE EPIC OF
GILGAMESH

황금시대의 전설

그때, 키엔기(르) 신들이 있었다.

4

THE EPIC OF
GILGAMESH

1

수메르 신들의 강림부터 인간 창조까지

사람이 신들의 노동을 대신하게 합시다!

1 키엔기(르), ki-en-gir15를 뜻하는 설형문자

왼쪽부터 '키-엔-기(르)'라고 읽으면 된다. 사진 김산해.

수메르 신화는 이 세상 '최초의 신화'였다. '수메르'의 본래 이름
은 수메르어의 '키엔기(르) KI.EN.GIR15'이다. 인류 역사상 최초의 국
가는 수메르였다. 수메르를 뒤이어 번성한 최초의 셈족은 악카드라
는 나라를 세웠다. '키엔기(르)'는 최초의 셈어였던 악카드어로 '슈
메루(šu-me-ru)'였다. 수메르어가 해독되지 않았던 시절 앗씨리학에
정통했던 학자들은 어렴풋이나마 최초의 국가를 '슈메르(Shumer)'
라고 부르기 시작했다.

키엔기(르)! 무슨 뜻일까?

'키, ki'는 '땅'
'엔, en'은 '통치자, 주님, 대사제'
'기(르), gir15'는 '고귀한, 문명화된'

셋의 의미를 종합해보면 키엔기(르)는 '고귀한 주님의 땅'이었고,

2
수메르의 도시와 주변의 유적지들

수메르 최초의 도시는 에리두를 필두로 바드티비라, 라라크, 씨파르, 슈루파크였다. 바그다드 남쪽에 영역을 구축했던 수메르 연맹의 힘이 약해질 무렵 최초의 셈족인 악카드가 일어나 수메르로부터 땅의 지배권을 넘겨받았다. 4020년 전쯤(B.C.E. 2004년) 수메르의 도시국가로 최고의 곡창지대였던 우르의 멸망으로 수메르는 지구상에서 사라졌다. 그 후 '우여곡절' 끝에 등장한 고(古)바빌로니아가 사실상 수메르의 후임자가 되었다. 바그다드 북쪽에는 앗씨리아라는 제국이 등장했다. 이후 메소포타미아의 정세는 남쪽의 바빌로니아와 북쪽의 앗씨리아라는 두 나라가 자웅을 겨루게 되었다. 사진 김산해.

'문명화된 통치자의 땅'이었다는 것을 알 수 있다. 그 뜻만 새겨보아도 그곳은 '원시와 야만과 미개에서 벗어난 존귀한 문명인이 지배한 나라'임에 틀림없다.

신들은 하늘에서 내려와 수메르 땅에, 아니 키엔기(르)에 그들이 정착할 도시를 건설했다. 차츰 큰 신들이 하나둘 나타나 각기 도시의 주인이 되었다. 노동에 종사하던 작은 신들은 폭동을 일으켰고, 그 일로 인해 인간이 창조되었다. 대홍수가 일어나기 전, 신들만이 존재했던 황금시대에 무슨 일들이 있었을까. 고대의 필경사들은 수많은 점토서판에 그 사연을 기록했다. 그들의 점토서판을 통합하여 단 200행으로 수메르 신화를 압축해보겠다.

001 옛날에
002 옛날 옛날에
003 옛날 옛날 한 옛날에
004 천신들이 땅으로 내려왔다
005 천계의 신왕 '안'의 자손들
006 '하늘에 계신 아버지' 안의 아들들
007 신들의 거룩한 곱어른 안의 족속들
008 '60'의 최고위 안의 무리들
009 최초로 땅으로 강림한 신들
010 그들은
011 위대한 신들 오십은

수메르의 큰 신들에게 붙여진 '신들의 서열'을 나타내는 숫자가
있었다. 60은 최고위의 상징으로, 오로지 신들의 대부인 '안'만의 고
유한 숫자였다. 50은 엔릴의 숫자였다. 수메르 신들에게 50을 부여
한다는 것은 '실권자'를 의미했다. 즉 50을 꿰찬다는 것은 신들의 실
권을 잡는다는 것이었다. 사제들이나 서사들은 자신들만의 수호신
에게 50이라는 숫자를 붙임으로써 자신이 믿는 신이 가장 강력한 신
이라는 점을 부각시키려고 했다. 구세주 엔키를 상징하는 숫자는 40
이었다. 수메르인들은 병마가 찾아들면 40일 동안 몸을 정결하게 했
다. 모세와 이스라엘인들이 40년간의 방황 끝에 얻은 구원, 예수가
40일 동안 광야에서 외친 일 등도 엔키의 숫자를 본뜬 전승이었다.
40에 이어 30은 엔릴의 장자며, 달의 신인 난나에게 주어졌다. 20은
태양의 신이자 그의 아들인 우투의 것이었으며, 마지막 위대한 큰
신의 지위로 엔릴의 가장 어린 아들 이쉬쿠르/아다드에게 10의 권위
가 주어졌다.

수메르의 여신들도 서열이 있었다. 안의 부인 안툼이 55, 엔릴의
부인 닌릴이 45, 엔키의 부인 닌키가 35, 난나의 부인 닌갈이 25, 그
리고 우투의 누이동생 인안나가 15, 닌투(닌후르쌍, 닌마흐, 마미, 아
루루로도 불렸다)가 5였다. 그러나 흥미로운 것은 애초의 '운명을 결
정하는 일곱 큰 신'은 '안·엔릴·엔키·난나·우투·닌투·인안
나'였으나, 나중에는 닌투 자리에 이쉬쿠르가 끼어들었다. 닌후르쌍
의 힘이 약화되면서 일어난 일이었다. 남신들 틈에 있던 단 한 명의

3
수메르 신들

약 4300년 전 악카드인들의 인장을 굴려 만든 점토판에 나타난 신들. 오른쪽 두 번째 신이 수
메르인들이 엔키라고 불렀고, 악카드인들과 셈족들이 에아라고 불렀던 늪지의 신이며, 물의
신이며, 바다의 신이다. 그의 어깨 주위에 물이 흐르고 물고기가 새겨져 있다. 에아의 등 뒤로
그의 시종장이며 두 얼굴의 신인 우시무(Usimu)가 엔키를 보좌하고 있고, 중앙에는 다산의 여
신이며, 전쟁의 여신이며, 사랑의 여신으로 하늘과 땅의 여제였던 인안나(이쉬타르)가 날개를
펴고 있다. 그녀의 발 아래에서는 태양의 신 우투(샤마쉬)가 어깨 위로 광선을 내뿜으며 동이
틀 무렵 산으로 오르기 위해 바쁘게 길을 닦고 있다. 그리고 인안나 옆에서 활과 화살을 들고
있는 신은 누구인지 불분명하지만 엔릴의 시종장으로 사냥의 신인 누스쿠일 가능성이 높다.
영국박물관 소장.

여신은 인안나였다! 수메르의 운명을 결정하는 큰 신은 일곱이었지만, 수메르 만신전은 그리스 신들처럼 열두 신이 지배하고 있었다.

013 안의 장자 엔키
014 안의 불행한 서자 엔키
015 '나는 신들의 맏형이다!'
016 '나는 거룩한 안의 장자로 태어났다!'
017 광대한 지혜의 최고봉 엔키
018 넓은 귀의 신 엔키
019 40의 구세주 엔키
020 그는
021 최초로 신들을 몰고 내려온 큰 신이었다
022 수차례 하강한 아눈나키는
023 모두 합치면 삼백이었다

지혜의 신왕(神王) 엔키는 '안'과 그의 후실로 여겨지는 지하수의 여신 남무 사이에서 태어난 안의 장자였지만 안타깝게도 서자였다. 〈엔키와 세계 질서〉로 명명된 점토서판의 61~80행에 다음과 같은 대목이 나온다.

엔키, 압주의 왕, 그는 정당하게 자신의 위엄을 찬미한다. "내 아버지, 하늘과 땅의 왕은 나를 하늘과 땅에서 이름을 날리도록 만들었다. 내 형제, 모든 땅의 왕은 모든 신성한 힘 메를 모아 내

4 에리두의 廢墟

약 7600~5900년 전 에리두의 벽돌 공사 흔적이 남아 있는 에리두 유적지. 대홍수 이전 수메르
의 엔키 신이 땅에 최초로 세운 도시로, 길가메쉬 시절에는 약 1,000명(추정)의 인구만이 100
에이커 넓이의 땅에 살고 있었다. 사진 시카고 대학 근동연구소.

손에 쥐어주었다. 나는 엔릴의 집 에쿠르에서 에리두에 있는 나의
압주로 그것들을 가지고 왔다. 나는 야생 황소에 의해 태어난 충
실한 씨이며, 안에게서 첫 번째로 태어났다. 나는 넓은 땅 위로 올
라가는 거대한 폭풍이며, 땅의 위대한 주인이다. 나는 모든 통치
자들의 지배자이며, 모든 외국 땅의 아버지다. 나는 신들의 맏형
이며, 지극한 행복을 가져다준다. 나는 하늘과 땅의 옥새를 가진
자다. 나는 모든 외국 땅의 지혜와 지식이다. 안 왕과 함께, 안의
높은 자리에서 정의를 두루 살핀다. 엔릴과 함께 땅을 하감(下瞰) 4

하며, 선의의 운명을 선포한다. 그는 태양이 떠오르는 곳에서 내 손에 운명의 선포권을 쥐어주었다. 닌투는 나를 소중히 여긴다. 나는 닌후르쌍에 의해 선한 이름으로 지어졌다. 나는 아눈나 신들의 지도자다. 나는 거룩한 안의 장자로 태어났다.

후계자가 되려는 그의 몸부림은 그의 배다른 형제인 엔릴과 대립하면서 엔키계와 엔릴계는 끊임없이 싸움을 벌였다. 수메르 신화는 이 두 계파 간의 치열한 싸움으로 시작하고 끝을 맺는다. 엔키는 수메르 신화에 영향을 받은 그리스 신화에 나오는 제우스의 형 '포세이돈의 원형'이었다. 불행한 서자 엔키의 전승은 후대로 이어져 히브리 족장들에게도 적용되었다. 아브라함은 하녀 하갈에게서 첫아들 이스마엘을 얻었지만 나중에 아내 사라가 차남 이삭을 낳았다. 이스마엘은 족장의 계승자 자리에서 제외되었고, 그의 이름은 '추방된자, 세상에서 버림받은 자, 사회를 등진 자'의 대명사가 되었다. 이삭과 리브가 사이에서 태어난 쌍둥이는 형 에사오와 아우 야곱이었다. 이때에도 야곱이 후계자가 되었다! 야곱의 후계자 자리 역시 그의 첫째 아내 레아에게서 출생한 장남 르우벤이 아니라, 야곱이 나중에 얻은 또 다른 아내 라헬에게서 태어난 요셉에게 돌아갔다. 장자 상속이라는 일반적인 원칙에서 벗어난 이러한 관습은 엔키가 엔릴에게 밀려난 신들의 전승에서 비롯된 것이었다.

026 삼천육백, 만신의 실권자 엔릴

027 한번 내린 명령은 절대로 뒤엎지 않는 엔릴

028 '그의 발언은 불변이다!'

029 '그의 권능과 왕자권은 진정 완벽하다!'

030 바람의 신 엔릴

031 쿠르갈 엔릴

032 50의 제왕 엔릴

033 그가 이끄는 젊은 신들은

034 이기기였다

035 하늘에 머물면서 땅으로 내려가는 길목을 지키던 신들

036 천상의 파수꾼들

037 종종 아눈나키에게 물자를 공급했던 신들

038 종종 아눈나키와 함께 노동에 참여했던 신들

039 그들은

040 모두 합치면 삼백이었다

041 땅에는 아눈나키 삼백

042 하늘에는 이기기 삼백

043 그때에

044 육백의 신들이 있었다

045 그때에

046 키엔기(르) 신들이 있었다.

047 그때에

048 딘기(르)/딩기가 있었다

5
수메르 신들의 제왕이라고 일컬어지는 엔릴의 신전, 에쿠르의 위용. 사진 시카고 대학 근동연
구소.

　수메르 신들의 신명은 아직 모두 알려져 있지는 않지만 수메르 만
신전의 수효는 삼천육백이다. 그런데 삼천육백, 즉 샤르(shar)는 수
메르인들이 상징적으로 가장 크고 중요하게 다룬 숫자이므로 신들
의 숫자 역시 상징적인 의미를 갖고 있다. 엔릴은 '큰 산, 위대한 산'
이라는 의미의 '쿠르갈(KUR.GAL)'이라고도 불렸다. 그런 그가 왜
'바람(lil)의 신(en)'인가? 그의 '바람(lil)'은 '자연의 바람'이라기보다
는 '입에서 나오는 바람', 즉 명령이며 신명이라고 보아야 할 것이다.
〈에쿠르 안의 엔릴〉이라고 명명된 점토서판의 1~9행에서 그 단서를 찾아보자.

엔릴의 명령은 가장 높은 곳까지 도달하고, 그의 말은 거룩하며, 그의 발언은 불변이다! 그가 결정한 운명은 영원하며, 그의 일견(一見)은 산들을 불안하게 만들고, 그의…… 산맥 깊숙한 곳까지 도달한다. 땅의 모든 신은 아버지 엔릴에게 머리를 조아리고, 그는 신령스러운 높은 자리에 여유롭게 앉아 있다. 그의 권능과 왕자권은 정말 완벽하다. 아눈나 신들은 그의 앞으로 와서 그의 가르침에 충실히 복종한다.

수메르어로 '신'을 의미하는 단어는 '딘기(르)/딩기(DIN.GIR)'라고 하며, 음역 표기에서는 신명 앞에 위첨자 'd'를 쓴다. 예를 들면 엔키는 'ᵈenki,' 엔릴은 'ᵈenlil'과 같은 식이지만 신들의 아버지 안(An)에게는 붙지 않는다. 딘기(르)/딩기 자체가 '신'의 대명사'였으며, '하늘'이라는 뜻을 갖고 있기 때문이다. '안'보다 더 높은 존재는 없기 때문에 '안'은 그저 '안'일 뿐이다! 지금도 기도문에 쓰이는 '하늘에 계신 우리 아버지'라는 성구는 바로 수메르 신들의 아버지 '안'에서 비롯된 것이다.

5200년 전   4900년 전   4400년 전   4200년 전

3900년 전   3700년 전   2700년 전   2600년 전

6

'신'을 의미하는 수메르어 '딘기(르)/딩기(DIN.GIR)'의 쐐기꼴이 약 5200년 전부터 2600년 전까지 변하는 모습이다. 악카드어로는 일루(ilu)라고 한다. '신'이라는 뜻 이외에 천계의 신이며, 수메르 신들의 아버지 '안'을 뜻하기도 하며, '하늘(악카드어로는 샤무, šamû)'을 가리키기도 한다. 사진 김산해.

053 '나는 나의 땅으로 나갈 것이다!'

054 최초의 개척자 엔키는 한 도시를 세웠다

055 습지 위에 세워진 인공적인 도시 에리두

056 '엔키 왕이 신전을 세웠습니다!'

057 '그가 산처럼 땅에서 에리두를 들어올렸습니다!'

058 '이 모든 것을 이룬 아버지 엔키를 찬미하라!'

059 누딤무드의 도시

060 슬기로운 창조자의 도시였다

수메르의 큰 신들 중 가장 먼저 땅(ki)의 지배자(en)가 된 신은 엔키였다. 〈엔키와 세계 질서〉라고 명명된 점토서판의 115~118행을 읽어보자.

나는 엔키다!…… 나는 신이다! 나는 여행할 것이다! 나는 엔키다! 나는 나의 땅으로 나갈 것이다! 나는 운명을 결정하는 신이다…….

땅의 정복자 엔키가 세운 최초의 도시는 '멀리 여행하여 세운 거처'로, 에리두(E.RI.DU/eridug^{ki})였다. 하늘에서 내려와 땅을 개척하고 신들이 거주할 곳을 세우는 것은 아무나 할 수 있는 일이 아니었다. 지혜의 신왕 엔키가 아니라면 불가능한 일이었다. 그랬기에 엔릴은 성스러운 도시 니푸르에 모인 신들 앞에서 행한 연설에서 '엔키의 에리두 건설'을 축하하며 그를 '아버지'라고 칭송했다. 〈엔키의 니푸르 여행〉으로 명명된 점토서판의 117~129행에서 엔릴의 음성을 생생히 들을 수 있다.

엔릴은 아눈나 신들에게 연설했다. "여기 참석하신 위대한 신 여러분! 회합 장소에 나온 아눈나 신들! 엔키 왕이 신전을 세웠습니다. 그가 산처럼…… 땅으로부터 에리두를 들어올렸습니다. 그는 즐거움을 주는 곳에, 에리두에, 순결한 땅에, 아무도 들어가지 않는 곳에 세웠습니다……. 이 모든 것을 이룬 아버지 엔키를 찬미합시다!"

7

대홍수 이전 수메르의 신 엔키가 건설한 최초의 도시였던 에리두의 신전 터. 사진 시카고 대학 근동연구소.

명석한 두뇌를 가진 수메르 신들의 최고 과학자 엔키는 땅의 개척자인 동시에 창조자, 즉 누딤무드(NU.DIM.MUD/^{d}nu-dim$_2$-mud)였던 것이다!

061 엔키의 시대는 지나가고 있었다
062 엔릴의 자식들이 몰려들었다
063 신들의 여러 도시가 들어서기 시작했다

064 두 번째 도시가 세워졌다

065 바드티비라였다

066 금속세공인의 도시 성벽은

067 '밤하늘의 주인' 누기그에게

068 일곱 마리 사자가 끄는 전차에 올라탄 여신에게

069 화살과 화살통으로 중무장한 전쟁의 여신에게

070 '하늘과 땅의 여왕'에게

071 도도하게 콧대 세운 여신에게

072 매력적인 사랑의 여신에게

073 일곱 메(ME)의 여신에게

074 안의 정부(情婦)에게

075 엔릴의 손녀에게

076 인안나에게 주어졌다

신들이 세운 두 번째 도시 바드티비라는 금속을 용해하고 제련하는 야금 도시였을지도 모른다. 티비라(tibira/tabira)는 '금속을 다루는 사람'을 뜻한다. 금속세공인과 관련이 있는 성벽(바드, bad)으로 둘러싸인 도시가 바드티비라인 셈이다. 그곳의 주인은 누기그 (NU.GIG)였다! 그는 밤하늘의 주인이며, 금성(金星)의 여신인 인안나로, 바드티비라성의 성스러운 여인이었다. 그리고 거기에는 왕자가 있었으니, 그는 인안나의 첫 번째 남편 두무지였다. 바드티비라의 수호신은 인안나의 아들 루랄(Lulal)이었지만, 한때는 인안나의 남편이었던 두무지의 도시였다.

인안나는 사랑이라는 유혹의 화살로 남신들과 남성들을 넘어뜨리면서 수메르의 땅 곳곳에 있던 신전을 차지했다. 그녀는 대담하게도 혼자 엔키의 에리두로 잠입하여 엔키만의 '신성한 권능'이었던 메(me)를 모두 훔쳐서 우루크로 달아났다. 그 당시에도 그녀는 엔키에게 매력을 발산하여 함께 맥주와 와인을 마시면서 14번이나 건배를 했다. 엔키는 잔을 마주칠 때마다 여신에게 완전히 빠져들어 열거하기도 힘들 정도로 많은 '메'를 전부 털어주었다. 그가 욕심쟁이 여신에게 넘겨준 것은 대사제권, 신권, 왕권 같은 '메'뿐만이 아니었다! 왕권을 상징하는 옥좌, 제왕의 존귀한 상징인 홀, 왕의 막료, 신성한 지팡이와 끈, 여사제권, 하계의 여행권 같은 특권, 비수(匕首)와 검, 화려한 옷, 머리칼 손질법, 등에 메는 화살통, 방중술, 각종 화술, 악기와 창법, 영웅이 되는 법, 권력을 잡는 법, 목공술, 금속세공술, 필경술, 직조술, 건축술, 갈대 다루는 법…… 판결을 내리고 선고하는 권한까지 땅을 손아귀에 넣을 수 있는 가장 중요한 권한과 비법을 모두 넘겨주었다. 술에서 깨어난 엔키가 졸개들을 시켜 여신을 잡아오라고 명령했지만 인안나는 벌써 '하늘의 배'를 타고 멀찌감치 달아나 있었다.

인안나는 하늘에 계신 아버지 '안'의 증손녀였고, 엔릴의 손녀였고, 난나의 딸이었다. 그녀는 우루크의 에안나 신전을 차지하기 위해 '안'의 정부 노릇마저도 서슴지 않았던, 유별나게도 전투적인 '사랑과 질투의 여신'으로, 메소포타미아 전역을 누비고 다녔다.

077 세 번째 도시가 세워졌다

8 수메르의 도시 씨파르의 지구라트

씨파르는 수메르 북쪽 유프라테스강이 두 갈래로 나뉘는 지점에 위치한 현대의 텔 아부 하바 (Tell Abu Habbah) 지역이다. 대홍수 이전에 건설된 신들의 도시 중 하나로 길가메쉬 시절에는 약 1만 6,000명(추정) 정도의 인구가 약 200에이커 넓이의 땅에 살고 있었다. 고대에는 유프라테스강을 '씨파르의 강'이라고도 불렀다. 사진 시카고 대학 근동연구소.

085 '독수리의 주인'에게
086 '새의 도시'는
087 엔릴의 손자에게 주어졌다
088 다섯 번째 도시가 세워졌다
089 슈루파크였다
090 처녀 쑤드에게
091 닌릴에게
092 엔릴의 부인에게 주어졌다

〈수메르 왕명록〉에 언급되어 있는 '대홍수 이전에 신들이 세운 전설적인 도시들' 중 하나인 라라크(LA.RA.AK)는 엔릴의 도시 니푸르와 가까운 곳에 위치한 것으로 추정되며, 대홍수로 파괴되어 구체적인 유적지는 아직 발굴되지 않고 있다. 파빌쌍(PA.BIL2.SAG)은 엔릴의 아들이며, 달의 신 난나(Nanna, 셈어로는 씬 Sin)의 형제 신이다. 그의 부인은 치유의 여신 굴라(Gula)였다. 파빌쌍은 후대에 이르러 엔릴의 용감한 아들 닌우르타와 동일시되었다.

태양의 신 우투는 난나의 아들이었다. 그는 '새의 도시' 씨파르(SIPPAR)의 주인으로, 신들의 새인 '독수리의 총책임자'였다. 길가메쉬를 삼목산으로 여행하도록 유도했지만 그의 보호자이기도 했던 우투는 매일같이 아침이면 동쪽 산에서 떠올라 저녁이면 서쪽 산 끝으로 내려가 휴식을 취했고, 어깨와 팔뚝에서는 휘황찬란한 광채가 쏟아졌으며, 허리춤에는 톱날 달린 칼을 차고 다녔다. 또한 그는 독수리를 지휘하며 하늘과 땅을 책임지고 있었고, 신들의 대부 '안'의 위대한 전달자이자 재판관이었으며, 모든 메소포타미아인이 존경하던 위대한 '태양의 신'이었다. 수메르의 아버지들은 아들에게 '우투는 하나(aš)이며, 혼자(dili)다'라고 가르쳤다. 그래서 수메르인들은 '남자들의 전장에 들어서면, 너는 네 손으로 덤비지 마라. 용사는 하나다. 그는 혼자 많은 자에 필적한다. 우투는 하나다. 그는 혼자 많은 자에 필적한다. 삶은 항상 용사 옆에 있어야 한다. 너의 삶은 항상 우투 옆에 있어야 한다'라는 교훈을 아들에게 남겼다. '우투는 하나(aš)이며, 혼자(dili)다'라는 구절은 결국 후대에 가서 '야훼는 하나이며, 유일하다'는 히브리족의 착각에 빌미를 제공했다.

대홍수 이전 길가메쉬의 조상이었던 우트나피쉬팀의 도시는 슈루파크(SHU.RUP.PAK)였다. 그곳은 대홍수 이전 황금시대에 신들이 세운 도시로 '최상의 복지가 있는 곳'이었다. 슈루파크의 원래 주인은 엔릴의 부인 닌릴이었다. 엔릴과 닌릴, 이 둘 사이에는 '신들의 제왕'이라는 엔릴의 얼굴에 먹칠한 사건이 있었다.

엔릴이 강가에서 목욕을 하던 쑤드(SUD)라는 처녀를 강간했던 파렴치한 일이 있었다. 강간범 엔릴은 유유히 자신의 집무실 키우르(KI.UR)로 돌아왔으나 '연로한 50의 신들'에게 곧바로 체포되었다. 엔릴은 하계로 귀양길에 올랐으나 임신한 쑤드가 그를 따라나섰다. 엔릴의 죄는 쑤드를 정식 부인으로 맞아들이면서 사면된 것으로 보인다. 그녀가 바로 '바람(명령)의 귀부인, 닌릴(Ninlil)'이었으며, 이 사건으로 태어난 엔릴의 장남이 바로 달의 신 난나였다! 그러나 엔릴의 강간은 유감스럽게도 쑤드의 어머니인 보리의 여신 눈바루쉐

구누(Nubarshegunu)가 꾸민 계략으로 시작된 일이었다!

093 엔릴을 위한 도시들이 세워졌다
094 엔릴의 하강을 위해 세워진 도시
095 엔릴이 잠시 머물도록 설계된 도시
096 엔키가 엔릴을 위해 세운 도시
097 라르싸가 세워졌다
098 하늘에서 내려온 엔릴은
099 6샤르 동안 그곳에 기거했다
100 엔릴은 다시 자리를 옮겼다
101 영원한 그의 도시
102 씨파르를 통제할 도시
103 신들을 총감독할 도시
104 가장 성스러운 도시
105 니푸르는
106 엔릴의 거처였다
107 반역의 땅에게
108 그곳은 덫이었고
109 올가미였고
110 그물이었다!

수메르의 땅으로 강림한 아눈나키 큰 신들의 '원정 대장'은 엔키였다. 세월이 흘러 엔키의 배다른 형제 엔릴이 하강했다. 이제부터 아눈나키의 총지휘권은 엔릴에게 있었다. 개척자 엔키는 엔릴이 내려올 때쯤 그가 잠시 머물 도시 라르싸(LA.AR.SA/Larsa)를 건설했다. 엔릴이 그곳에서 머문 6샤르(shar=3600)는 얼마나 긴 세월이었을까. 6×3600=21600년이다. 영생자인 그들에게 2만 1600년은 단지 '인간의 6년' 정도에 지나지 않을 것이다.

엔릴의 최종 정착지는 니푸르(NIBRU/Nippur)였다. 엔릴은 여기 9
에서 우투의 도시이며 독수리의 이착륙지인 씨파르를 통제했고, 땅
에 살고 있던 모든 신을 감시했으며, 살벌한 신명을 내리면서 무서

9 엔릴의 도시 니푸르의 유적지

길가메쉬 시절에 니푸르는 약 1만 8,000명(추정)의 인구가 약 200에이커 넓이의 땅에서 살고 있었다. 현대의 니페르(Niffer)/니파르(Niffar) 지역이다. 사진 시카고 대학 근동연구소.

운 신권을 휘둘렀다. 신들의 제왕 엔릴의 신전은 에쿠르(E.KUR)였고, 그의 집무실은 키우르(KI.UR)였다. 에쿠르의 맨 꼭대기에는 디르가(DIR.GA)라는 그만의 어둡고 비밀스러운 방이 있었는데, 그 '왕관 같은 방'에서 내리던 그의 명령은 순식간에 땅끝까지 퍼져나갔다! 엔릴은 수메르에서 가장 신령스러운 종교 센터인 니푸르의 '하늘과 땅을 이어주는 곳, 두르안키(DUR.AN.KI)'에 거했던 것이다. 〈에쿠르 안의 엔릴〉이라고 명명된 점토서판 10~28행을 펼쳐보면 다음과 같은 내용이 나온다.

강력한 주님, 하늘과 땅에서 가장 위대하신 분, 총명한 재판관, 무한한 지혜의 현자. 그는 두르안키 안에 앉아 있었고, 위대한 장소, 위엄으로 빛나는 키우르를 만들었다. 그는 니푸르에 거처, 니부르키(NIBUR.KI)를 만들었다. 그의 도시 앞쪽은 소름끼치는 두려움과 광휘로 가득 찼고, 뒤쪽은 가장 강한 신마저도 감히 공격할 수 없는 곳이며, 그 내부는 날카로운 비수의 칼날이었고, 파멸의 칼날이었다. 반역의 땅에게 그곳은 덫이었고, 올가미였고, 그물이었다.

그곳은 너무 지나치게 말하는 사람의 생명을 단축해버린다. 재판에서 사악한 말은 허락되지 않는다……. 속임수, 반목하는 언사, 적개심, 상스러운 말이나 행동, 학대, 부도덕, 범죄, 곁눈질, 폭행, 중상모략, 오만, 방자한 언사, 이기주의, 거만은 가증스러운 것이기에 이 도시 안에서 허용되지 않는다. 니푸르의 경계선에는 거대한 그물이 쳐 있고, 그 안에서 독수리가 사나운 발톱을 넓게 벌리고 있다. 사악한 자나 부도덕한 자는 그 지배에서 벗어나지 못한다.

111 그때에

112 그때에는

113 그때 그 옛날에

114 그때 그 옛날에는

115 신들만 땅에 살고 있었다

116 신들이 인간 대신 노동을 하고 있었다

117 신들이 인간 대신 일곱 배나 과한 노동을 하고 있었다

118 작은 신들의 고통이었다

119 큰 신들은 제비뽑기를 했다

120 '하늘과 땅과 바다를 나눠 갖자!'

121 천신(天神)은 안

122 지신(地神)은 엔릴

123 해신(海神)은 엔키

124 엔키는 엔릴에게 밀려나서

125 땅의 통치권을 넘겨주었다

126 40의 세월 동안 혹독한 노동

127 끝없는 고역

128 터지는 불평불만

129 하급 신들은 결국 폭동을 일으켰다

130 다들 잠든 오밤중

131 포위된 에쿠르   10

10
엔릴의 주거지인 에쿠르의 내부 모습. 사진 시카고 대학 근동연구소.

신들만이 존재하던 시절이었다. 황금시대였다! 신들만이 존재했기 때문에 도시에는 신들만이 있었고, 신들이 직접 노동을 해야만 했다. 이미 신들의 고문관 엔릴이 하강했으므로 엔키의 힘은 미약했다. 엔릴의 아들 닌우르타가 신들의 의전관으로 행세하고 있었고, 엔릴의 어린 아들 엔누기가 운하감독관으로 군림하고 있었다. 노동을 담당한 하급 신들은 '40의 세월' 동안 끔찍한 노역으로 고생을 하고 있었다. 하급 신들 이기기(I.GI.GI)도 천계의 신 안/아누의 추종자들이었고, 엔릴의 자식들이었다. 그들에게 '40의 세월'은 막연히 '40년'이 아니었다. 엔키의 숫자 40은 고난을 극복하기 위한 통과의례처럼 인내해야 할 기간을 뜻했다. 이에 '신들의 세월 40마(ma는 셈어, 수메르어의 무mu)' 동안이나 강바닥과 땅의 생명선을 말끔히 정리해야만 했고, 티그리스강과 유프라테스강을 파내야만 했던, 그래서 노동의 짐을 떨쳐버릴 수 없었던 작은 신들은 분기탱천했다. 그들 중 한 신이 나서서, '엔릴의 처소로 가서 그를 끌어내자. 당장 붙어보자고 소리치자'며 신들을 선동했다. 깜깜한 밤중에 엔릴의 신전 에쿠르는 포위당했다. 에쿠르의 문지기 칼칼(Kalkal)로부터 소식을 전해 들은 엔릴의 시종 누스쿠(Nusku)가 잠에서 깨어나 엔릴에게 급보를 전했다. 잠결에 보고를 받은 엔릴은 당황했다.

"주인님. 당신의 안면이 백지장 같습니다. 자식들을 어찌 두려워하십니까. 엔릴. 당신의 안면이 백지장 같습니다. 자식들을 어찌 두려워하시냔 말입니다. 아누가 이리로 내려오시도록, 에아가 당신 앞으로 오시도록 연락을 취하십시오."

신들은 다급했다. 아누뿐만 아니라 모든 신이 참석했다. 압주의 지배자 에아, 즉 엔키도 함께했다. 수메르의 압주(AB.ZU)는 여러 곳이었다. 에리두에 있는 엔키의 성소를 '압주(이곳에서 인간이 창조되었다)'라 했고, 지하 세계나 저승을 '압주'라고도 했으며, 광물이 생산되는 곳을 '압주'라고 하기도 했다. 아무튼 아누와 엔키 등 큰 신들이 작은 신들의 폭동을 진압할 비상대책회의를 열어 '묘책'을 찾고 있었다.

140 엔릴은 흥분했다
141 '내가 두 눈으로 무엇을 보았단 말입니까?'
142 아버지 아누는 누스쿠를 폭도들에게 파견했다
143 '대체 엔릴에게 대항한 선동자가 누구냐?'
144 '우리는 각자가 모두 싸우자고 소리쳤습니다'
145 폭도들의 의지는 확고했다
146 엔릴은 누스쿠의 보고를 듣고 눈물을 뚝뚝 흘렸다
147 '기막히다!'
148 '한스럽다!'
149 '아버지와 하늘로 올라가겠으니 주모자를 처벌해주십시오!'
150 아버지의 생각은 달랐다
151 엔키는 아누의 생각을 읽고 있었다
152 '우리는 그들을 비난할 수 없습니다'
153 엔키가 획기적인 수습책을 내놓았다
154 '산파의 여신이 사람을 만들게 합시다!'

155 '사람이 신들의 노동을 대신하게 합시다!'

156 큰 신들은 모신(母神) 닌투를 불렀다

157 '원시 노동자를 만들어 신들의 노역을 대신하게 하세요!'

158 닌투는 엔키의 도움이 절실했다

159 엔키가 아니라면 불가능한 일이었다

160 '이 일은 나 혼자 할 수 있는 일이 아닙니다!'

161 '엔키와 손잡아야 될 일입니다!'

묘책이 나왔다. 엔릴은 폭동의 주모자를 죽일 생각뿐이었다. 수메르 신들이나 인간이 큰 고민에 쌓여 있을 때마다 대부분 엔키가 해결사 역할을 했다. 묘책은 그만이 생각해낼 수 있었다! 수메르 만신전에서 그의 지혜를 따라올 자는 결코 없었다. 지혜의 신왕 엔키는 신들 대신 노동을 감당할 '원시 노동자'를 창조하자고 제안했다. 큰 신들이 산파의 여신 닌투를 불렀지만 위대한 생명과학자는 단연 엔키였다. 운명을 결정짓는 큰 신들의 모임에서, 전쟁을 목전에 둔 신들의 '비상대책회의'에서 사람을 만들어내자는 안건은 만장일치로 통과되었다.

엔키는 1일·7일·15일 세 차례에 걸쳐 몸과 마음을 정결히 한 후 폭동의 주동자 한 명만을 죽였고, 그 혈(血)로 다시 신들을 정결하게 한 후 닌투가 그 육(肉)과 혈을 찰흙과 섞도록 했다. 창조주 엔키는 신의 그 육과 혈에서 영혼이 생겨나게 했으며, 신으로부터 생명이 나왔다는 점을 영원히 망각하지 않도록 생령(生靈)이 생겨나게 하고 있었다.

162 '내 아들 침대에서 일어나라!'

163 '신들의 노동을 대신할 것을 만들어라!'

164 어머니 남무의 음성을 듣고

165 '신령스러운 천신의 서늘한 방'

166 '심사숙고하기 위한 방'

167 할안쿡(Hal-an-kug)에서 일어난 엔키는

168 자신의 허벅다리를 때리고 묘한 재주를 부려

169 출산의 일곱 여신을 먼저 만들어냈다

170 그들과 닌마흐가 '사람 만드는 일'에 동참했다

171 폭동을 일으킨 신 웨일라를 죽여

172 그의 혈을 찰흙과 섞는 일에 합심했다

지하수의 여신 남무(Nammu)가 그의 아들 엔키에게 신들의 폭동을 알렸다. 지혜의 화신 엔키는 그 누구도 알지 못하는 물이 흐르는 깊은 곳 엔구르(Engur)에 잠들어 있었다. 엔구르는 압주에 있는 엔키의 신전이었다. 〈엔키의 니푸르 여행〉으로 명명된 점토서판의 49~61행을 눈여겨보면 엔구르가 어떤 곳인지를 금방 파악할 수 있다.

엔키가 소중히 여기는 에리두, 그 안의 에엔구라(E-engura)는 풍요로 가득 차 있다! 압주, 엔키가 애지중지하는 땅의 생명! 신전은 가장자리에 세워져 능수능란한 신의 권능에 어울린다. 에리두, 너의 그림자는 바다 한가운데까지 퍼져나간다! 경쟁자도 없이 떠오르는 바다, 땅을 겁에 질리게 하는 강력하고 장엄한 강! 에엔 구라, 땅에 굳건히 서 있는 높다란 요새! 압주 한가운데 있는 사자 엔구르, 가장자리에 있는 신전, 엔키의 당당한 신전은 땅에게 지혜를 선물한다, 너의 외침은 엄청나게 솟아오르는 강의 외침처럼 엔키 왕에게 도달한다.

신들의 모임에서 잡혀 죽은 폭도의 우두머리는 웨일라(We-ila)라는 신이었다! 그의 혈이 흙과 섞여 만들어진 사람은 '아윌루(악카드어로 사람이라는 뜻, awilu)'였다. 수메르 창세기를 보면 인간이 창조된 이유는 단순 명쾌하다. 인간은 신들의 노동을 대신하기 위해 엔키에 의해 '정화된 신의 혈'이 흙과 섞여 창조되었다! 수메르인이 '사람'으로 불렀던 '룰루(lullu/lu2-lu18-lu)'는 '원시적인 사람'으로, 신의 혈이 땅의 흙과 섞인 '원시 노동자'였다. 인간은 하늘의 유전자와 땅의 유전자의 결합으로 만들어졌던 것이다!

고대인들에게 인간이 신의 노복으로 창조되었다는 것은 지극히 당연한 일로 받아들여졌으며, 신들은 주님 · 통치자 · 왕 · 지배자 · 주인이었고, 인간은 그들을 위해 노동을 제공하는 존재였다. 우트나피쉬팀의 또 다른 이름, 아트라하시스가 주인공으로 등장하는 점토서판의 제1토판 237~243행을 읽어보면 인간을 창조하는 과정에서 희생된 신은 '웨일라'라는 닌투의 음성을 확인할 수 있다.

"당신들은 나에게 과업을 명령했고, 나는 그것을 완성했습니다. 당신들은 똑똑한 신 웨일라를 죽였습니다. 나는 당신들의 무거운 노동을 제거했습니다. 나는 당신들의 노역을 사람에게 얹어 두었습니다. 당신들은 노동자 같은 존재가 외치도록 했습니다. 나는 멍에를 털어내고 당신들에게 자유를 주었습니다."

173 신들의 산파 마미에게는 최고의 날이었다
174 드디어 자유!
175 '운명을 정하는 집'에서
176 '비트 쉼티'에서 일어난 일이었다
177 엔키와 닌투가 그곳에 들어가서
178 출산의 여신 열넷도 그곳에 집결해서
179 엔키의 감독하에 한 신의 '정수'를 확보해서
180 그것과 흙이 섞여서
181 그것 열네 뭉치가 열네 여신의 자궁으로 투입되니
182 닌투가 '여는 손'을 이용하여
183 운명이 점지된 열 번째 달에 그들의 자궁을 열어
184 '사람'이 나왔다
185 '쉬-임-티'의 집에서
186 '숨을 불어넣어 생명을 만들어내는' 집에서
187 일어난 일이었다
188 최고의 과학자 엔키가 해낸 일이었다
189 슬기로운 창조주가 해낸 일이었다
190 누딤무드가 닌투와 함께 해낸 일이었다

11
에누마 엘리쉬 점토판

'바빌로니아의 베레쉬트'라고 일컬어지는 〈에누마 엘리쉬〉의 점토판. 엔키의 아들 마르둑이 신왕이 된다는 내용을 골자로, 천지창조와 인간의 창조 등이 1,100행이나 되는 장문으로 기록되어 있다. 마르둑이 신왕의 자리를 차지하고 있었다는 내용은 3700여 년 전에 기록된 함무라비 법전에도 나온다. 이 문서는 '창조의 서사시' 또는 '창조의 일곱 토판'으로 불리며, 히브리족의 창세기 〈베레쉬트〉 1장의 천지창조에 많은 영향을 준 것으로 보인다. 영국박물관 소장.

젊은 신들은 닌투를 마미(Mami)라고도 불렀다. 신들에게 자유를 선물한 어머니의 심정은 어떠했을까. 작은 신들이 겪던 노동의 고통을 대신 짊어질 존재를 만들어낸 어미의 심정은 어떠했을까. 그런 막중대사를 극복해야만 할 '운명을 정하는 집(Bit Shimti)'에 들어선 엔키와 닌투, 그들의 심정은 어떠했을까. '숨(shi)을 불어넣어(im) 생명(ti)을 만들어내는' 집에서 생명과학의 최고봉 엔키는 '신의 유전자와 땅의 유전자'를 합쳐냈고, 닌투는 아니 마미는 그것을 열넷이나 되는 출산의 여신들의 자궁에서 키웠다. 마침내 열 달이 지나자 마미는 그곳에서 '사람'을 끄집어냈다. 남자 일곱과 여자 일곱이었다! 그랬던 마미는 맘무(Mammu)로도 불렸는데, 지금도 여전히 그녀의 호칭은 통용(mom, mamma)되고 있는 셈이다! 사람이 탄생하는 이 장면의 주연은 엔키, 조연은 마미, 엑스트라는 출산의 여신들이었다! 창조주 누딤무드와 산파의 여신이며 어머니인 닌투가 이룩해낸 업적이었다!

인간이 신들 대신 노동을 하기 위해 창조되었고, 한 명의 신이 희생되어 그 혈이 흙과 섞여 인간이 탄생되었다는 수메르 신화는 후대로 이어져 바빌로니아 신화의 창세기라고 일컬어지는 〈에누마 엘리쉬(Enuma Elish)〉에서도 찾아볼 수 있다. 거기 여섯 번째 마당을 거닐어보자.

난다 긴다 하는 큰 신들을 모두 제치고 신권을 휘어잡은 마르둑은 신들의 말을 듣고서 깜짝 놀라운 일을 벌이기로 했는데, 그가 흉금을 털어놓고 의지할 수 있는 신은 아버지 에아뿐이었다. 그래서 마르둑은 가장 지혜로운 창조주 에아에게, "핏줄을 묶고 뼈를 만들어 원시적인 존재를 창조해서 그의 이름을 '사람'이라 하고, 그에게 신들의 노역을 감당케 하자. 그래서 신들을 쉬게 해주자. 신들의 운명을 기적적으로 바꿔보자"고 건의했다. 이에 에아가 답하길 "큰 신들을 불러 회의를 열고, 신들의 형제 가운데 전쟁을 일으킨 신 킨구를 데리고 와서 잡아 죽여 그 혈로 사람을 만들겠다"고 했다. 마르둑이 큰 신들을 불러 모아 그들에게 안건을 내보라고 했다. 그들이 그의 말을 따랐을 때 신왕은 큰 신들에게, "여러분의 첫 번째 답변은 옳을 것이며, 내게 진실을 말할 겁니다. 어떤 자가 싸움을 일으키고 티야마트의 마음을 고무시켜 전쟁을 일으켰단 말입니까? 그자를 내게 데려오십시오. 그는 죗값을 톡톡히 치를 것이며, 여러분은 자유롭게 될 것입니다"라고 하면서 범죄자를 거명하도록 유도했다. 상황이 그러하니 큰 신들뿐만 아니라 이기기 신들까지도, "처음에 싸움을 건 이는 킨구입니다. 그가 티야마트 신을 선동하여 전쟁을 일으켰습니다"라고 이구동성으로 신들의 새로운 제왕에게 고할 수밖에 없었다. 킨구가 결박된 채로 신들에게 이끌려 에아 앞으로 나서자, 처벌은 내려졌고, 그의 혈이 뚝뚝 떨어져서 마침내 지혜로운 신 에아의 손에 의해 그 혈로 사람이 만들어졌고, 신들은 노역의 고통에서 해방되어 자유를 얻었으며, 사람이 신들 대신 그 일을 감당하게 되었다. 상상을 초월한 이 엄청난 일을 마르둑이 생각해냈고 에아가 해냈다.

이것은 순전히 마르둑의 사제들이 '엔릴의 50'을 마르둑에게 얹어주고, 그를 '최고신'으로 등극시키는 과정에서 일어난 촌극이었다. '순결한 땅의 아들' 마르둑(MAR.DUG)은 아쌀루히(Asharluhi)였고, 엔키의 아들이었다!

이것으로 끝난 것이 아니었다. 수메르와 그 후대로 이어진 '인간 창조의 전승'은 맨 마지막 시대에 가서 한 번 더 꼬리를 물고 있었다. 히브리족의 성서 작가들은 수메르를 비롯한 선조들의 신화적 전승을 '또다시 한 번' 베끼는 실력을 발휘했다. 신은 신들에게 "사람을 만들어내자. 우리의 모습으로 우리와 닮은 사람을 만들자"고 했고, 그래서 야훼 엘로힘은 흙에서 흙덩이를 떼어내어 사람을 빚었으며, 사람의 콧속에 생명의 숨을 불어넣어 살아 숨 쉬는 영혼이 되게 했다. 그런 뒤에 신은 자신 대신 '사람'을 노동 현장인 '동산'에 투입했다. 엔키를 비롯한 수메르의 큰 신들은 엉뚱하게도 모두 야훼 신으로 돌변해 있었다.

191 엔키와 닌마흐의 어깨 겨룸으로
192 닌마흐가 단독으로 사람을 만들면 장애인이 태어났으나
193 엔키는 일곱 기형아들에게 각각 운명을 정해주고
194 각각 알맞은 직업을 정해주고 빵을 먹게 해주었다
195 닌마흐는 엔키의 조산아에게
196 운명도 정해주지 못했고 빵도 먹이지 못했다
197 사람을 만들어내는 일은

198 엔키가 아니라면 불가능하다!

199 '닌마흐는 위대한 주님 엔키의 상대가 될 수 없었다.'

200 '아버지 엔키, 당신을 찬미하는 일은 즐겁습니다!'

사람을 사람답게 만들어내는 일이 처음부터 순조롭지는 않았다. 〈엔키와 닌마흐〉라는 수메르 점토서판은 두 신이 '누가 더 완벽한 사람을 만들어낼 수 있는가'에 대한 답을 제시하고 있다. 또한 '인간 창조의 집'에서 처음부터 '기쁨의 탄성'이 터져 나오지 않았음을 짐작할 수 있다. 닌마흐가, 즉 닌투이며 마미가 만들어낸 사람은 장애인들이었다. 펼치긴 하지만 구부리지 못하는 손을 가진 사람, 불빛을 되돌려주는(계속 눈을 뜨고 있는) 사람, 망가진 다리를 가진 사람, 12

12
〈엔키와 닌마흐〉라고 명명된 점토판의 일부. 악카드어로 기록된 아트라하시스 서사시를 보면 작은 신들이 폭동을 일으키고 엔릴에게 항거했지만, 수메르어로 쓰인 이 점토판 문서에서는 엔릴 대신 엔키가 폭동자들의 대상이 된다. 엔키는 어머니 남무가 잠에서 깨우자 일어나 닌마흐와 함께 인간을 창조한다. 프랑스 루브르박물관 소장

멍청한 사람, 소변을 참지 못하고 보는 사람, 출산하지 못하는 여자, 음경이나 음부가 몸에 없는 사람 등 불행을 안고 나온 자들이었다. 하지만 엔키는 그들에게 정상적으로 살아갈 운명을 정해줄 수 있었다. 엔키가 닌마흐를 시험하기 위해 빚어낸 사람은 '우무울(u4-mu-ul)', 즉 '우무(u4-mu, 나의 날)−울(ul, 먼)'의 운명을 갖고 태어난 사람이었다. 자신이 태어날 날이 아직도 먼 사람, 바로 조산아였다. 닌마흐는 그에게 살아갈 운명을 정해줄 수 없었다. 그녀는 엔키보다 한 수 아래였다. 두 신의 어깨 겨룸은 엔키의 승리로 끝났다. 그래서 그녀는 통곡했다.

인간을 창조하는 과정에서 했던 닌마흐의 역할은 단지 엔키의 보조자였을 뿐이었다. 야뷔를 유일신으로 등극시켜야만 했던 히브리 족의 창세기 〈베레쉬트〉의 작가들은 수메르 큰 신들이 토의해서 결정했고, 엔키, 닌투, 출산의 여신들이 행했던 '인간 창조의 공로'를 몽땅 그들의 씨족신에게 돌려놓았다. 그러나 아주 먼 옛날, 〈수메르 홍수 이야기〉로 명명된 점토서판의 첫 번째 단편 10~14행에서 수메르 필경사는 이렇게 적고 있다.

안과 엔릴 신과 엔키 신과 닌후르쌍(닌투) 신이 검은 머리를 만든 후에 땅 아래에서 위로 올라오는 작은 생명들이 더 생겨났다. 들짐승과 네 발 달린 동물들이 그 들판에서 흥겹게 뛰어놀았다.

ki a im-ma-ab-dug4 silim ga-mu-ni-in-gar
an ᵈen-lil2 ᵈen-ki ᵈnin-hur-sag-ga2-ke4

sag gig₂-ga mu-un-dim₂-eš-a-ba

nig₂-gilim ki-ta ki-ta mu-lu-lu

maš₂-anše nig₂-ur₂ edin-na me-te-a-aš bi₂-ib₂-gal₂

THE EPIC OF
GILGAMESH

2

인간 창조 이후부터 대홍수까지

집을 부수고 배를 만들라!

신들은 인간을 '원시 노동자'로 창조한 뒤 그들의 목적대로 노동에 투입했다. 점점 늘어난 인간은 작은 신들이 폭동을 일으켜 노역의 고통에서 벗어나려고 했듯이 자유를 원했다. 신들의 제왕 엔릴은 인간을 쓸어버리고자 했고, 인간의 창조주 엔키는 그들을 보호하느라 급급했다. 엔키의 사제만이 끝까지 살아남았지만 인간은 결국 대홍수로 거의 절멸하다시피 했다. 그리고 하늘에서 다시 왕권이 내려와 삶이 이어졌다. 고대 필경사들은 수많은 점토서판에 그 사연을 기록했다. 그들의 점토서판을 통합하여 단 88행으로 수메르 신화를 압축해보겠다.

01 사람이 갑자기 태어났다
02 사람이 갑자기 태어난 곳에서
03 엔키의 압주에서
04 아버지 엔릴은
05 사람들을 에딘으로 데려와
06 곡괭이를 쥐어주었다

신들의 실권자 엔릴에게는 맞수 엔키가 있었다. 지혜의 최고봉 엔키는 엔릴을 제치고 인간의 창조주로 등극했다. 하지만 엔릴은 땅의 지배자가 되면서 막강한 신권을 휘두르고 있었다. 그에게도 원시 노동자는 필요했다.

엔릴은 먼저 상계와 하계의 연계를 끊어버리는 극단적인 조치를 취한 다음 '힘을 일으키는 도끼, 알아니(AL.A.NI)'라는 놀라운 무기를 만들어서 그 머리 위에 '왕관처럼 땅을 쪼개는 자'를 설치했다. 그는 이것을 몰고 엔키의 신령스러운 사람이 갑자기 생겨난 곳, 압주로 쳐들어갔다. 그는 '뿔이 하나 달린 황소' 같은 그 무시무시한 무기로 엔키의 압주를 압박했다. 바람의 신 엔릴은 그 어떤 강철 같은 장벽이라도 부숴버릴 만큼이나 사납고 강력한 불도저 위에 올려진 파워드릴 같은 무기를 장착하고 엔키의 본거지를 공격했다.

엔릴에게 도전한 집, 엔릴에게 복종하지 않은 집, 압주는 무너졌다. 에딘(E.DIN)의 아눈나 신들은 엔릴에게 경의를 표했다. 엔릴은 수메르의 에딘으로 끌고 온 원시 노동자들에게 지체 없이 곡괭이를 쥐어주고 노동에 투입시켰다! 히브리족의 '에덴'은 수메르의 '에딘'에서 비롯된 말이다. 〈베레쉬트〉의 작가는 엔릴의 행적을 그대로 모방하여 '야훼 엘로힘은 동쪽에 있는 에덴에 동산을 세웠고 사람을 데리고 와서 그곳에 배치했다…… 야훼 엘로힘은 그 사람을 데리고 와서 에덴동산을 가꾸고 지키라고 그곳에 두었다'라고 폭로했다. 그렇지만 그는 인간의 창조주 엔키도 야훼이며, 그의 맞수인 엔릴도 야훼라는 모순에서 벗어날 수 없었다.

07 에딘에서 쫓겨난 사람들은
08 필멸의 운명을 안고
09 땅으로
10 땅으로
11 퍼져나가
12 그 수가 점점 늘어났고

13 호미와 삽을 새로 만들어

14 커다란 운하를 파서

15 노동으로 먹거리를 만들고

16 음식을 만들어 신들에게 바쳤다

17 사는 땅도 넓어지고 머릿수도 늘어나

18 땅은 야생 황소처럼 울어대고

19 인간들의 울부짖음으로 인해

20 엔릴은 심기가 어지러웠다

21 '역병을 일으킵시다!'

22 엔릴의 제안은 그대로 되었다

23 기나긴 역병의 고통으로

24 아트라하시스가 하소연하자

25 창조주 엔키가 나서서

26 구원의 손길을 뻗어

27 역병은 사라졌다

28 엔릴은 다시 심기가 어지러웠다.

29 '먹거리를 없애버리자!'

30 엔릴의 제안은 그대로 되었다

31 구세주 엔키가 다시 나서서

32 기근은 사라졌다

33 사람들은 다시 외치기 시작했다

34 엔릴은 최후의 일격으로

35 최악의 굶주림을 던졌다

36 엔키의 종은 애원했다

37 '신이시여, 살려주십시오!'

38 엔키는 도무지 응답이 없었다

39 사방천지에 물이 말라

40 견딜 수 없는 가뭄이 들어

41 땅은 죽음의 끝자락에 닿아서

42 여섯 번째 해가 되자

43 사람들은 인육을 먹었고

44 일곱 번째 해가 되자

45 산 자는 죽은 자의 유령처럼 보였다

46 그때

47 엔키가 구원의 손길을 뻗쳤다

48 엔릴은 분노했다

49 '엔키, 너 때문이야!'

50 '엔키 편에 모반이 있다!'

51 구세주는 시치미를 뗐다

52 '난 모르는 일이야!'

53 엔릴은 다가오는 대재앙을 알고 있었다

54 인간을 절멸시킬 마지막 기회였다

55 대홍수가 밀려들고 있었다

56 신들은 모임에서 결의했다

57 인간에게 알리지 않기로 맹세했다

58 '모두 비밀을 지킬 것!'

59 엔키는 반발했다

60 '당신들은 왜 나를 맹세로 묶어두려고 합니까?'

61 '형제 신들이 말하는 홍수란 것이 대체 무엇이란 말입니까?'

62 '그것은 엔릴 소관입니다!'

63 끝내 지혜로운 엔키도 맹세했다

64 신들은 모두 맹세했다

65 '다들 입을 다물고 지켜만 봅시다!'

66 엔키는 인간의 창조주였다

67 엔키는 인간의 구세주였다

68 '집을 부수고 배를 만들라!'

69 '홍수를 피해 생명을 배에 태워라!'

70 엔키가 갈대 벽에 대고 하는 말들을

71 엔키의 사제는 잘 알아듣고 있었다

72 천기누설이었다

엔릴은 냉혹한 인간 조련사였다. 그는 여러 번 인간을 땅에서 없애려고 했을 만큼 다혈질이었다. 땅에서 인간의 수가 점차 늘어나자 그는 심기가 몹시 불편했다. 그것은 '신들의 아들들과 인간의 딸들' 사이의 성(性)적인 접촉과 관련이 있었다. 엔릴의 전승은 후대에 이르러 그리스 신화의 제우스와 히브리 신화의 야훼와 연결되었다. 구세주 엔키의 전승은 다양한 형태로 그리스 신화의 신들에게로 옮겨 갔고 히브리족의 야훼로 변형되었다.

그리스 신화의 포세이돈은 본래 엔키처럼 '대지의 소유자'였다.

'땅의 신, 엔키'가 나중에 '바다의 신, 에아'로 전락했듯이 포세이돈 역시 바다의 신이었다. '인간의 창조주'라는 측면에서 보면 엔키는 프로메테우스였다. 프로메테우스는 '선견(先見)'이라는 의미를 내포하고 있고, 제우스를 훨씬 능가하는 '지혜의 소유자'였다. 그는 엔키처럼 진흙을 이용해 인간을 만들어낸 '인간의 창조주'였다. 제우스가 인간이 사악했기 때문에 홍수로 인간을 모두 죽이려고 하자, 프로메테우스는 자신의 아들인 데우칼리온에게 상자 모양의 배를 만들어 살아남게 했으니, 유일한 생존자는 데우칼리온과 그의 부인 피라뿐이었다. 피라는 인류 최초의 여자인 판도라의 딸이었다.

히브리족의 창세기 〈베레쉬트〉의 작가는 이런 수메르 전승을 더욱 축소시켜 엔릴과 엔키의 역할을 전부 다 야훼가 한 것처럼 개작했다.

73 대홍수로부터 살아남은 사람이 있었다
74 유일한 생존자가 있었다
75 엔키에게 충실했던 종은
76 불멸(不滅)의 도(道)가 트여
77 영생을 얻게 되었다
78 '생존자' 지우쑤드라는
79 신들만이 살 수 있는 제한구역에서
80 거룩한 도시이며
81 깨끗한 땅이며
82 빛나는 낙원인 '딜문 동산'에서

13
지우쑤드라의 대홍수 점토판

세상에서 가장 오래된 수메르의 대홍수 기록 문서 중 하나다. 제작 연대는 미국 필라델피아에 있는 니푸르판과 비슷한 약 3800년 전이다. 여기서도 대홍수의 주인공은 '엔키의 사제'로 불리는 지우쑤드라다. 수메르와 악카드 시절에 기록된 대홍수 관련 문서들과 히브리족의 대홍수 기사 사이에 '어느 것이 더 오래되었는가'라는 질문은 더 이상 논의할 필요가 없게 되었다. 사진 쇼엔 컬렉션.

83 병도 폭력도 늙음도 없는 파라다이스에서

84 '영원히 살 수 있는 목숨'이 되었다

85 대홍수가 땅을 휩쓸었다

86 대홍수가 땅을 휩쓴 후에

87 하늘에서 왕권이 두 번째로 내려왔고

88 키쉬가 왕권을 잡았다

대홍수가 일어나기까지 키엔기(르)에는 현인들이 있었고, 사제들이 있었고, 통치자들이 있었다. 그들은 현인이면서 사제였고, 사제인 동시에 통치자였다. 그때는 그런 시절이었다. 그들 중 대홍수가 일어나기 직전 마지막 자리에 우트나피쉬팀이 있었고, 아트라하시

14
수메르 왕명록 MS2855

대홍수 이전 땅을 다스렸던 수메르 왕들부터 악카드인의 이씬 왕들까지 기록한 〈수메르 왕명록〉 중 하나다. '에리두에서, 아루림이 2만 8800년 다스렸다'로 시작하는 약 4000년 전의 점토판으로, 이장 끝 부분에 제시한 다양한 〈수메르 왕명록〉 중 MS2855라는 문서에 해당한다. 대홍수까지 8명의 왕이 땅을 통치했는데, 마지막은 슈루파크의 우브루-투투로 3만 6000년을 다스려서, 총 8명이 22만 2600년을 다스렸다고 기록되어 있다! 사진 쇼엔 컬렉션.

15
수메르 왕명록 WB-444

약 3800년 전, 이씬 왕조 필경사가 제작한 〈수메르 왕명록〉이다. 대홍수 이전과 이후의 수메르 왕조와 왕 들이 기록되어 있다. 박물관 측은 〈수메르 왕명록〉이 라르싸에서 제작되었을 거라고 '추측'했다. 필경사는 이씬 왕조의 14대 왕 쑤엔-마기르(씬-마기르) 재위 11년까지만 썼다. 이는 이 〈수메르 왕명록〉이 '바로 그때' 제작되었다는 말이 된다. 이씬 왕조의 마지막 왕은 쑤엔-마기르의 아들 다미크-일리슈였다. B.C.E. 1794년, 아무르인(아모리인)이 세운 라르싸 왕조의 14대 왕 림-씬이 이씬 왕조를 제거했다. 이씬 필경사는 악카드인 이쉬비-에라가 세운 이씬 왕조가 수메르와 우르 3왕조를 물려받았다고 주장하기 위해 〈수메르 왕명록〉을 개작했다. 이씬 왕조와 라르싸 왕조는 수메르 왕조가 아니다. 그럼에도 이씬 왕조는 〈수메르 왕명록〉에 올라 있다. 이 〈수메르 왕명록〉의 박물관 소장번호는 Ashm 1923-0444이다. 사진 옥스퍼드 대학 에쉬몰리언박물관.

16

수메르 왕명록 문서명 WBP 중 대홍수에 대해 설형문자로 써 있는 39~42행 부분이다. 사진 옥
스퍼드 대학 에쉬몰리언박물관.

39

40

41

42

17

사진16의 설형문자

39 그때, 홍수가 휩쓸었다 a-ma-ru ba-ur₅-ra-ta

40 홍수가 휩쓸고 간 후에 egir a-ma-ru ba-ur₅-ra-ta

41 하늘에서 왕권이 내려왔고 nam-lugal an-ta e₁₁-de₃-a-ba

42 왕권은 키쉬에 있었다 kiš^ki nam-lugal-la

사진 옥스퍼드 대학 에쉬몰리언박물관.

스가 있었고, 그들의 진정한 이름 지우쑤드라가 있었다. 노아와 데우칼리온의 원형이 거기 있었다. 그리고 마지막에 바빌로니아의 사제였던 베로수스가 기록한 크시수트로스가 '최후의 지우쑤드라'로 남아 있었다.

〈수메르 왕명록〉을 기록한 다양한 문서들이 있다. 일곱 현인 전설과 다섯 가지 〈수메르 왕명록〉, 베로수스의 기록, 히브리족의 세트 계보를 비교하는 표를 보자. 대홍수 이전에 8명(WB-444, MS2855, ISIN-D) 혹은 10명(WBP, WB-62)의 통치자가 있었다!

14
15
16
17

일곱 현인 전설	문서 WBP	문서 WB-62	문서 WB-444	문서 MS2855	문서 ISIN-D	베로수스 기록	베레쉬트 세트계보
1. 우안아다파	아루림 2만 8800년	아루림 6만 4800년	아루림 2만 8800년	아루림 2만 8800년	아루림 2만 8800년	아롤로스 3만 6000년	아담
2. 우안두가	아랄마르 3만 6000년	아랄가르 7만 2000년	아랄가르 3만 6000년	에알가르 4만 3200년	아랄가르 3만 6000년	아라파로스 1만 800년	세트
3. 엔메두가	엔멘루안나 4만 3200년	키둔누 7만 2000년	엔멘루안나 4만 3200년	아미루안나 3만 6000년	엔멘루안나 4만 3200년	아멜론 4만 6800년	에노쉬
4. 엔메갈라마	키슈안나 4만 3200년	아림마 2만 1600년	엔멘갈안나 2만 8800년	엔멘갈안나 2만 8800년	엔멘갈안나 2만 8800년	암메논 4만 200년	케이난
5. 엔메불라가	엔멘갈안나 2만 8800년	엔멘루안나 2만 1600년	두무지 3만 6000년	두무지 2만 8800년	두무지 3만 6000년	메갈라로스 6만 4800년	마하랄엘
6. 안엔일다	두무지 3만 6000년	두무지 2만 8800년	엔씨파지안나 2만 8800년	엔씨파지아나 1만 3800년	엔씨파지안나 2만 8800년	다오노스 3만 6000년	야레드
7. 우투압주	씨브지안나 2만 8800년	엔씨파지안나 3만 6000년	엔멘두르안나 2만 1600년	에메두르안키 7200년	엔멘두르안나 2만 1000년	에도란코스 6만 4800년	에녹
8	엔멘두에안나 2만 1600년	엔멘두르안나 7만 2000년	우바르투투 1만 8000년	우부르투투 3만 6000년	우바르투투 1만 8600년	암멤프시노스 3만 6000년	메투셀라
9	우부르라툼 1만 8000년	쑤쿠르람 2만 8800년				오티아르테스 2만 8800년	라멕
10	진쑤두두 6만 4800년	지우쑤드라 3만 6000년				크시수트로스 6만 4800년	노아

THE EPIC OF
GILGAMESH

3

대홍수 이후부터 길가메쉬까지

쿨아바의 주님은 126년을 다스렸다.

신들의 천계에서 키쉬로 왕권이 내려왔다. 그로부터 수많은 왕이 나타났다. 그런 다음 왕권은 키쉬에서 우루크로 넘어왔다. 우루크의 왕이자 영웅인 길가메쉬가 왕위에 오르기까지 어떤 왕들이 땅을 통치했을까? 〈수메르 왕명록〉을 통해 키쉬의 왕들부터 길가메쉬에 이르기까지 그 연대기를 밝혀두고자 한다. 이것은 대홍수 이후 땅을 통치한 '왕들의 족보'인 셈이다. 최종 목적지는 우루크이며, 우루크의 왕 길가메쉬다!

18 키쉬의 흔적

대홍수 이후 하늘에서 최초로 왕권이 내려왔다는 키쉬의 흔적. 대홍수 이전에 최초로 세워진 도시는 엔키의 에리두였다. 키쉬는 바빌론 동편 유프라테스강과 티그리스강 중간에 위치했다. 길가메쉬 시절에는 약 3만 2,000명(추정)의 인구가 250에이커 면적에 살고 있었다. 사진 시카고 대학 근동연구소.

키쉬 1대 왕, 구슈르(Gushur, Gaur)가 왕이 되어 1200년간 다스렸다.

키쉬 2대 왕, 쿨라씨나-벨(Kullassina-bel, Gulla-Nidaba-annapad, Gullanidaba)이 960년간 다스렸다.

키쉬 3대 왕, 난기쉬리쉬마(Nangishlishma, Palakinakim)가 670년(또는 팔라키나팀이 900년)간 다스렸다.

키쉬 4대 왕, 엔타-라흐-안나(En-tarah-ana) 420년 3개월 3일하고도 반나절을 다스렸다(엔타-라흐-안나 대신 난기쉬리쉬마가 다스렸다고도 한다. 흔한 일은 아니지만 사람의 손으로 기록한 일이었기에 순서가 바뀌는 일이 가끔 일어났다).

키쉬 5대 왕, 바붐(Babum, Bahina)이 300년간 다스렸다.

키쉬 6대 왕, 푸안눔(Puannum, Buanum)이 840년(또는 240년)간 다스렸다.

키쉬 7대 왕, 칼리붐(Kalibum, Galibuum)이 960년(또는 900년)간 다스렸다.

키쉬 8대 왕, 칼루뭄(Kalumum, Galumum)이 840년(또는 900년)

간 다스렸다.

키쉬 9대 왕, 주카키프(Zukakip)가 900년(또는 600년)간 다스렸다.

키쉬 10대 왕, 아타브(Atab)가 600년간 다스렸다.

키쉬 11대 왕, 마쉬다(Mashda), 아타브의 아들이 840년(또는 720년)간 다스렸다.

키쉬 12대 왕, 아르위움(Arwium, Arurim, Arpium), 마쉬다의 아들이 720년간 다스렸다.

키쉬 13대 왕, 에타나(Etana), 목자가 하늘로 올라갔고, 모든 외국 땅을 통합했으며, 왕이 되었다. 그는 1500년(또는 635년)간 다스렸다(에타나는 후계자를 얻지 못해 '출산의 식물'을 구하기 위해 태양의 신 우투가 제공한 독수리를 타고 하늘로 여행을 떠난 적이 있었다).

키쉬 14대 왕, 발리흐(Balih), 에타나의 아들이 400년(또는 410년)간 다스렸다.

키쉬 15대 왕, 엔-메-누나(En-me-nuna, Enmenunna)가 660년(또는 621년)간 다스렸다.

키쉬 16대 왕, 멜렘-키쉬(Melem-Kish, Melamkish), 엔메누나의 아들이 900년간 다스렸다. 엔메누나 왕가의 기간은 1560년이었다.

키쉬 17대 왕, 바르쌀-누나(Barsal-nuna, Barsalnunna), 엔메누나의 아들이 1200년간 다스렸다.

키쉬 18대 왕, 자무그(Zamug, Meszamug), 바르쌀-누나의 아들이 140년간 다스렸다.

키쉬 19대 왕, 티즈카르(Tizkar), 자무그의 아들이 305년간 다스렸다.

키쉬 20대 왕, 일쿠(Ilku)가 900년간 다스렸다.

키쉬 21대 왕, 일타싸둠(Iltasadum)이 1200년간 다스렸다.

키쉬 22대 왕, 엔-메-바라게-씨(En-me-barage-si, Enmebaraggesi, Enmeenbaragisi), 엘람(Elam) 땅을 굴복시킨 자가 왕이 되었다. 그는 900년간 다스렸다(엔메바라게씨는 길가메쉬가 삼목산 산지기인 후와와의 괴력에 겁을 먹고 그에게 바치겠다고 말했던 길가메쉬의 누이로 나온다).

키쉬 23대 왕, 아가(Aga, Agga, Akka), 엔-메-바라게-씨의 아들이

625년간 다스렸다. 엔-메-바라게-씨 왕가의 기간은 1525년이었다 (길가메쉬와 전쟁을 벌였던 키쉬의 마지막 왕이다).

23명의 왕, 그들은 2만 4510년 3개월 3일하고도 반나절을 다스렸다.

그때 키쉬는 패배했고, 왕권은 에안나(E-anna)로 넘어갔다(에안나는 우루크의 신전이므로, '왕권이 에안나로 넘어갔다'는 말은 우루크가 왕권을 잡았다는 뜻이다).

우루크 1대 왕, 메쉬-키-아그-가쉐르(Mesh-ki-ag-gasher)가 에안나에서, 우투(Utu)의 아들이 지배자가 되었고 왕이 되었다. 그는 324년(또는 325년)간 다스렸다. 메쉬-키-아그-가쉐르는 바다로 들어갔고, 사라졌다.

우루크 2대 왕, 엔메르카르(Enmerkar), 메쉬-키-아그-가쉐르의 아들, 그의 밑에서 우누그(Unug, 우루크를 말하는 수메르어)가 건설 19 되었다. 그가 왕이 되었다. 420년간 다스렸다. 메쉬-키-아그-가쉐르 왕가의 기간은 745년이었다.

우루크 3대 왕, 루갈반다(Lugalbanda), 목자가 1200년간 다스렸다.

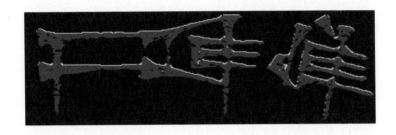

19 우누그-키의 설형문자

우루크는 수메르어로 우누그다. 왼쪽이 '우누그(Unug, 도시국가)', 오른쪽이 '키(ki, 땅)'를 의미한다. 사진 조지프 페이건.

우루크 4대 왕, 두무지(Dumuzid), 어부, 그의 도시는 쿠아라 (Kuara)였다. 그는 100년간 다스렸다. 그는 엔-메-바라게-씨를 혼자 의 힘으로 사로잡았다.

우루크 5대 왕, 길가메쉬, 그의 아버지는 혼령이었다. 쿨아바의 주 님은 126년간 다스렸다.

'그의 아버지는 혼령이었다'라는 말은 무슨 의미일까? 길가메쉬는 루갈반다와 여신 닌순의 아들이다. 신과 인간의 결합은 '영혼끼리가 아니라면 불가능'하지 않았겠는가. 혼령 대 혼령! 그래서 길가메쉬는 3분의 2는 신이었으며, 3분의 1은 인간이었다!

THE EPIC OF
GILGAMESH

4

길가메쉬 이후부터 싸르곤 1세까지

그때 우누그의 통치권은 몰락했고 왕권은 아가데로 넘어갔다.

4800년 전쯤, 우루크 제1왕조의 다섯 번째 왕위에 오른 길가메쉬는 126년 동안 다스리고 세상을 떠났다.

길가메쉬 사후에도 우루크 제1왕조는 계속되었다. 우루크 제1~3왕조가 끝난 뒤에 '최초의 셈족 국가' 악카드의 싸르곤 1세가 세상의 지배자가 되었다. 수메르족의 힘은 이때부터 셈족에게 기울기 시작했다. 길가메쉬 사후부터 싸르곤까지 우루크 왕조를 중심으로 연대기를 훑어보자.

우루크 6대 왕, 우르-눈갈(Ur-Nungal), 길가메쉬의 아들이 30년간 다스렸다.

우루크 7대 왕, 우둘-칼라마(Udul-kalama), 우르-눈갈의 아들이 15년간 다스렸다.

우루크 8대 왕, 라-바슘(La-bashum, Labasher)이 9년간 다스렸다.

우루크 9대 왕, 엔-눈-타라흐-안나(En-nun-tarah-ana, Ennundaranna)가 8년간 다스렸다.

우루크 10대 왕, 메쉬-헤(Mesh-he, Meshede), 대장장이가 36년간 다스렸다.

우루크 11대 왕, 멜렘-안나(Melem-ana, Melamanna)가 6년(틸쿡, Til-kug이라는 명칭도 있고, 6년이 아니라 900년간 다스렸다고 하기도 한다)간 다스렸다.

우루크 12대 왕, 루갈-키툰(Lugal-kitun, Lugalkidul, Lugalkiaga)이 36년(혹은 420년)간 다스렸다.

12명의 왕이 있었다. 그들은 2310년(또는 3588년)간 다스렸다. 우누그 제1왕조의 끝이었다. 다시 우루크 2왕조가 시작되었다.

우누그에서 엔-샤칸샤-안나(En-shakansha-ana, Enukduanna)가 왕이 되었다. 그는 60년간 다스렸다.

루갈-우레(Lugal-ure, Lugal-kinishe-dudu)가 120년간 다스렸다.

아르간데아(Argandea)가 7년간 다스렸다.

3명의 왕이 있었다. 그들은 187년 동안 다스렸다. 우누그 제2왕조의 끝이었다.

루갈-자게-씨(Lugal-zage-si)가 왕이 되었다.
그는 25년(또는 34년을 다스렸다고도 한다)간 다스렸다. 한 명의 왕이 있었다. 그는 25년간 다스렸다. 우누그 제3왕조의 끝이었다.

그때 우누그의 통치권은 몰락했고, 왕권은 아가데(Agade, 악카드를 말한다)로 넘어갔다.

아가데에서, 그의 아버지는 정원사였던, 키쉬 제4왕조의 두 번째 통치자였던 우르-자바바(Ur-Zababa)의 술을 따르던 자, 싸르곤(Sargon)이 아가데의 왕이 되었고, 아가데를 건설했다. 그는 56년간 다스렸다.

싸르곤(수메르어로는 shar-ru-um-ki-in)은 키쉬 제4왕조의 우르자 　20
바바 밑에 있다가 왕의 치세 37년에 악카드 왕조의 시조로 등극했다. 지금으로부터 4350여 년 전쯤(B.C.E. 2334년)의 까마득한 옛날에 일어난 일이었다! 수메르어로 기록된 〈싸르곤 대왕의 전설〉이라고 명명된 점토판에 그의 사연이 나와 있다.

너벅선 같은 지성소……;
커다란 용광로에……;
운하는 기쁨의 물이……,
괭이는 경작할 수 있는 땅을 갈고, 밭을……;
도깨비나 나올 법한 도시 키쉬의 가계(家系)가 정착 생활로 변했다.
—그곳의 왕, 양치기 우르자바바,
키쉬 가계에 우투(태양)처럼 일어났다.
그러나 안과 엔릴이 그의 통치 기간을 변경하기 위해, 궁전의

20
싸르곤 대왕(추정)

최초의 셈족 국가 악카드의 건설자 싸르곤 대왕으로 추정되는 인물상. 일설에는 그의
증손자 나람-씬(Naram-Sin)의 모습이라는 주장도 있다. 악카드는 7명의 왕과 무정부
시대에 등장한 탐욕스러운 4명의 권력자가 180년 동안 다스렸고, 마지막 왕은 슈두룰
(Shudurul)이었다. 이라크 바그다드박물관 소장.

번영을 제거하기 위해 그들의 거룩한 명령에 따라 독단적으로 결정했다.

그때 싸르곤 – 그의 도시는 ……의 도시였다.

그의 아버지는 라이붐(la-i-bu-um)이었고, 그의 어머니는……,

싸르곤은 기쁜 마음으로……

그가 태어났기 때문에……

(여기서부터 몇 행이 깨어져 있는지 알 수 없다. 〈싸르곤 대왕의 전설〉 첫 번째 단편 1~13행)

어느 날 저녁

싸르곤은 일상적인 신수(神授)를 궁전으로 가져왔고,

우르자바바는 그의 신성한 거처인 신성한 침실에 누워 (꿈을 꾸고) 있었다.

그는 꿈을 알고는 있었으나 말로 담지는 않았고,

누구와도 그 꿈을 상의하지 않았다.

싸르곤이 궁전으로 일상적인 신수를 가져다준 뒤,

우르자바바는 그를 술 따르는 사람으로 임명했고 술 따르는 책임을 맡겼다.

거룩한 인안나가 그 옆에서 쉼없이 지키고 있었다.

(〈싸르곤 대왕의 전설〉 두 번째 단편 1~7행)

수메르 문명의 상징적인 몰락과 셈족 문명의 시작을 알리는 싸르곤의 등장! 이제껏 지루하게 열거한 수메르족의 연대기가 중요한 이유는 바로 여기에 있다! 히브리족이 자랑하는 최초의 족장 아브람은 길가메쉬가 왕위에 오른 후로부터 약 700년이 지난 4100년 전쯤에 출생했는데, 그것은 싸르곤이 악카드국을 건설한 뒤로도 200여 년이 지나서였다.

태초에는 황금시대를 지배했던 '최초의 신화'의 주인공들인 수메르 신들이 있었고, '최초의 국가'를 건설하고 다스렸던 수메르 왕들이 있었다! 그런 뒤에 '최초의 셈족 국가' 악카드가 셈족 문명을 일으켰다. 싸르곤이 '수메르의 왕이며, 악카드의 왕(lugal ki-en-gir$_4$ ki-uri)'이라며 자랑했을지는 몰라도 진정한 '최초의 영웅'은 실존 인물이었던 우루크의 왕 길가메쉬였다!

용사 길가메쉬, 닌순의 아들, 당신을 찬미하는 일은 즐겁습니다!

ur-sag ^{d}gilgameš dumu ^{d}nin-sumun$_2$-ka za$_3$-mi$_2$-zu dug$_3$-ga-am$_3$

THE EPIC OF
GILGAMESH

부록

참고문헌
연표

〈국내서〉

김산해, 《신화는 수메르에서 시작되었다》, 가람기획, 2003.

〈국외서〉

Alster, Bendt, "The Mythology of Mourning", Acta Sumerologica 5 1983.

———, "Shuruppak's Instructions-Additional Lines Identified in the Early Dynastic Version", Zeitschrift für Assyriologie 80, 1990.

———, The Instructions of Suruppak. (Mesopotamia. Copenhagen Studies in Assyriology, 10) Akademisk Forlag: Copenhagen 1974.

Attinger, Pascal, Eléments de linguistique sumérienne. La construction de du₁₁/e/di dire . (Orbis Biblicus et Orientalis Sonderband) Editions Universitaires/Vandenhoeck & Ruprecht: Fribourg/Gottingen, 1993.

Black, Jeremy, "Real and unreal conditional sentences in Sumerian", Acta Sumerologica 17 1995.

Campbell Thompson, R., The Epic of Gilgamesh, Oxford: Clarendon Press,

1930.

Cavigneaux, Antoine, and Al--Rawi, Farouk N.H., Gilgamesh et la Mort. Texts de Tell Haddad VI, avec un appendice sur les textes funéraires sumériens. (Cuneiform Monographs, 19) Styx Publications: Groningen, 2000.

———, "Gilgamesh et Taureau de Ciel (cul-mè-kam) (Textes de Tell Haddad IV)", Revue d'Assyriologie 87 1993.

———, "La fin de Gilgamesh, Enkidu et les Enfres d'après les manuscrits d'Ur et de Meturan (Textes de Tell Haddad VIII)", Iraq 62 2000.

Civil, Miguel, "Reading Gilgamesh", Aula Orientalis 17-18 1999~2000.

———, "Sur le nom d'un roi de Kish", Revue d'Assyriologie 85 1969.

Cohen, Sol, "Enmerkar and the Lord of Aratta", University of Pennsylvania: Philadelphia 1973 (Ph.D. dissertation)

Cooper, J.S., "Gilgamesh and Akka: A Review Article", Journal of Cuneiform Studies 33 1981.

Dalley, Stephanie., "Gilgamesh (Old Babylonia Version)," in Myth from Mesopotamia, Oxford: Oxford University Press, 199. 1

———, Myths from Mesopotamia, Oxford University Press, New York, 1991.

Edzard, Dietz Otto, Die "Zweite Zwischenzeit" Babyloniens. Otto Harrassowitz: Wiesbaden, 1957.

———, "Enmebaragesi von Kish", Zeitschrift für Assyriologie 53 1969.

———, "Gilgamesh und Huwawa A. I. Teil", Zeitschrift für Assyriologie 81

1991.

───, "'Gilgamesh und Huwawa'. Zwei Versionen der sumerischen Zedernwaldepisode nebst einer Edition von Version 'B'", Sitzungberichte der Bayerischen Akademie der Wissenschaften. Philosophisch-historische Klasse, Munich 1993.

Finkelstein, J.J., "The Antediluvian Kings: A University of California Tablet", Journal of Cuneiform Studies 1963.

Fiore, Silvestro, Voices from the Clay: The Development of Assyro-Babylonian Literature, University of Oklahoma Press, Norman, 1965.

Foster, Benjamin R., "The Sumerian Gilgaemsh Epic," in The Epic of Gilgamesh: A New Translation: Analogues, Criticism (New York, London: W · W · Norton & Company, 2001.

───, The Epic of Gilgamesh: A New Translation: Analogues, Criticism (New York, London: W · W · Norton & Company, 2001.

Forsyth, Neil, "Huwawa and his trees: a narrative and cultural analysis", Acta Sumerologica 3 1981.

Frayne, Douglas, and George, Lynne, "The "Rakes's" Progress: A Phantom King of Kish", NABU 63 1990.

Gardner J. & Maier J. 'Gilgamesh', Vintage Books, 1985.

George, Andrew, The Epic of Gilgamesh. The Babylonian Epic Poem and

Other Texts in Akkadian and Sumerian. Allen Lane The Penguin Press: Harmondsworth, Middlesex, 1999.

Glassner, Jean-Jacques, Chroniques mésopotamiennes. Les Belles Lettres: Paris, 1993.

Hallo, William W., "Beginning and End of the Sumerian King List in the Nippur Recension", Journal of Cuneiform Studies 57 1963.

Heimpel, Wolfgang, "A Note on Gilgamesh and Agga", Journal of Cuneiform Studies 33 1981.

Heidel A. 'The Gilgamesh Epic and Old Testament Parallels', The University of Chicago Press, 2nd ed 1949.

Jacobsen, Thorkild, "Death in Mesopotamia (Abstract)", in Alster, Bendt (ed.), Death in Mesopotamia. Papers Read at the XXVIe Rencontre assyriologique internationale (Mesopotamia, 8) Akademisk Forlag: Copenhagen, 1980.
——, "Primitive Democracy in Ancient Mesopotamia", in Moran, W.L. (ed.), Toward the Image of Tammuz and Other Essays on Mesopotamian History and Culture Harvard University Press: Cambridge, Mass., 1970.
——, "Sumerian Canonical Compositions. B. Royal Focus. 1. Epic: Enmerkar and the Lord of Aratta (1.170)", in Hallo, William W. (ed.), The Context of Scripture, I: Canonical Compositions from the Biblical World Brill: Leiden/New York/Köln 1997.
——, The Harps that Once······ Sumerian Poetry in Translation. Yale

University Press: New Haven/London, 1987.

———, "The Spell of Nudimmud", in Fishbane, M. and Tov, E. (eds.), 'Sha'arei Talmon': Studies Presented to Shemarjahu Talmon, Eisenbrauns: Winona Lake, IN 1992.

———, The Sumerian King List, The University of Chicago Press, Chicago, 1939.

———, The Treasures of Darkness. A History of Mesopotamian Religion. New Haven/London, Yale University Press, 1976.

Katz, Diana, "Gilgames and Akka: Was Uruk Ruled by Two Assemblies?", Revue d'Assyriologie et d'Archeologie orientale 81 1987.

———, "Sumerian Canonical Compositions. B. Royal Focus. 1. Epic: Gilgamesh and Akka (1.171)", in Hallo, William W. (ed.), The Context of Scripture, I: Canonical Compositions from the Biblical World Brill: Leiden/New York/Köln, 1997.

———, Gilgamesh and Akka. Styx: Groningen, 1993.

Klein, Jacob, "A New Nippur Duplicate of the Sumerian Kinglist in the Brockmon Collection, University of Haifa", in Michalowski, P., and Steinkeller, P., Stone, E. C., and Zettler, R.L., (eds.), Velles Paraules. Ancient Near Eastern Studies in Honor of Miguel Civil on the Occasion of his Sixty-Fifth Birthday (Aula Orientalis, 9), Editorial Ausa: Sabadell - Barcelona, 1991.

———, "Shulgi and Gilgamesh: Two Brother-Peers (Shulgi O)", in Eichler, Barry L., Heimerdinger, Jane W., and Sjöberg, Åke W. (eds.), Kramer Anniversary Volume. Cuneiform Studies in Honor of Samuel Noah Kramer (Alter Orient und Altes Testament, 25) Butzon & Bercker

Kevelaer: Neukirchen-Vluyn, 1976.

Jensen, P., Assyrisch-babylonische Mythen und Epen, Berlin: Keilschriftliche Bibliothek 6/1; Reuhter and Reichard, 1900, pp. 116~265.

Klein, Jacob, "Shulgi and Gilgamesh: Two Brother-Peers (Shulgi O)", in Eichler, Barry L., Heimerdinger, Jane W., and Sjöberg, Åke W. (eds.), Kramer Anniversary Volume. Cuneiform Studies in Honor of Samuel Noah Kramer (Alter Orient und Altes Testament, 25) Butzon & Bercker Kevelaer: Neukirchen-Vluyn, 1976.

———, "The 'Bane' of Humanity: a Lifespan of One Hundred Twenty Years", Acta Sumerologica 12 1990.

Koefoed, Aase, "Gilgames, Enkidu and the Nether World", Acta Sumerologica 5 1983.

Kovacs, Maureen Gallery, The Epic of Gilgamesh, Stanford University Press, Stanford, 1989.

Kramer, Samuel Noah, "Gilgamesh and Akka", American Journal of Archaeology 53 1949.

———, History Begins at Sumer. Philadelphia, University of Pennsylvania, 1981.

———, "The Death of Gilgamesh", Bulletin of the American Schools of Oriental Research 94 1944.

———, The Sumerains; Their History, Culture, and Character, Chicago, 1963.

Lambert, W.G., "Akka's Threat", Orientalia 49 1980.

Langdon, Stephen, The Epic of Gilgamish, PHILADELPHIA PUBLISHED BY THE UNIVERSITY MUSEUM, 1917.

Pettinato, Giovanni, La saga di Gilgamesh. Milano, 1992.

Pritchard, J. B., Ancient Near Eastern Texts Relating to the Old Testament, 3rd ed. with Supplement, Princeton, 1969.

Römer, Willem H.Ph., "4. Totenbefragung: Aus 'Bilgamesh, Enkidu und die Unterwelt', Z. 231-303", in Kaiser, Otto (ed.), Deutungen der Zukunft in Briefen, Orakeln und Omina. (Texte aus der Umwelt des Alten Testaments, II, 1) Gütersloher Verlagshaus Gerd Mohn: Gütersloh, 1986

———, and Edzard, Dietz Otto (Kaiser, Otto, ed.), Mythen und Epen, 1 (Texte aus der Umwelt des Alten Testaments III, 3), Gütersloher Verlagshaus Gerd Mohn, Gütersloh 1993.

———, Das sumerische Kurzepos "Gilgamesh and Akka". (Alter Orient und Altes Testament, 290, I) Neukirchener Verlag: Neukirchen-Vluyn, 1980.

———, Hecker, Karl, and Kaiser, Otto, Lieder und Gebete, 1 (Texte Aus der Umwelt des Alten Testaments, II, 5) Gütersloher Verlagshaus Gerd Mohn: Gütersloh 1989.

Sandars, N. K., The Epic of Gilgamesh: An English Version With an Introduction, Harmondsworth, England: Penguin Books, 1972.

Shaffer, Aaron, "Sumerian Sources of the Tablet XII of the Epic of

Gilgamesh", University of Pennsylvania: Philadelphia (Ph.D dissertation) 1963.

Sjöberg, Åke, Der Mondgott Nanna-Suen in der sumerischen Überlieferung. I. Teil: Texte. Almqvist & Wiksell: Stockholm, 1960.

Smith, George, Chaldean Account of Genesis 1876, Kessinger Publishing Company; 2003.

Steiner, Gerd, "Huwawa und sein "Bergland" in der sumerischen Tradition", Acta Sumerologica 18 1996.

Temple, Robert, He Who Saw Everything: A Verse Version of the Epic of Gilgamesh, Rider, London, 1991.

Tigay, Jeffrey H., "Later Version; The Introduction and Framework of the Later Version," in The Evolution of the Gilgamesh Epic, University of Pennsylvania Press, Philadelphia, 1982.

———, The Early Enkidu; The Flood Story, in The Evolution of the Gilgamesh Epic, Philadelphia: University of Pennsylvania Press, 1982.

Tournay, R.-J., and Shaffer, A., L'épopée de Gilgamesh. Paris, 1994.

Vanstiphout, Herman L.J., "Joins Proposed in Sumerian Literary Compositions", NABU 1987 No. 87.

———, "Towards a Reading of 'Gilgamesh And Agga'", Aula Orientalis 5 1987.

Wilcke, C., "Politische Opposition nach sumerischen Quellen: der Konflikt zwischen Königtum und Ratsversammlung. Literaturwerke als politische Tendenzschriften.", in Finet, A. (ed.), La voix de l'opposition en Mésopotamie. Colloque organisé par l'Institut des Hautes Études de Belgique, 19 et 20 mars 1973. Institut des Hautes Études de Belgique: 1973.

1만 1000년 전~9000년 전	9000년 전	8000년 전~7250년 전
B.C.E. 9000~B.C.E. 7000년	B.C.E. 7000년	B.C.E. 6000~B.C.E. 5250년
이라크 북동부 자그로스 산록 지역인 카림 샤히르에 살고 있던 사람들이 야생의 밀과 보리를 재배하고 개와 양을 사육하고, 팔레스티나 사해 북단 부근 예리코에서 정주 생활을 시작하다.	이라크 북동부 키르쿠크의 동쪽으로부터 60km 떨어진 곳에 위치한 자르모에 살고 있던 정착민들이 흙집을 짓고 밀의 씨를 뿌리면서 염소, 양, 돼지를 사육하여 농경문명(農耕文明)을 일으키다.	이라크 북부 모술 남쪽으로부터 35km 떨어진 곳에 위치한 하수나에 관개 시설, 가옥, 물레나 북, 양질의 토기가 등장. 고대 근동 지역에서 무역이 시작되다.

길가메쉬, 수메르, 메소포타미아 문명
THE EPIC OF GILGAMESH

여기에 사용한 연대표는 이 책에서 소개한 수메르 신화의 연대기를 제외한 나머지, 즉 역사와 문명의 연대기를 중심으로 나열했다. 연대표는 학자마다 다소 차이가 있고, 발굴과 연구가 거듭되면서 수정을 반복하는 경향이 있다. 이는 인류가 '최초'에 대해 알고자 하는 끝없는 열망을 포기하지 않는 한 계속될 것이다.

7300년 전	7050년 전~6300년 전	6500년 전~5500년 전
B.C.E.5300년	B.C.E.5050~B.C.E.4300년	B.C.E.4500~B.C.E.3500년
이라크 남부 유프라테스강 근처에 있던 수메르 신 엔키의 성도(聖都) 에리두에서 수메르 문화가 시작되다.	시리아 북동부 터키 국경 근처 할라프에서 농업과 목축을 기반으로 문화가 발달. 화려하고 정교한 칠무늬 토기가 등장하고 야금술, 수레가 발명. 메소포타미아 전역과 페르시아만, 지중해까지 교역하다.	8500년 전부터 이라크 남부 텔 엘-오우에일리에서 거주하기 시작한 원(原)수메르인이 단절없이 계속 삶을 이어가다. 원수메르인의 우바이드 문화가 메소포타미아를 휩쓸고 난 후, 5800년 전 메소포타미아 북부와 서부에서 들어온 이주민과, 페르시아만을 통해 들어온 해양민족이 원수메르인과 섞이다. 메소포타미아 남부에서 급격한 인구 증가로 수많은 도시가 들어서다.

5500년 전~4800년 전	4800년 전~4600년 전	4600년 전	
B.C.E. 3500~B.C.E. 2800년	B.C.E. 2800~B.C.E. 2600년	B.C.E. 2600년	
우루크에서 문자가 탄생해 역사시대가 시작하다. 슈루파크가 대홍수로 몰락한 후, 키쉬와 우루크에서 세습왕조가 시작되다.	길가메쉬가 우루크 제1왕조의 5번째 왕위에 올라 126년 동안 통치하다. 왕의 사후 2000여 년 동안 수메르어, 악카드어, 힛타이트어, 중근동의 초기 언어들로 그의 영웅담이 여러 민족에 의해 수없이 되풀이되어 기록되다.	최초의 셈어로 알려진 악카드어가 나타나기 시작하다.	
4025년 전	3800년 전	3550년 전	
B.C.E. 2004년	B.C.E. 1792~B.C.E. 1750년	B.C.E. 1531년	
우르 제3왕조의 5번째 왕 입비-씬을 마지막으로 왕권이 아모리인의 이씬 왕조로 넘어가면서 수메르 시대는 종말을 고하다. 우르 제3왕조는 수메르의 숙적 엘람인의 반란과 침공을 받고, 바빌로니아 제1왕조를 세운 서(西) 셈족 계열의 아모리인의 침략으로 멸망. 이씬 왕조는 약 100년 동안 아모리계의 라르싸와 1세기 이상 대립하다 라르싸에게 멸망하다.	바빌론 제1왕조 6대 왕 함무라비가 강력한 적수 라르싸를 물리치고 북쪽의 고(古) 앗씨리아와 유프라테스강 중류의 마리 등을 격파하여 왕조가 개국한 이래 약 250년 만에 메소포타미아 전 지역을 통일하여 오리엔트의 맹주가 되다.	소아시아(아나톨리아)를 중심으로 활동하던 인도 유럽어족의 힛타이트 군대에 의해 바빌로니아가 유린되고 바빌로니아 제1왕조가 끝나다. 이틈에 자그로스 산지에서 침입한 카시트인이 바빌로니아를 무너뜨리고 카시트왕조를 세워 약 500년간 통치하다.	

4350년 전	4130년 전	4100년 전
B.C.E. 2334년	B.C.E. 2112년	B.C.E. 2100년
싸르곤 1세가 키쉬 제4왕조의 통치자 우르자바바 밑에 있다가 왕의 치세 37년에 최초의 셈족 국가인 악카드를 탄생시키고, 최초로 수메르와 북(北)메소포타미아의 절반을 단일 국가로 묶어내다. 이후 악카드가 우루크 제4왕조로 왕권이 넘어가고, 구티인, 우루크 제5왕조, 우르 제3왕조가 차례로 왕권을 이양받다.	우르 제3왕조를 개국한 우르 남무가 18년 동안 다스리다. 그 후 고대 메소포타미아에서 가장 총명한 명군(名君) 슐기가 왕위에 올라 약 48년 동안 수메르의 문예 부흥을 주도하다.	히브리족의 조상이며 최초의 족장인 아브람이 출생하다.

3500년 전	3460년 전	3190년 전
B.C.E. 1500년	B.C.E. 1440년	B.C.E. 1169년
북메소포타미아의 중(中)앗씨리아가 인도-게르만어족의 미탄니 왕국에게 예속되지만 미탄니 왕국이 힛타이트에 의해 세력이 약화되자 앗슈르우발리트(B.C. 1363년부터 약 35년간 재위) 때 독립을 쟁취하다. 앗씨리아 왕조가 바빌로니아의 카시트 왕조와 친인척 관계를 맺고 대등한 관계를 유지하다.	모세가 이스라엘 백성들을 이끌고 이집트를 탈출하다.	바빌로니아의 카시트 왕조가 앗씨리아에게 멸망하다.

3000년 전	2740년 전	2690년 전
B.C.E. 1000년	B.C.E. 721년	B.C.E. 668년
히브리족의 다비드가 여러 지파를 통합하여 최초의 이스라엘왕국을 예루살렘에 세우다. 고대 히브리어가 돌판에 기록되기 시작하다.	신(新)앗씨리아의 싸르곤 2세가 히브리족의 북왕국인 이스라엘의 성도 사마리아를 정복하다.	이해에 신앗씨리아 왕위에 올라 41년간 통치한 앗슈르바니팔 왕이 예술과 문학을 애호하여 니느웨에 대도서관을 건립하고 수많은 고문서를 수장하다.

2560년 전	2510년 전	2350년 전
B.C.E. 538년	B.C.E. 492~B.C.E. 449년	B.C.E. 331년
이란 남부에서 발흥한 페르시아의 키루스 2세가 바빌론에 무혈로 입성하여 신바빌로니아가 멸망하고 이스라엘 사람들이 고향으로 돌아가다.	페르시아의 왕 다리우스 1세와 그의 아들 크세르크세스 1세가 그리스와 벌인 전쟁에서 패하다.	마케도니아의 알렉산드로스 대왕이 이끄는 그리스 군대에 의해 페르시아군이 패하고, 다음해에 다리우스 3세가 살해되면서 페르시아가 멸망하여 오리엔트 문명이 종료되다.

2645년 전	2630년 전	2620년 전
B.C.E. 625년	B.C.E. 612년	B.C.E. 601년
서부 셈족 계열인 아람 민족의 한 분파인 칼데아 사람 나보폴아싸르(Nabopolassar)가 신바빌로니아(칼데아 왕조)를 세우다.	앗씨리아의 수도 니느웨가 신바빌로니아와 이란계의 메디아 연합군의 공격으로 파괴되고, 2년 후 멸망하다.	신바빌로니아의 네부카드네짜르 2세가 근동 세계의 가장 강력한 제국을 건설하여 유대 왕국의 수도 예루살렘을 함락하고, 4년 뒤 그 상류 계층을 바빌론으로 끌고 가다. 10년 뒤 예루살렘이 완전히 파괴되어 대다수 주민이 바빌론으로 납치되고, 이로부터 4년이 지나서는 유대의 거의 모든 고대 도시가 파괴되다.

최초의 신화 길가메쉬 서사시

1판 1쇄 발행일 2005년 1월 10일
2판 1쇄 발행일 2020년 6월 1일
2판 6쇄 발행일 2023년 4월 17일

지은이 김산해

발행인 김학원
발행처 (주)휴머니스트출판그룹
출판등록 제313-2007-000007호(2007년 1월 5일)
주소 (03991) 서울시 마포구 동교로23길 76(연남동)
전화 02-335-4422 **팩스** 02-334-3427
저자·독자 서비스 humanist@humanistbooks.com
홈페이지 www.humanistbooks.com
유튜브 youtube.com/user/humanistma **포스트** post.naver.com/hmcv
페이스북 facebook.com/hmcv2001 **인스타그램** @humanist_insta

편집주간 황서현 **편집** 하빛 박민애 이영란 **디자인** 김태형
조판 홍영사 **용지** 화인페이퍼 **인쇄** 청아디앤피 **제본** 경일제책

ⓒ 김산해, 2005

ISBN 979-11-6080-395-2 03910